無名氏全集第六卷下冊

開花在星雲以外

卜寧（無名氏）著

文史哲出版社印行

第六章

一

剛剛「悟」後，閃過一陣陣明亮大閃電後，有一種恐怖：整個天地好像變色，山川草木也完全變形。印蒂彷彿進入月球，沒有空氣，沒有雲彩，沒有水，沒有雨點，沒有花草樹木，沒有任何綠色，到處是猙獰巖石，攝氏零下一百八十度的凜寒，冰冷的陰影四處籠罩，陰影上空、卻又是攝氏一百九十度的狂熱陽光。一邊是把人結成冰的陰暗，一邊是把人燒成火的晶亮。可怕的藍色太陽，四周是不發光的死星星。沒有任何人，沒有任何生物，沒有魚，沒有鳥，沒有樹葉，沒有鮮花，連枯花也沒有一朵。只有他孤伶伶一個，陪著一輪悸怖的藍太陽。猛然悟道，眞像一次太空旅行，把他從美麗地球帶到荒漠月球上。未出發前，他一直想像，他的終點——月亮，是一切花園的花園，一切幸福的總和。現在，他眞正到達了，一切卻如此可怕。

印蒂似乎變了一個人，他不再用原來感覺接觸天地萬物，代替它們的，是另一種感覺。如果原來感謝是口徑十英寸的返光望遠鏡，現在則是口徑二百英寸的。如果原來感官只是一雙肉眼的凝視，現在則是一種螢光透視，宇宙萬象，纖毫畢露，它們又像一粒粒流動在澄澈湖水底的彩色石子，歷歷晶瑩可數。在這種新感覺的搖撼下，他徹底孤獨了。

主要是：他此刻所遭遇的感覺，那種眞實月球境界，其中他不再瞥見一個同類。不，他四周有同類，但在官感上，他們不是同類。他們還是運用他們過去的感覺，他卻用現在另一種奇異的新感覺來感覺。月球上的感覺和地球上的，全不相同。一個是呼吸空氣，一個卻沒有空氣。他一直夢想，假如有一天，他眞能擺脫一切壓力——包括空氣壓力，該多好！目前，他眞正擺脫一切了，他可以一跳一丈高，身子飄得像鳥飛了，他幾乎快變成一隻鳥，快能自由飛翔了，然而，沒有壓力，也就沒有空氣、沒有生命，他逼得將和無生命的岩石活在一起。

他勝利了，但他並不幸福，反而相當淒慘。也許，有生以來，他從未這麼慘過。這是悟通後的反彈。

他解脫，似從包括空氣壓力在內的一切壓力解脫，從一切光與生命解脫，卻似化成一種礦物，一塊岩石。他必須岩石樣生活，不需空氣與水，飛鳥和蝴蝶，花朵與愛情，且不怕一百幾十度的高熱和零下一百八十度的冰寒。他的太古遠祖曾從岩石地球面變成人，現在，他又回變成岩石。

假若說，他本來是人，而今卻幻成岩石，而又自知幻成岩石，彷彿肉體屬於岩石感觸，靈魂倒是人的官感，它屹立高峰頂，觀看肉體，俯視後者沉緬於岩石生活，卻無能無力，這是一種怎樣奇特的境界？或者，假如此時他突然從人的六覺轉化爲另一種動物的感受，例如猴子感或喜鵲感，而又經歷兩重精神生活，一重是猴子感或喜鵲感，另一種則是人感覺，後者遠騰於高空之霄，前者則在大地上爬行，雲霄上的不但不能操縱大地上的，反而受後者指揮，這又是什麼境界？

當然，悟道後的人的感覺，不是感覺退化了，而是更一層發展——甚至進化了，但這一陣子，臨當兩種感覺分水嶺，它與過去的分歧，仍如岩石與鳥的隔閡，猴或喜鵲與人的隔膜。

更實在點說，他的感覺，已走了盤子，它像地球脫離行星軌道，不再圍繞太陽旋轉，卻飛擲到另一個恆星座上。或者，它飛到豺狼座星雲或天貓座星雲的軌道上，甚至，它飛出我們的宇宙銀河系，進入另一個宇宙銀河系。這是一件極難客觀估計的事。

生死感覺，特別是死的感覺，從前像空氣一樣，無所不在，又像萬有引力，給他巨大壓力，可也能叫他完成生命呼吸，血肉呼吸，且穩定自己於地球面。如今，它們沒有了，彷彿空氣沒有了，壓力沒有了，萬有引力沒有了，而生命仍能存在。死的黑暗感覺沒有了，一切存在的眞實感覺仍有。

假如說，一切星光不閃光，像黑穹窿上釘綴許多銀帽釘子，它們不是生命的眼睛，卻是死魚的眼睛，這樣，我們頭上天穹將會怎樣醜陋？

生命的死感覺，地球上的死亡感覺，——那種可怖的永恆黑暗，可能正如這些星星的閃光。看死亡感沒有了，閃光也就沒有了，那將是另一種感受，眞正永恆的死——一種遠比永生毀滅更恐怖的形相。

印蒂想哭泣，哭他喪失了什麼，所失也許是他生命中最寶貴的。二十多年來，他一直把它當做贅疣，想割掉它，眞正稱心如願了，卻又開始珍惜起來。

終於，他又苦笑了。不，他哈哈大笑起來。

「哈哈哈哈哈哈哈哈哈哈哈哈！……」

沒有人測量出，他這片狂笑中，含有多大慘痛。

他終於明白，有些人初初悟道後，爲什麼會發狂——最後被送進瘋人院。

主要是那種脫離現實世界、完全游離到太初原始的感覺。一下子，一個人忽然覺得，自己與四周一切毫無關係。無論是人與物，都和自己有一大段距離。在自己與他人之間，隔了一大層什麼神秘障礙，自己彷彿成爲哈夢雷特父親——那個鬼魂，從天空飄到人間。哪怕是一樹一草，與平日也不一樣，它們好像全是陽間生命，自己倒是陰曹生命。一種說不出的淒涼、寂寞，遍佈天地，像那種幾十萬年前的太古荒涼味。正由於這種出奇的孤獨與淒涼，才咀嚼到自己生命是無根蒂，並不屬於這個地球，至少，不隸屬這片地面，是大地以外的一種存在。一個活生生的人，突然化爲一種幽靈——幽靈感，陰森森的，淒慘慘的，（這一種陰森與悽慘，也正是感覺上把地球或大地這片實在化爲虛幻的邏輯結論），在這種情形下，一個正常的人怎不發瘋，或變成神經病？

一個極智慧的英國女作家，有一天失蹤了，人們在泰晤士河邊拾到她一雙鞋子。（註①）

一個擁有成就的奧國大作家，一夜裡，從古巴哈瓦那海濱跳下海，從此不再回來。（註②）

形式不同實質類似的例子，還有不少。

那最光亮的一刻，常常也是最黑暗的一刻。

他眞想拍個照，留下他這一刻肉體形相的眞實圖影，像天文學家拍攝一次日蝕圖片。這正是他生命中最大一次日蝕，第一次，也是最後一次日蝕。

他摸摸頭髮、臉頰、下顎、胸膛、四肢，一切沒有變。肉體仍是那副肉體，但神經組織，卻似有什麼纖維和細胞變了。他的腦子，如果本是一面明鏡，鏡子質地變了，從此，一切外界投入的光色形影，也殊異了。

這個星球上，沒有許多人、曾經歷他這樣冗長而複雜的精神旅程，也沒有很多人、曾採摘到他現在的感覺玫瑰——假如感覺是一朵玫瑰。

人類經過幾萬年心靈歷程，才逐漸形成目前感覺狀態，——一片以死亡做葉蒂的生命花朵，一枝以消滅做葉托的山茶。現在，他卻粉碎這幾萬年歷程，突然回歸幾十萬年前太古原始人沒有死感覺的感覺，一切毀滅性的心理狀態全沒有了。他又恢復眞正最原始的心理透視。但人類久已習慣於負荷死的感覺，正如花久已習慣於葉蒂，猛一抽空，精神是無限輕鬆了，卻又可怕得很，像人在月球上突然從自己四周大氣壓力下解放、能一跳一丈高，能飄浮式的行走一樣。再則，他的感覺雖返回再沒有死感覺的原始狀態，他眼睛雖又恢復幾十萬年前人類的視覺，那種對地球的原始凝望，而面對的是一個赤裸裸的世界，在進行一種赤裸裸的透視，但他記憶裡仍堆積這幾十萬年的人類記憶，特別是，這幾千年文明歷史的、甚至是這幾十年的他自己的生命記憶。這些記憶中，最突出的、是死對生命的壓力。此時，死的壓力及感覺雖沒有了，可生的感覺仍在。他依然在呼吸，在走，在動。他必須呼吸，走動。一個幾十萬年前的原始感覺底子，雖解脫一切死亡與文化的擔負，卻又仍留下一些人類的記憶，這個大矛盾，是他面前的新課題。甚至是難題。

幾千年來，一切歷史文化知識，開初爲了叫人類輕鬆，終於卻形成人類重大負擔。

人類如蠶絲似地作繭自縛。幾十萬年來，人類一切思想，以及對死亡的黑暗感覺，同樣也是一大串繩結，綑綁著人類的原始慾念與自由精神。悟道是解開這一大串繭子和繩結，把一切思想感覺的沉重的「有」、又一次化成幾十萬年前的原始「無」，讓人們試著再回到「北京人」以前的感覺：沒有死的黑暗感覺的感覺，沒有死亡思想的思想。然而，實際上，又絕不是倒退到太初愚昧，卻是發展到更高一級的透明，空靈，智慧。因爲，他倒底是現代人，不是太古人。更主要是：感覺大半換了，思想卻未全換。有關死感覺的文化結子解了，並不是全部文化知識卸去。（只是部份負擔卸去）。他仍是人，並沒有變成別的動物。他仍在活，並沒有死。他仍在動、在看、在聽、在想，並沒有凝結成零下一百度的冰。肉體永不再有黑暗的死亡感覺，（即使眞是在死），這是一種極美麗的境界。但是，除了它，地球上還有別的美麗景象。他仍將看見風和日麗、蝴蝶翔舞、薔薇花開、柳樹葉子發綠，金色蜜蜂鳴唱，大捱螺閃耀色彩，星斗烱爍光華，魚群在水中嬉游，畫出一圈圈圓圓漣紋。

徹底從幾千年人類歷史文明思想重軛下解脫，從它一切負擔下解脫，因而也就從全部歷史文化的副作用所堆積的黑暗死亡感覺與思想中解脫，這並不是使人似退到幾萬年前的原始精神狀態。地球上一切的水總向前流，永沒有倒流的河水，人類精神河流也是如此。悟道如一種火燄，以幾千年文明思想負擔和黑暗的死亡感覺爲燃料，燒煉出一片新的火燄，新的更純粹的生命感覺及靈魂境界。在這一新感覺新境界中，人可以透徹了悟生死，因而兜底超生死，達到和永恆宇宙一樣明靜的靈魂境界。這也是一種眞正的大「悟」。

初悟是一種破壞，大悟才是眞正建設。但從初悟到大悟，並非一蹴可達，這其間還要經歷一段艱辛。

一顆心靈有如此異常的悟道感覺，世界上本不太多，這就形成悟道者的絕對孤獨。他即使要解釋，一般人也不大能懂。

這就是爲什麼，有些初悟道者，於極度絕緣狀態中，有時非瘋不可。在個中人說來，是魔火上昇，反正爲邪，悟道者如壓不住，可能將燒死自己。

假如初悟道後的心理狀態，有點像一個人無意中進入月球，那個人竟要孤獨的生活在一個沒有生命只有岩石的空間，他怎能不瘋狂？

二

那片恐怖，是一把猛烈大火，幾乎燒光他過去所有拖泥帶水的贅疣式的記憶，那些黏土式的情緒，磁極式的感應，橡皮式的彈性。這場巨火中，一切魅影、大霧、迷宮、葛籐、八卦陣、迂迴曲徑，全化爲灰燼。灰燼中，新的感覺，是一隻新的阿拉伯鳳凰，開始翱翔。

這隻新鳳凰的唯一特徵是：牠用那透明的巨大翅膀，把一切拍打個稀碎，碎如虀粉。

他頭上依舊撐個天，天空是一把藍傘，但他現在眼裡，這傘再沒有圖形，藍彩、花紋、油釉，也沒有一圈整齊傘骨，它只是一些碎片。傘不是撐、不是圓、不是圓的撐，它只是一陣風，撐傘時所捲起來的一陣風。其實，它也不是風，風對他的表皮層，仍可觸覺，它卻是風的影子，風此時只是它自己的一片影子，不產生任何觸覺的無形影子，想像中的影子，不是實際的影子。天空沒有圓、沒有雲彩、沒有白與藍、沒有那些奇異的波浪、海灣、羊群、馬群、駱駝群，它們只是天空的影子，而這一片片剎那的影像卻有無量變幻變，這一秒的影像，不是下一秒的，這一分鐘的，不是下一分鐘的。當一片白色投入你眼簾內時，它本身早已不是原來白色，你眼瞳中所攝取的白，終點的白，不是它投出時的白，起點的白。你自己的圓感覺，也一秒秒閃變，這一秒的圓，不是下一秒的圓，在一秒鐘內，又有無量數圓，你永遠抓不住天空所看見的你眸子裡的眞圓，你感覺內層的眞圓。其實，圓只是圓形記憶，不，是圓形記憶的影子（假如記憶有影子）。你這一秒的記憶，不是前一秒的。記憶正像其他星球上的光，它映顯於我們視覺大腦皮層時，早已不是原先模樣，是經過許多時間和空間的記憶，是那些「過去」的化身。假如記憶中的圓不可靠，根據記憶的影子而形成的這一剎圓，更不可靠。它們映顯於我們大腦皮層時，已是經過許多時間塵沙的記憶。看見天空圓，只由於我們的幻覺、錯覺，爲了維持我們精神平衡。假如仰首看天空，我們心靈不映顯一個圓，（圓是一種約定，不是圓本體）、不被一種固定形像所佔有，我們的精神視覺將失去平衡，陷入一片混亂。必須感覺這是圓的，那是方的，另一種是三角的，於是紅是紅，藍是藍，白是白，這些「是」，這些形與色，是構成我們感覺大廈的巨柱，沒有這些「是」，或方、圓、三角、紅、藍、白，以及巨量的定色，定形，等等，這座大廈將立刻坍塌。爲了不叫我們自己進瘋人院，才不得不與外物——與天圓天藍或其他等等，訂臨時協定，肯定它們這一剎的眞實，——這是一種現實的眞實，又把這一剎拖延下去，化成永恆眞實，或至少是現實性的眞實。當我們沉浸於這一剎虛僞的光色與形相時，我們就忘記它們的水性楊花，正像我們沉醉於一個妓女胸膛時，竟忘記她明天會接另一位客人。

歸根結柢，天空只像一把撐在我們頭上的傘，又像一陣風，一片風的影子，而影子又形成自己的影子，影子的影子，乃至影子的影子的影子，無窮無盡的影子，直到我們感覺本身幻滅，瓦解。實際上，空間沒有藍、沒有綠、沒有紅、沒有色，這些只是光。姑假定它有許多許多顏色，但它們只是偶然與我們的水晶體、虹彩網膜、脈絡膜內的色素、角膜、水樣液、玻璃體、視神經、大腦中樞，這一大堆東西發生關係，我們便叫它紅、綠、藍，等等。這片彩色只是一大堆東西的臨時君子協定，我們能抓住一張紅紙、藍紙、綠紙，我們卻抓不住我們視覺裡的紅色、藍色、綠色，更抓不住大腦興奮時印象裡的紅色、綠色、藍色。我們能抓住一片綠玻璃、紅玻璃、藍玻璃，但抓不住紅感覺、綠感覺、藍感覺。沒有這片感覺，紅不是紅、綠不是綠、藍不是藍。這三種顏色是一個假定，色彩的假定，它仍得經我們的視覺證實。它們既不單獨存在於光上面，也不單獨在眼球上或水晶體上，或虹彩網膜上，或視神經上，用解剖刀割開這些肉體感官，上面並沒有紅色、綠色與藍色。這三種顏色只是我們一剎那的幻覺，這三色記憶也僅是我們幻覺的倒影，如水中亭台樓閣倒影，不是眞亭台樓閣。這一秒，我們只享受我們的剎那幻覺。

我們全部生活幾乎是幻覺生活。任何感覺生活，都跡近幻覺生活。這些感覺，每秒在變化，但我們習慣了，不自覺了，正如地球日夜旋轉，我們毫無感覺。我們肉體擔負著萬有引力，空氣壓力，以及一切一切，但我們並不自覺，一切彷彿很自然。

我們的感覺，只能帶給我們肉體感覺，不能帶給我們眞正恆久固定的。同時，無論我們感覺與否，外界的色、香、味、繪畫形相，與音樂響聲在時空中的實際佔有，以及它們一切內在涵蘊，並不受影響。紅感覺只是紅感覺，不是固定的永恆的紅——在任何生命視覺裡的永恆紅。方感覺只是方感覺，圓感覺只是圓感覺。沒有永恆的固定的方圓，除了方圓面積本身的剎那實際佔有，以及這一剎那的長時間的連續綿延——剎那剎那又剎那。這一分鐘的方感覺就與下一分鐘不同。這一秒的圓感覺，也與下一秒不同。如果說方之性，圓之性，方之理，圓之理，是永恆的，萬古長存的，如大陸派唯理論所說的那樣，那也只是「人」這個動物思維的結論，或邏輯推理的結論。不管邏輯本身怎樣科學，離開「人」，就在「人」這個動物出現之前，它依然是漆黑一團，或一片混沌。到目前止，我們還僅以「人」的一切智慧爲指歸。如果土星或火星上有生物，比人更靈敏，可能「他」們會另有一套更精確的思維系統，而「人」這一套就很落後了，也未可知。

感覺有時如流水，沒有一秒停止幻變。除純粹感覺本身外，感覺再不能給我們別的。作爲最直接的給予者，在一定時間內，它永遠是單線的，不是雙線的或複線的。每一秒或每一分，是一根單線。我們摘一朵玫瑰花，我們感到它的色、香、味、形、柔軟、光鮮，會倚賴我們的眼睛，鼻觸、手指。沒有我們——人類的視覺、嗅覺、手指觸覺，換上狗的，或者豉蟲的，或者蛔蟲的，或者螺獅的，或者另一個星球上的動物的，它的色、香、味、形，可能將是不同的反應。玫瑰還是玫瑰，反映的鏡子，卻不同了，正像現代玻璃鏡與古代銅鏡所反映的人臉不全相同。雖然形式上仍有一致處。又如同樣一朵玫瑰，十個畫家可能有十個不同畫法。每一種生命，有它自己描畫（用感覺）外物的風格型式。

紫感覺只是紫感覺。青感覺只是青感覺。這一切，只是臨時舞台幻景。把這個舞台的全部佈景拆開來看，月亮只是一張透明圓紙，月亮光下面的花朵，也是紙的，葉子是紙的，暴風雨時的雷聲，只是一個巨大白鐵桶的滾動聲音。宇宙間沒有永恆紫。色盲者眼裡沒有紫，龍蝨眼裡也沒有紫。植物感覺不到紫。星星感覺不到紫。我們的紫感覺只是一幕幻燈電影。

我們感覺裡的天空是藍的，眞正的天空——同溫層以上的天空，卻是紫黑的。更眞正的天空，我們這個銀河系宇宙的極遼遠處，究竟是什麼顏色，還是個有待求證的X、Y、Z。我們看見月亮是亮的，眞正月亮卻是黑的。我們看見星星像一朵朵紫羅蘭，眞正的星星卻比一座撒哈拉沙漠還大得多。我們看見一個孩子流淚，以爲她很悲哀，其實她卻極幸福。我們的肉體純感覺，並不是一個忠實的愛人，她時不時的欺騙我們——她的情人。

是的，這感覺以前，沒有這感覺。這感覺以後，也沒有這感覺。只在這一刻，這一分，這一秒，才有它。才感，即不感。方成形，就破碎。在感覺以外，是眞空，（對此感覺說），在感覺以前或以後，也是眞空。感覺所連成的一長串活動，只是電影片子的一長串活動，一靜止，就化成空無。大海、高峰、月光、薔薇、巧克力、可口可樂、美麗的臉、女人胸膛、波斯錦氈、玫瑰大理石宮，這一切萬萬千千，只是一堆燃料，化成一片感覺火光，又只爲了那一秒、那一分、那一刻。燃料一停止，火光頓熄，一片空白。

最多的是空白。常常的，是空白。光的「最高峰」，永遠只是那一霎。它的「低峰」，也千峰萬峰不同，往細分析：沒有一條相同的光，也沒有一朵眞正相同的火光。它燃燒完了，生命化粧室就是一片虛寂。那些胭脂、花粉、香水、綢緞、綾羅、女人笑聲，只當吹開幕哨以前一點鐘，臨時出現的。閉幕哨一響，它們又變成一片空無。圍繞感覺四周的，經常是空白和空無。疲累的平凡的機械的感覺，也常常近於空白——或者空「黑」——塡滿一片黑色，雖有色，卻是一片黑暗。

金字塔、裴底斯雕刻、聖彼得大寺、阿房宮、西斯廷穹窿上的聖畫、西賽羅的演說、貝多芬第九交響曲、奥斯特里齊戰役、坦能堡戰役，這一切，只是爲了他成一片感覺火光。火在，影在。照邏輯說，火去，影滅。但實際人生，有時卻是：這以後，生命只靠火光的影子支持，把幻影當做火光眞形。正如我們愛人死了，這以後，我們仍靠記憶裡的她的影像，而支持著活下去。

一條生命喝不光那一海水、一江水，因爲，生命只需要那一碗、那一勺。對他，印蒂，這一碗、一勺，也只是火光一閃的燃料，——這以後，一切又歸於空白或痲痺。

這火旣沒有眞紅，也沒有眞光、眞亮。他抓不住這紅、這光、這亮，它們不是一朵山茶花，他的視覺也不是手，能把它們留在手上。即使他用這隻眞手留住一朵眞山茶花，也不能把它永遠眞留住。因爲，一朵山茶不是一塊石頭。即使是石頭，他的手，也不能永恆留住，因爲，他自己肉體並不是石頭。即使肉體是岩石，它終將與手裡的石頭同消失在永恆天風中。

他，印蒂，所獲得的，永遠只是那幻覺的一閃。

潤透這一閃一剎，以及閃閃剎剎的泡沫性，電光性，以及它的巫師式的幻術，於是，印蒂見火滅火，見水斷水，見山推山，見橋折橋，見屋毀屋，見花碎花，見草破草。水本本非水。波本非波。浪本非浪。瀾本非瀾。潮本非潮。海嘯也本非海嘯。歸根結柢，本無眞水、眞波、眞浪、眞瀾、眞潮、眞海嘯。生命只爲了不讓自己瘋狂，或瀕於破滅，才暫假定這是眞水、眞波、眞浪、眞瀾、眞潮、眞海嘯。人爲了不讓自己進瘋人院，才保持最虛僞的禮貌，坐在池子裡，看一幕又一幕的幻術戲劇的演出。看假戲眞做，看久了，假戲也就變眞。於是，把假定化爲虛僞結論：肯定這是眞山、眞水、眞火、眞橋、眞屋、眞花、眞草。

現在，印蒂擊破這一虛僞禮貌，與虛僞結論，他逃出這魔術味的池座。但是，他也不需要進瘋人院，他走的是一條聰敏道路——他直奔這一切幻術的創造者的秘密空間，那最眞實的空間。他棲息於它的永恆宅第，那最原始也最透明的第一宇宙空間。同時，印蒂也讓自己游泳在第一宇宙時間中。

說是「創造主」，似乎帶點人性或擬人化。實際上，從科學上說，到現在止，這個

「主」還是個謎，究竟有主？無主？或有時有主？有時無主？主在人外？主在人內？但不管怎樣，人生幻術淵源於生命本身的幻術，而後者總有它最後根源。這根源，姑假定爲第一宇宙空間和第一宇宙時間。（不管它大或小，長或短，）即使人不能詳細摸清或認識清楚它的外景或內景，但它總能表現一種境界。正如他從火車站看華岳高峰，只那麼煙雲縹緲中的幾座峰頭，並不清楚它們內景，但他藉想像的幫襯，仍可從它們獲得一片崇高境界，而這就能給他無窮啓示。

假如感覺是一顆變星，不斷在變，他就讓它變天箭座、變夜光天、變臭氧層、變梯度風、變雹霰、變銀色龍睛虎頭球的金魚、變海腦、變八目鰻、變玉鉤蟲、變肝葉蛭、變柏子蓮、變桂竹香、變金絲荷葉海棠、變尼加拉瓜大瀑布、變崑崙山、變荷馬、變蕭邦、變摩西、變撒旦……。

假如他自己也是一顆變星，就讓他變：變尼尼微的鸚鵡、變熱帶的花、變非洲黑人雕刻、變南美洲的可可、變阿敘利亞的象、變暹羅貓、變人馬座星雲、變錫蘭島的佛像、變北斗星、變楊柳葉子、變沙蠶、變吉丁蟲、變一粒沙，最後，變爲一整個銀河系。眞正是「呼吸通帝座」。

三

是的，一顆變星！在千變萬變大變極變中，產生一片嶄新的靈魂狀態。

那是一種大否定、大超越、大飛翔。

就有那麼一種心魂，——類似一種秘密原素，經過幾十年修鍊，——像古代名劍工用各式各樣的文火武火鍛鍊干將莫鎁一樣，突然一下子，它彷彿萬能？它的幾乎神化了的劍鋒，能穿透一切，擊破一切。它的第一個突擊對象，是地球，只一揮劍，它否定一整個地球；再一擊，否定一整個太陽系；又一刺，劍鋒透過一整個銀河系宇宙。它不只是穿透、刺破，是心魂超越它們，飛翔在它們之上。

大超越與大飛翔，那是一種靈魂狀態，一種心海背景，正像上帝是基督教徒的靈魂總背景，阿拉是回教徒的心海總背景。那不只是一種思想花環，而是一種眞實的感覺河床。

這樣一種神妙的靈魂元素，他不知道是從眼球透明液帶來的，還是從聽覺鼓膜、從味覺的輪廓乳突、從延髓或蝶腭神經結帶來的，還是從二十幾年來每一分每一秒的虔誠帶來的——那種無量數的人生眞理的渴望的堆積。它來自肉體，又飛出肉體。它來自星球，又飛出星球。天文臺上無數星雲攝影圖片，是人類靈魂與智慧撞擊星空後的結果。他現在的大超越大飛翔，也是他靈魂不斷撞擊永恆人生眞理的結果。不同是：天文臺所俘獲的是無數條分縷析的碎片，以及從它們歸納出來的一幅完整圖畫，他所捕得的，卻是一個不由碎片累積起來的深固完全的整體。即使它像干將莫鎁的劍鋒那樣薄，甚至比最透明的光還薄，如電如閃，它也是「一」個永恆整體。這「一」超越了一切，飛翔于一切上面。

像乞丐拾破爛，天文學家通過科學觀測與分析，一個星球又一個星球拾著，他卻是扔破爛，一個個扔掉。天文學家拾得多少星球，他就扔掉多少。比地球大一千三百倍的木星，有瑰麗光環的土星，綠色的天王星、海王星，可能有花樹草木和繁密運河網的火星，溫度在零上三百五十度和零下二百度的水星，可惱的虛寂的月亮，那三萬顆小行星，那一千萬萬個太陽，那些天蠍座、天鵝座、劍魚座、長蛇座，——就那麼一下子，被他輕輕扔掉了。儘管它們仍在旋轉，發光，構造宇宙，但在精神上，卻不再給他任何壓力了。

不用說，地球上一切最沉重的現實，最血肉的糾纏，如印度亞格拉的泰姬后陵寢，隋煬帝的迷樓，馬嵬坡前的血肉，克里奧帕屈的鼻子（高二分或低二分），康熙遺詔上的「四」或「十四」（註③），海嘯樣的「萬歲」聲或「打倒」聲，比蜂蜜還蜂蜜的第一次吻，比阿爾卑斯山堆得還高的黃金和象牙，青春與夢幻，還魂草與納蕤思的影子，二十元一斤的平價米，每分每秒的家庭雞鴨風波，醇酒及咖啡，回憶和惆悵……這一切一切，也像扔破爛一樣，被他輕輕扔掉了。

這是靈魂從一切客觀宇宙物質的現實重壓感的總解脫。

無論是星座間極渺茫虛無的現實、或地球上極複雜極黑暗極沉重的現象，再不能壓迫他了。他已超越它們，飛翔於它們之上了。

他是一切星球以外的生物，一個幾乎超越萬有引力的星球。他自己的靈魂宇宙就是一顆星球：印蒂座，它本身也能發光、旋轉、放射色彩。

不，他自己就是一整個銀河宇宙系、印蒂系——。

他只活在自己星雲系統內，他只呼吸在自己星座中。這個星球永恆透明，比最白的雪還白，比最美的銀河還美，它是一切星雲光華的總和，是萬光的來源，萬有引力的力源。在這裡，沒有神，沒有上帝，沒有阿拉，沒有佛，沒有人，只有那永恆皎潔光華的一片：那天上的人性眞理聖境，那幾乎與上帝一樣超越的綜合智慧、妙境，那種比有形宇宙更求恆的透明觀照，哪怕只是一秒鐘一分鐘的透明觀照。這一切是他靈魂的華蓋，正像洙穆朗瑪峰是萬峰之峰，萬山之王。他的心海有了這樣一片天空，一幅背景，他將超越一切，獲得永恆安息。死亡在這裡，再沒有陰影；生命在這裡，純粹化爲一片光明潔淨；智慧在這裡，月夜放光煥彩。這裡沒有各種形式的時間，卻又是一切時間的泉源，它超越空間，卻又蘊藏純粹的空間精靈，而不憑藉任何塵凡形像面積。

這是他自己的銀河系宇宙，印蒂宇宙，正像這座山頂上的屋子，是他自己山屋。他住在這裡，毫不寂寞，卻有無窮大歡喜。因爲，這是一片永恆歡喜的泉源，沒有一分鐘，不噴射巨大的透明的歡樂。沒有一個生命，不是滿浸大歡喜放射著。不乞靈於上帝的眼睛，神的手掌，也不求助於花樹草木的色彩，更不倚賴人類與萬物的溫情，它將獨立的給予他永恆透明的歡樂，無上菩提的空靈的醒覺。在這兒，他捕捉到永恆的永恆。永恆是一切。一切是永恆。所以永恆，因爲他的靈魂躋登人類任何足跡所能躋登的最高峰巔——那是一片新的精神銀河系宇宙，就無限精神幅度說，比一切現實星球更遠，更高。

在這個獨特星座中，他是它的王工？不，他實無此感。每一個追求永恆人生眞理者，都可以獲得它。智者佔領它以後，卻可自由自在遨游，欣賞，彷彿每個人全獨自成爲一個星座，而它四周的宇宙，又比一切眞實銀河系宇宙更無限，更美麗。

就這樣，經常的，他的靈魂從肉體飛翔出去，像數萬萬萬萬年前地球從太陽火星飛翔出來，一下子，擁抱了無極無限的空間，虛無。在人類觀念中，它只不過那麼一點點，一些些，卻又構成無窮大。這種精靈狀態如一滴水，卻又可以是千千萬萬個太陽，千萬重雲彩。這一秒鐘，它是北極，下一秒，它是赤道。他是「一」，卻與萬萬千千溶成一片。他飛翔著，飛翔著，從雲彩到雲彩，又從無雲彩到無雲彩，越過同溫層，如星雲的光閃，飛入無空氣的空間，表現萬有引力的純粹空間。他飛過萬千星海，飛出比「非想非非想之天」更高的天。時間有多久，他和時間一樣久。空間有多大，他和空間一樣大。

這不是夢囈，這是人類精神的無限偉大。這不是一刹那的幻覺，一點鐘的夢，一天的玄學，它是幾十年修煉後的心靈狀態，也是千百年來中外古今大智者和哲人的永恆智慧泉源，同時，它又是一種與吃飯喝水一樣，具有家常親切感的感覺狀態。即使起點是幻覺，終點卻已化爲正常而現實的感受。人類是那樣奇妙，他用幻覺力求捕捉一片眞正偉大的心理背景，一種大超越的最原始的銀河系宇宙和一切星座的科學背景，來代替上帝及神的背景，他的追求終於成功了。這個嶄新的靈魂，可能將成爲未來人類的最高心理天幕的眞理，又吻合現代科學智慧。

有了這樣一片背景，人類將獲得比一切宗教更深刻的永生，更健全更透明的永恆。

四

最具決定性的，正是這片最高心理天幕。

這是一片絕對透明的靈魂天空，皜白色的天空。

在這裡，白色，絕不是一種詩意的形容字，色彩字，它是一種眞實的心靈感覺，和死的黑色是一種不可調和的對立。

靈魂充滿無限生機的白色天幕，是對無限死亡的黑色天幕的一種勝利。只有眞正永恆的生命幕景出現了，死的幕景才能褪去。

在生命中，人們有許多苦惱，其中極痛苦印蒂與萬萬千千人的一種，卻是那份剎那的死亡感覺，永恆的毀滅。不管你怎樣萬帆風順，千歡萬喜，花園裡開放數不清的幸福，一想到死，你眼前就出現一座可怕的黑色深淵，它吞噬你一切塵世幸福，金色的夢。你將像一片落葉，無休無止的往這深淵內沉落。你不知道它的邊，它的寬，它的底。你不明白，你將飄到什麼地方。你不知道你最後的所在地，而這正是最恐怖的。肉體毀滅本身，並不可怖，心臟停止跳躍，也不可懼，可怕的，是那片絕對無限的虛無和渺茫，那片神秘的黑色吞噬：那是人墜落到萬丈黑色深谷底時的空中飄墮感受。火車過大隧道時，偶然也帶給人這類情調。你不曉得，這片可畏的黑色力量將把你帶往何處去？如此燦爛光耀的靈魂，這樣美麗芳香的肉體，這些繁華的生活花朵，夢與碎，愛情與信仰，沙場上的或書齋中的金字塔樣的勝利大廈，一霎間，全化爲一片落葉，一片黑色的虛無、渺茫，宛如從一顆冥王星上掉下來的流星，經過那片幾乎是無窮的空間，但流星還知道（如有知覺）最後將變成石塊，你卻不知道自己最後變成什麼，即使暫還原爲化學元素，那也不是最後。而且，你自己的化身：氮與氧，鋅與鉀等等，將不再相互認識，如你現在認識自己的嘴與耳。同樣，你將化成的鈣與磷，鐵與銅，也會彼此陌生，雖然它們曾形成你的思想與感覺。一句話，你被你墜入黑色深淵後的肉體和靈魂的下落的絕對不可知所驚懾了。（任何宗教的迷人因素之一，就因爲信仰者死後不是不可知的，他們全知道自己下落。）

不少人感覺麻痺如石頭，很少想到這個黑色深淵，除非躺在病床上，特別是，呼吸最後一口呼吸以前的幾小時。另一些人，偶然看見它，卻迅即走，不敢在它邊緣佇立，停留。有些人，可能站定了，卻抖顫了，他們沒法製造各式各樣降落傘，渴望平安降落到深淵最底層。在這些傘上，有的描繪苦笑，有的勾畫冷嘲，有的釉著諷刺，有的流滿淚脂，有的遍佈酒跡，有的用新鮮的或陳舊的血塗染，也有的渲染原始野獸的奔馳，希望用那盲目的蠻勇來美麗它，裝飾它，——這是一種複雜的或單純的心理反動的產物。另外的則是一些又迷人又欺騙的字句和幻想，把愚昧的裱裝最崇高的。但最普遍常用的一把傘，卻是——神。

這最通俗的一把傘，也有各式各樣化名：上帝，天主，聖母瑪利亞，阿拉，佛，觀世音，玉皇大帝，太上老君，西天老母，等等等等。

可以說，人類中，絕大多數人，只能撐開神這把傘，希望平安降落於這可怕深淵，從而抵抗永恆毀滅，獲得永生。

印蒂現在否定一切降落傘。

他根本粉碎這座深淵，毀滅這片永恆大毀滅，用一片空靈的光明潔淨的靈魂天幕代替它。

自從那個午夜豁悟的一剎那起，閃電般的，那個糾纏他二十多年的黑色靈魂天幕——宇宙壓瓦解了，死的深淵也崩潰了，生命的落葉飄入一片無限黑色的神秘虛無的感覺，也一掃而空。這以後，不管是最黑最黑的午夜，最深最深的夢迴恍惚時，再沒有那片心靈黑地獄等他，吞沒他。每一個午夜是雪亮的，每一次夢迴時的醒覺，是皡明的。那個永恆黑暗的死的本體沒有了，代替的，是一片皦白的永恆空靈的本體。像水晶一樣透露，如白衣碾玉觀音一樣純潔，這以後，他想像中的地球的永恆旋轉，豁然變成一片光明清淨。

他感覺中，再沒有死的壓力感，更沒有那個可怕的黑色深淵的威脅。他不只毀滅死的感覺壓力，也消滅了一切威脅他精神的黑暗感覺。他變成一個超越一切黑暗壓力的人，一個永遠沒有靈魂黑暗感的生命體。他自己的靈魂恒星，將永遠不再有任何日蝕；他的肉體內外，化爲一片光明。不管是怎樣可怕的黑黯，經過他的精神調色板，也立刻幻作一片光明，空靈。

也許，解脫的顏色本無色，說它是一種透明白色，只是說，它不再沾染任何死的黑色，或任何刺激性的紅色，黃色，藍色或褐色。精神的空靈的白色天空，只是襯托一切顏色的底子，宛似一塊白地花布，可以染成白地藍花，或白地紅花，藍和紅僅是點綴在上面的，如浮萍點綴水，浮萍隨聚隨散，有生有滅，但水流常是水流。說它是白色，只是一種最不得已的淡描。空靈本無色無相，卻又是最純粹的色。白色本非色，卻又能象徵一切顏色中最光明皎潔的顏色，因而靈魂白色天空是一種光明色，潔淨色，空靈色，感覺色，思想色。

在這樣的空靈背景下，萬物萬象，一片渾然透明。

現在，他似乎驟然亮了。他頭抬在這裡，身睡在亮中，手摸在亮內，眼游泳於亮空間，肺呼吸於亮空氣。他的血液，奔流於亮流，他的耳、鼻、嘴、頭髮，完全一片光明。他自覺從沒有這麼皦亮過。

這片空靈透明，代表人性最高的精神狀態，靈魂的最崇越的智慧色素。

他想不到，二十多年來，他追求一種存在，找尋的結果，卻是這個。它如此簡單，又如此複雜。它只是一點點，卻又能統攝一切。也好，假如生命常被死所痛苦，一種眞正消滅死的感覺壓力的智慧境界，正是消滅許多生的苦惱的智慧境界。他所找的原是個「一」，一個整體，一種境界，一種萬智的泉源，他原不是找智識的什錦拼盤，或者近乎愚昧的獨斷教條。

說簡單點，二十幾年來，這是一個尋求白色的故事，一個追根空靈的故事，一個捕找宇宙渾然光明體的故事。

人必須先有內在光明，才能喚起外在光明。必須先具光明靈魂，才生光明肉體。靈魂與肉體光明了，它們才能創造外界光明，與宇宙光明相呼應，相共鳴。只有不黑暗而迷失的靈魂，始能眞正滲透天地光明。一顆永恆黑暗或時値黑暗的心，絕不能洞透萬象，永恆光明。

這片靈魂核心處瀰漫白色的光明，皤潔，以及像銀河系一樣燦爛的空靈，是宇宙無數萬萬年前早就開始的光明。這片光明超越時間，絕緣空間。如果萬一有眞時間，純空間，它們也應該是一片光明皤潔。

只有在這樣一片無限的內在光明中，死才像一件破爛舊衣服，被他脫掉，扔開，從此永不再沾染。於最深午夜，儘管這一世界堆積萬萬千千陰影，但他的靈魂與肉體，永遠像峨嵋山頂佛光，一片光明燦麗。

這片光明感，並不僅僅是一種幻覺，它由他精神土壤產生，完全具有生物學的眞實。至少，它是人類心理的一種眞實轉換。這種變化，是人類心理不斷自我反省與沉思宇宙萬象後的自然結果，正如一株桃樹經過陽光雨露而開花，而結果實。他現在的心理狀況，也如一株果樹，起先是無意栽種，後來卻是有意培植，終於開花，結果。就這點說，儘管它對一般人是一種神秘主義，對他自己或他這類人，卻一點也不神秘。

作爲一個悟道者，從靈性上說，他是一個不死的人。他的靈魂世界中，再沒有「死」字。即使他看見自己肉體中風，從四肢到胸腔，由下而上，一段又一段痲痺，但直到他停止心跳時止，他仍會一片恬靜，微笑著迎接自己物化。假如他眞受日本人酷刑，像淪陷區曾出現過的：被活埋在地底，只一顆頭露出地面，如栽洋葱頭，但他在停止呼吸前，仍能保持一片內在光明。他的孤獨的頭，將如雲崗石窟的菩薩頭，一片空靈恬靜。死可以爬入他的肉體，但永不能攀昇他的靈魂天空，那片毫無纖雲的透明天空。

他現在眼睛裡，假如有死，死也是一片光明。它不僅不再與生命對立，卻是使生命交響樂更完整的一種旋律，或一個樂句。生命終於連死也感謝了，因爲它若給他更多更豐富的光明。在一個死裡，有時懷孕萬萬千千生命，比生命更繁華的生命。這一切，絕不是倫理意義的，或強迫的，它是絕對詩的、藝術的、智慧的。有人聽到麼？在澄明的藍色秋天，一隻金紅蘋果幾乎無聲的墜地，奇異的芬芳，沉醉味的成熟，熟得連果子自己也酩酊醒酣了，一種無比鮮艷的紅和綠，美麗極了的圓——這正是死。

此時，他每一滴思想，感受，全像太陽一樣眞實。這片空靈皓淨，絕沒有傳統的神秘，它是人類心理的高級發展的科學結果。生命曾從猿猴進化到人，現在將又更高一級的進化到智慧人，超死人，——悟道人。這不僅是理想，這是新的現實。這不只是詩，是小說，或戲劇，這是人類三千年追求靈魂最勝境的結晶，也是他二十幾年艱苦尋亂後的自然菓實，——一隻美麗的秋季蘋菓。在他以前，二千年來，有些聖者和智者，曾這麼找過，得過，不過，不像他這樣現代化和接近科學化罷了。

無限永生不是任何神像，不是上帝，不是佛，不是玉皇大帝，或西天王母，它只是一個無限光明皜潔的靈魂宇宙，一片純粹的精神本體。他的魔術，就在於能把這種本體化爲他的新的本能。他本能的用它消滅死，改造黑暗，變化痛苦，剖析萬象，超越現實，抵抗一切宗教的壓力。這正像他本能的呼吸氧，排出二氧化碳，讓血液保持潔淨。

他這樣本能的做，如大匠運斧，不留一毫鑿痕。因爲，在靈性世界，他自己已變成星球旋轉的一部份。他自己是山，是水，是花，是魚，是星，是風，是樹葉，是綠草，是夏蟬，是鳳蛾，他是大自然最自然的一部份。他的最高靈魂感如魚游千水，如月映萬波，如明窗透萬光，又如蓮花出污泥而不染，臨風款舞，如白雲幻自濁氣而芳潔，飄浮藍天。

現在，他再沒有「沒有」了。每一秒鐘都是有。萬萬千千、千千萬萬的有。他永遠不再失去，他永遠佔有一切。

五

漸漸的，印蒂靈魂宇宙，出現一個嶄新時期。粉碎一切後，他重新組織另一個整體。每個碎片，都是一個新整體。當生命化爲一片美麗的白色空間後，空間又塡上新的顏色、線條、符號。大超越大飛翔後，再超越於超越，便形成新的凝結，再飛翔於飛翔，便呈顯新的靜止。那最高的心理天幕——那片純粹白色的透明靈魂天空，是一個新的起點，在這裡，它雕塑出眞正的永恆。從萬萬千千個空無中，出現萬萬千千個實有，從千千萬萬個「否」中，呈現千千萬萬個「是」。

那被打碎了的一切，再一次於新的靈魂天幕下組成，這是人生眞理的編織，也是堅定的永恆組織。

印蒂作爲萬象的毀滅者，不過是一個時期的事。這時候，他像一個劍客，才學得一身劍術，到處揮舞。見樹劈樹，見花劈花，見光劈光，見影劈影，見山劈山，見水劈水，見人劈人，見獸劈獸。當初期劍舞的狂熱稍稍退潮後，（即使大解脫後的初期，在大寧靜中，仍有一種潛藏冰冷深處的狂熱，）他慢慢意識到，到處揮劈，並不全對。劍術是對的，劈的時辰不對。當來者不是敵人時，便不須劈。當野獸已經向遠方逃去時，便不必劈。

他得從一個狂傲的劍客，轉變爲一個明智的劍客。

大飛翔時期過去了，他得學習滲透。

他要從一個劍客轉形爲一個雕塑家，把他寶劍擊碎的一切，重新捏成形體——眞能表達慧覺與美感的形體。

鏡花水月不是生命眞花眞月，但仍似花似月。似物不是原物，「似」不是「眞」，但只不是眞之眞，仍有似之眞。在眼球壁膜與屈折體中，鏡花仍有花形，水月也有月形，前者有色，後者有光。假如這不是眞色眞光——原色原光，則眞花眞月又何嘗有眞色眞光？原色原光？——一切色與光的本體？花色是陽光的投射，是前眼房和水狀液與晶狀體等等的反映。黑暗中花無色，失明者花無色。月亮本是黑暗體，由於太陽的輻射，才有光，這不是眞月光，仍屬於太陽光。在另一時間空間中，就本體說，眞花眞月仍是鏡花水月。鏡花水月雖是假花假月，其色、其光、其形不假，正如瓶中紙花，畫上明月，仍有眞色眞光眞形，（僅僅不是原色原光原形）。抽掉它們在觀念中的眞僞，緊緊抓住這一刹肉體感覺中的眞實反應，則假花假月也有眞美眞相。這份眞不需要原月中的哥白尼山和埃拉托色尼山形成，也不需原花的扁形、輪形、杯形或螺旋形、龍爪形編成。至少，這一刹那投射入他視覺器官中的那一組光色形相，具有刹那的千眞萬確，絕對的刹那可靠。而眞確與靠，不管如何僅僅屬於刹那者，仍是一切生命的起點。

一幅倪雲林的眞畫固然是畫，一幅清朝人仿他的假畫，也還是畫。這不是原來眞色，卻是清朝人自己的眞畫。就倪雲林說，這是假，就清代這個畫人說，這是眞。在萬假中，仍有一眞。一切最假的事物中，仍有最眞的。從絕對的永恆境界說，萬象中常有假。以此一刹那的眞境說，最虛幻的假象，仍常有眞。絕對的虛假在內體現實中並不存在。

同樣，一枚假幣，未發現它假時，仍和眞幣一樣流通使用。發現其假後，它仍有假的錢幣的眞價值。假如是一枚仿古錢幣，雖然它沒有眞的古錢美觀，值價，但仍有它的仿造的優美和値價。即使它是最大的醜惡吧，這醜惡本身仍是眞非假，是實非幻。

打碎一切表象後，它們的意義固打不碎，硬度也打不碎。人可以打碎一塊石頭，但打不碎石頭在他手指上的堅硬感覺。他可以毀滅或取消這種感覺，其實只是使它不再繼續這一秒的堅硬感覺，但毀不了已經在他記憶裡留存的過去堅硬感覺。至少，地球現時仍在旋轉，他依然看見宇宙的光與色，呼吸著空氣與香味，他的手仍摸到硬度——他自己的肉體。大解脫大超越中，他所見的雲、霧、水、月、光、色、花、葉，沒有一樣是眞的，可靠的，但即使這一切是虛幻的虛幻，但在他肉體的這一刹那反應上，至少它們都可見可觸。他眼球機能與手指表皮層所反顯的光與硬度，並沒有欺騙他的肉體感。儘管這一刹是千分之一秒，這千分之一秒的肉體感中的光亮與硬度，仍然是眞非妄。假如不承認這種純粹肉體感的眞實，肉體就一秒鐘不能存在，否定這一切，等於否定肉體，也就是「感覺」自殺。宇宙萬象中，即使有種種虛幻，這虛幻仍爲生命所不可少。生命即使活在種種謬誤中，生命也仍是生命。有許多荒謬，本與生命共同開始。如追求一種不滲雜任何一滴虛幻謬誤的純眞，則無生命。靈魂的最高境界，儘管存在於極眞理的底蘊中，但肉體的最低運動，卻存在於可摸可觸可感的光、色、香、氣、味，與硬度種種中。即使偉大的智慧是摸不到觸不著的，但他的肉體卻首先必須站在或坐在或睡在摸得到的有硬度的物體上。赤裸裸的肉感是粗糙的，可厭的，甚至是無意義的，荒謬的，但它卻是肉體的起點，也就是生命的最初起點，雖然並不是終點。沒有一片最低的最實低地，一切最巍峨偉麗的寶塔無從建立。生命可以飛翔，離開現實最低地，但沒有起飛點，也就沒有飛翔。要獲得完整的生命，不只要擁抱那最高最空靈的，也必須容許（事實上非容許不可）那最低最粗糙的——這不是追逐性的「容許」，是天然的事實的「容許」。

他記憶和幻覺裡的時間，雖然是一片旋轉風沙，來無蹤，去無跡，抓不住，摸不到，十萬年猶如一秒，但他肉體存在這一事實——哪怕只存在萬分之一秒，這萬分之一秒卻是眞實，肉體現實就是時間現實，肉體比任何鐘錶更眞實。觀念和想像中的時間的虛幻性，並不能毀滅肉體的現實時間的現實性，它所毀滅的，只是虛幻的觀念本身，不是肉體存在這眞實的萬分之一秒。（這萬分之一秒可能通達那永恒的「眞時間」。）

月亮是醜陋的無光的黑暗體，這是科學智慧的結論，也是較新的現實結論（人類就會飛到月球上），卻不是此刻此分此秒的現實結論。這一分這一秒，他眼睛內的月亮是亮的、美的、光明的。雖然這是虛幻荒謬的認識的產物，但此分此秒的肉體感覺，卻不虛不幻不荒謬。當他活在有關月亮與其他物象的科學眞理中時，必須拿起望遠鏡及顯微鏡，但他作爲一個純粹動物生活著時，他的肉眼不是望遠鏡和顯微鏡，也不須扮演這二鏡。人類也不會配一副望遠鏡與顯微鏡，經常當眼鏡戴，那樣做，世界可能更眞了，但世界也可能更醜陋了，更不現實了。肉體感覺不是偉大眞理，卻是人類生活所倚賴的一種偉大的生命現實——眞實。

和他視覺相比，狗眼中一切皆灰色、是謬誤的，但對狗類視覺說，它卻是眞實。明者見世界是一片花花色色，盲者卻是一片黑暗。就盲者說，他的盲瞎的視感覺仍眞實不虛。火星水星上假如有生命，又假如他們的視覺比人類更高一級，如我們視覺之對狗視覺，則人類視覺將不是一切宇宙生命視覺的盡頭或結論。人類感覺知覺可能也將不是銀河系一切生活感覺的止境。

生命既活在眞實中，也活在包含謬誤的眞實中。現實不一定眞實，眞實也不一定是眞理。但一切眞理必然靠眞實驗證，也必然產生自現實。（唯理論的純粹「理」世界，也是一種現實——高級現實。）

他的肉體感官的經常感覺是平凡的，卻是生命搖籃。最重要的是，只有最大的庸俗，有時才包含最大的穩定性。一切偉大的美麗船帆、必然伴隨庸俗的笨重鐵錨。

讓山峰還是山峰，流水還是流水，星星還是星星，樹葉還是樹葉，這並不損害他的人生眞理感。（眞理是無可損害的，人一獲得它，就永遠獲得了。）拆穿一切奧秘，洞透一切虛幻後，它們的瞬息萬變的虛幻形象，那片山象、水象、星星象、樹葉象，依然是美麗的，令人沉醉的。以純形象還之純形象，生命依然可以與純粹形象和平共處，同中。他儘可以美麗的活在純粹的視覺聽覺嗅覺觸覺味覺中。

人類既活在生命大詐術中，有時就不能不暫與它妥協。不是人類與詐術妥協，是人類與自己妥協。因爲，萬萬千千人已安於此一詐術，少數智者如全部否定它，等於否定千千萬萬人的現實生活。這也是爲什麼，多少先知者，洞透人生眞理和生命底蘊後，仍以最平庸的嘴臉出現於人間，好像一個美麗少女，不得不扮黃臉婆。這是人生眞理的悲劇，卻是人間喜劇。假如要平衡這兩種戲劇，仍得先回到現實低地。

首先，他必須在山爲山，在水爲水，在魚爲魚，在鳥爲鳥。他應該變雲，變霧，變月亮，變星星，變玫瑰，變蝴蝶，也應該變蒼繩，變青蛙，變石頭，變糞土，變蛆蟲。剛解脫後，他曾看光不是光，見色不是色，聞鳥不是鳥，吸香不是香，天地萬物，無一不變。現在，他看光仍是光，見色仍是色，聞鳥仍是鳥，吸香仍是香，天地萬物，仍是天地萬物，卻是一片較新的天地萬物，不再是舊天地萬物。因爲，他的靈魂換了新觸鬚，他以一個新精神背景下的新視覺聽覺嗅覺來接受宇宙。那一切充滿矛盾和混亂的因素沒有了，他的視覺聽覺所捕捉的，是一片赤裸裸的純粹形象。不管有多少謬誤意義、環繞著月亮，但此刻此秒，他只看見一片純粹的美麗的月光。不管怎樣複雜、衝突的意義圍匝這個世界，他此刻此秒只看見它最美麗最純粹最和諧的形象與線條。這種純粹與和諧，將貫通他人生觀念的最高境界。

不管有多少否定與矛盾，在這萬分之一秒，他純粹肉體與宇宙純粹形相赤裸裸擁抱，是無可否定的。

六

印蒂醉了，他個人史無前例的醉了。也許，此時代「人」這一動物群中，少有一個「人」如此眞正沉醉過。

這不是叫人糊塗昏迷的醉，是由於過度清醒而產生的醉。他太清醒了，太明澈了，因而有大沉醉，醉於個人的空間醒覺。這種醒悟，是一種透明的酒，比一切人世間蘋菓白蘭地和葡萄酒或其他酒液還水晶、瑰麗，人只要飲一滴，就心魂抖顫，灌下一杯，便極其狂歡，喝了一瓶，則無比寧靜——寧靜得猶如一種沉醉，像深刻大酩酊時那種魔邃的大謐靜。無限魔靜中，他無窮深深的滲透萬象底蘊，那最後一個核心之核心。

萬象像萬筍，他從地球上連根掘起，抹掉泥土，洗清塵沙，剝開筍籜、筍衣、筍皮，一片片的，一葉葉的，剝開又剝開，直剝下嫩的蕊子。他還要剝、剝，直剝到最後一枝最鮮最香的嫩尖、纖芽。於是，他烹調這，煎炒這，咀味這，細嚼這。所有日月星光，山河川流，沒有一樣，他不像剝竹筍樣，一層層一片片剝開，直剝到最後。甚至，連最後一點嫩蕊子也不要了。因爲，一直剝下去，終於什麼也沒有了。

他似乎沒有目的，也不要什麼，他只是剝解又剝解。他的思想純粹成爲一種剝筍工作。

假如是一個美麗舞女跳蟬翼舞，一層層蟬紗脫掉，一件件綾綃翼卸去，終於，只剩下最後胴體，赤花花的女體，像眞理一樣美麗的肉體。但他連這最美麗的也不要。他還要剝下去。於是，剝皮、撕肉、扯骨、抽血——終於什麼也沒有了。那赤花花肉體不能迷他，正像那一件件絕艷的蟬翼紗不能迷他。

可是，他也不只剝脫。從大剝脫中，還有大沉醉在。筍子剝光了，它的鮮氣還在。舞女連血肉都剝光了，耗乾了，她的精靈還在。他就滲入這些鮮氣與精靈中，沉澱於那原始的原始，元素的元素。

他醒著，白晝醒著，黑夜醒著，午夜比白晝更清醒。他醒在最高峰顚，醒在天空，醒於風中，飄於雲間。一切精神事物和肉體感覺，全微末不足道，他只剩下唯一最透明的感覺：醒覺。不能僅說他是「感覺的人」，他也是個「醒覺的人」。他醒得那樣深，那樣醉，幾乎醒得近於瘋狂了。

因爲他是大醒者，所以他與原始大星團共舞，與天龍座大星雲同旋轉。因爲他是大醒者，所以他能在太陽火海裡燃燒自己，鍛鍊自己。因爲他是大醒者，所以他伴隨地球圍繞日球轂轉。因爲他是大醒者，所以在一刻鐘內，從單細胞進化到人類的幾十萬萬年歷史，能彩虹樣，全部繽紛映顯於他思想中。假如人類思想習慣於前後排列，按時間次序，他的思想習慣，還兼擁有空間程序，不同的空間事物，同一秒內，同時橫陳，像長白山大森林同時橫列。因爲他是大醒者，他幾乎不再有睡眠。他的睡也是另一種醒覺。他在夢中思想、對話、幻覺。這些午夜夢中的一切，與白晝的精神活動相連繫。不，常常的，他沒有夢，他已夢了二十年。夢早抽芽、發苞、開花，現在，結成一隻隻菓子。他的醒覺，就是一隻隻紅熱菓子，它們可以供他咀嚼、充饑。那些空虛如幻的花，早過時了。他需要的，是沉甸甸的紅菓實。

比星雲江海更無所不在的，是道體元素。星雲有空間邊緣，道體元素無邊緣。江海有盡頭，道體元素無盡頭。宇宙本身，可能有時間柵欄，道體元素卻沒有。你向它爬過去，爬完一座黑爾古斯峰，又是一座額非爾斯峰，爬完一座喜馬拉雅山，又是一座喜馬拉雅山。這是一片永恒無盡的天空，你乘火箭往裡面飛翔，飛過一層又一層，青雲以上還有青雲，天空以上還有天空，同溫層以上還有同溫層。同樣，它也是一隻永遠嚼不完的菓子。嚼完一層，還有一層。嚼完十層，還有一百層，百層以後，還有千層。

他雖然還未爬完、嚼完，總算抓住一些永恒雲彩，咀嚼到一些永恒芳香。到達這個境界，儘管前面還有萬千青雲，萬千芳香，但它們已與永恒道體聯成一片。人能從一滴海水嚐它總的鹹味，人也能從一個「永恒」體嚐它的眞正馥香。即使僅僅這一個，也已超越塵凡的眼睛、手腳、翅膀，和嘴唇。

他是人，卻覺得自己是始祖鳥，可以飛翔入三十三天。他又覺自己是大鯨魚，可以沉入深海底。他也覺自己是風，可以吹過地球南北極。他是雲，可以飄遊。他是霧，可以瀰漫。他是葉子，可以從樹根吸取養料。他是水，可以與大海幻成一片。他是星光，可以閃耀於萬千星粒群。他是飛馬座大星星，可以盤舞於宇宙深處。他是一切，無所不在。他的感覺幾乎像上帝，見花變花，見草變草，見山變山，見水變水，見蝴蝶變蝴蝶，見蘋菓變蘋菓，見星座變星座。

他的精靈是如此神秘，無所不在，只因爲他擁有那微妙法寶，人類精神的透明的花朶：悟道，以及這朶花的精華的芳香，最深的醒覺。

一個人眞正醒覺後，就無所不在，無所不流，無所不化。

那是一種靈魂魔法，絕異的幻術，使人的精神變成一個無所不能扮演的偉大的宇宙演員。

在大沉醉式的大醒覺中，於大酩酊式的大歡樂中，人無比水晶的大透明，就能把握這種魔法與幻術，做這樣一種演員。

攀爬額非爾斯峰的探險者，越過普漢尼冰峰和卓裕雪峰，置身於二萬七千呎以上時，他身前身後，只是無邊無盡的傳奇式的雪海、冰海。雪像汪洋似地奔騰澎湃。雪波、雪浪、雪濤，雪的雲，雪的霧，雪的雨，到處圍繞他，他不知道自己是人，是雪，是冰，是雲，是霧。無時無刻，他不在騰雲駕霧，踏一片片白雲，穿一片片白雲，戴一片片白雲，抱一片片白雲。飆風怒吼，兇猛如獅，忽而又變成和風，溫柔又如綿羊。突然，又天崩地塌，山旋海轉，把巨大崩雪爆炸開來。

這個偉大探險者，望見最高峰的坡側的一些礫石，但他的腳步離它還有半哩。

（假如他眞的越過這半哩，站在額非爾斯峰頂呢？）

（直到現在，世界上還沒有一個探險者越過這半哩，眞正屹立於最高峰頂。也許，將來總會有。）

印蒂所爬的精神喜馬拉雅山，此刻已眞正到達額非爾斯峰坡側那一小段礫崖。眞正的峰巔並無立足處，人只能站在峰側巖上。這時候，那無極無限的思想白雪、白冰、白雲、白霧，那片又純潔又可怕的白色，奇蹟式的包圍他，幾乎叫他通體化成一片透明。可是，峰頂氣候變化大極了，直如翻江倒海，差點沒有把他搓成碎片。所有重力高度，氣壓梯度，絕熱變化，杯狀風力，渦動逆溫，下沉逆溫，都瘧疾式的瘋癲成一片。這一分鐘他變風，下一分鐘他變雪，這一秒他是雲，下一秒他是霧。這一切變化中，最深刻的特徵，是那種無比的奇寒。他必須具有超人的耐寒力，才能感到高峰頂的溫暖；必須有超人的寧靜，才能感到高峰頂的和平。越是那天翻地覆式的氣候大變化，越顯出高峰頂的人與地的曠古明靜。然而，宇宙間這一切最美的、最冷的、最靜的、最變化的精神奇景，只有他一個人知道。二萬七千呎以下的人，什麼也看不見。山下的人，以爲那片排山倒海的雪雲、雪霧早把他吞沒，他不是被雹雨打碎，被颱風颳走，就是被大崩雪壓成齏粉。

但他還活著。

只有他自己明白，自己在活，而且活得比有生以來任一時期還高貴。然而，這一切，也只有他知道，雪知道，颱風知道，冰寒知道，巖石知道。那無邊的寒冷，無限的變幻，無窮的美麗、純潔、透明、崇高、寧默，比一切更重要的，是無比的超越——這一切正是他二十多年來找尋的。人類精神的喜馬拉雅雪峰雪海中，正存在著人生眞理的最深幻覺夢景。此刻，他所見所聽到的一切，沒有一樣不來自宇宙核心，人類靈魂最幽邃的腹地。

假如他下降，回到二萬七千呎以下，向人們說述額非爾斯峰的巖石、岩石的層磊，颱旋風，黃色雲彩，強烈的霧氣與奇寒，有幾個會相信呢？即使他伸出被凍傷的手與腳，那些血跡同樣也不會幫助他發言。

他得忍受二萬七千呎以上的偉大變幻、奇寒、岩石和煙霧，也得忍受二萬七千呎以下的人間庸俗、變幻、奇寒、岩石與煙霧。人就是這麼一個奇怪動物，有時偶然活在二萬七千呎以上，有時活在二萬七千呎以下，常常的，更是不上不下。

但他寧願諦聽喜馬拉雅山最高峰頂的雪風、雪霧、大崩雪的奔潰，以及奇寒本身所發出的神秘聲音。特別是，峰頂有時出顯的超越的謐靜。

以上僅詮釋，悟道過程，有時艱鉅爲爬喜馬拉雅山，並非肯定喜馬拉雅山巔的境界即悟道境界。

就心靈眞實說，這並不是神秘，這是一種心理科學。這種奇異的心理科學，有時，可能你很快掌握，有時，可能得費你十年二十年探求。即使如此，有時也不一定保證你必能豁悟。癥結是，它幾乎拒絕條分縷析的理論傳授，除非獲得者大體重走前人所走過的追求之路。假如它有一萬里，你可以少走十里，一百里，甚至一千里，但你不能少走五千里，六千里。這種悟道的智慧也不可能由數理推算。你即使排列再多的公式與符號，也沒有用。它幾乎像一種植物，有一定的栽植時間，必須經過一定的自然時間，它才冒芽、生莖、育幹、長葉、開花、結果。它和生命本身一樣，一段又一段生長出來，不是數學式的排列出來，加一點，減一點，乘一次，或除一次就行。它也不是大代數或解析幾何或微積分，或高級數學公式所能解決。

這種智慧帶血帶肉，又超血超肉，充滿生意、活意，不像一般科學那樣機械、蒼白、貧血。假如人類這種精神智慧像山岳，那麼，這是人類心靈的二萬七千呎以上的額非爾斯峰，每一秒，你都得自己爬，自己走，峰頂的獲得，不在傳授中，在你自己腳步。可能，你會粉碎於大崩雪，死在大颱風中，可能，你會蒐集到峰頂的絳黃巖石。攀登！攀登！再攀登！昇華！昇華！再昇華！他只有那最高最高的，最變幻的，最奇寒的，最雲裡霧裡的，又最美麗最純粹的，最透明寧靜的。到了這裡，人類似乎是達到精神宇宙深處，餐雲宿霧，捫日摘月，與星座共舞蹈。這是上帝所居住的地方。

他佔有上帝的空間，神的宅第。

回首四十一年以前的事，那是二萬七千呎以下的事，太微小太平凡太淺薄了。只有現在這一剎，四十一年來第一次，他才眞正深刻了，眞正「人」了，眞正「生命」了。

七

一個充滿金色陽光的上午，印蒂坐在窗口木桌邊。許久以來第一次，他拿起筆，寫出下面的行列。

巨蛇黑星雲的旋轉是不死的。螢火的飛翔是不死的。昴星團是不死的。夜嬙嬙是不死的。太陽裡的黑子是不死的。一粒微沙是不死的。金字塔的巨大岩石是不死的。海蜘蛛的頭是不死的。赤道是不死的。一根瑞典火柴的光是不死的。尼瓜拉加大瀑布是不死的。一粒簷溜水滴是不死的。富士山的噴火窟是不死的。鳳仙花的紅是不死的。梯度風是不死的。一片柳葉的綠是不死的。愛情是不死的。肥皂泡沫是不死的。崑崙山是不死的。涵數是不死的。妲己撕扇子的聲音是不死的。野狼的白骨是不死的。路易十四呵凍用手指寫在冬天玻璃窗上的字是不死的。黑螽斯的翅膀是不死的。……

從沒有一樣存在眞正死過。

任何一片葉子，只要綠過千分之一秒，那點綠就不朽了。任何植物的色素，只要吸收過萬分之一微沙大的白光，那點光就不朽了。我們肺葉每一次擴張，心臟每一個跳動，血液每一週循環，蟋蟀每一秒的性的沉醉，日日紅每一瞬的紅，玳玳花每一剎的白，沒有一樣不是萬古不朽。那一點紅，那一芽白，那一星綠，那一線光，永遠像飛魚座大星雲靜靜發光。那個跳動、循環，永遠像獅子座大星雲不朽旋轉。那一秒鐘的沉醉，永遠像雲彩飄掛，又朦朧，又清明，又恒久，如畫。

你只要活過萬分之一秒，你就算活了幾萬萬萬萬年，你將是天文學上的光年。我們生命中的第一吻，它的芳香，永遠留存於時間倉庫內。吻過的唇，不再紅了，擁抱過的手臂，不再動了，緊貼過的胸膛，不再血液循環了，我變成一堆白骨了，她又還原成氫、氧、鈣、碳、磷、銅、鐵——元素了。我們再沒有中樞神經放映這一幕美麗電影了。我們的家族和朋友，也變成白蟻筵席上的豐富對象了。地球上再沒有一條生命記憶這一吻了。但是，吻本身仍活著。有記憶，它活。沒有，它也活。即使地球陡然離開行星軌道，與恒星突然撞擊，被太陽燒成一片灰燼，這一吻仍存在。它不再仗賴肉體，不再倚傍地球，不再憑藉太陽光，也再不依靠任何時空。它曾存在過、甜過、香過，就沒有任何火能燒燬這香味、甜味，以及與它們有關的這片「原始史境」本身。即使海水衝掉它的紅、香、甜，消滅眼睛對它的凝望，粉碎肉體對它的記憶，但它衝不掉毀不滅那一刹的紅、香、甜的「原始史境」。

我們一舉手，一投足，一瞥視，一呼吸，一笑，一響，一動，一靜，無一不不朽。我們動眼肌每一跳顫，耳咽管每一波蕩，絲狀乳突每一嚐味，口唇緣每一觸，鼻腔粘膜每一嗅，腹腔神經結每一感，胰管每一震，無不永生。每一刹，每一秒，生命不斷創造永生不朽。葉葉莖莖色色不滅。花花朶朶香香不滅。波波浪浪流出永恒。風風颸颸吹出永恒。每一片波浪所佔據過的空間，將永遠在「原始史境」空間佔據。每一朶萬壽菊曾經金黃過的時間，將永遠在「原始史境」時間金黃，黃壽菊將萬萬萬萬壽。

我一揮手，就算揮過手，而且永遠算揮過手。即使當時沒有一個人或一隻蟲子看見，甚至連我自己也閉上眼，沒有看見，但任何人或我自己，都不能說我未揮過手。即使午夜我是在夢中或夢魘裡一揮手，任何生命——連我自己在內，也不能否定這一揮手。在一揮手的那一刹，它就「史」式的佔據空間。對這一「史」式的無形佔據的了悟，就構成「原始史境」。但即使你不了悟，「原始史境」仍在，只是如海底潛流，隱沉於存在的大海深處，沒有浮顯於意識海面。它又如空谷幽蘭，你掘出來，種入盆內，固是幽蘭，你未看見它，不掘出來，不種植盆中，它仍一朵幽蘭。

即使我們再看不見這手的顏色，手的動作，再不聽見它磨擦空氣的神秘聲音，但它曾揮過——這一「史」式的空間痕跡，沒有別的任何手能拭滅它。就是上帝，（假如有上帝），也不能毀滅它。我們能粉碎形相，銷鑠肉體記憶，但我們不能取消這一揮手時的姿態與動作在當時曾佔據的「史」式的空間。——以及由此而生的「原始史境」。它的永恆性也絕不被任何眼睛或記憶左右。那一刹，這隻手既爲宇宙創造了一個動作，這作品就永遠留存天地間，獲得永恆存在，這是一個永恆的「有」，不是一個「無」。曾「有」過，就永恆有。即使它的光色線條不再「有」，但它所構成的原始史境的「有」，仍有。哪怕是一點、一粒、一纖、一毫，一「有」過，就永遠「有」，和杜鵑座或狐狸座大星雲共不滅。甚至這兩座大星雲的形相會死滅，但那一點、一粒、一纖、一毫、一揮手的「原始史境」，卻永生不滅。

時間從沒有死過——無論是眞時間，或時間現象。形成過的時間，就永遠是時間，恆久存在。時間只能增多，不能減少，正如水，既已流過，就不再倒流。就它存在眞實性說，也不會從有流回到無流。時間不斷堆積，形成巨大時間堆，若滾雪球，越滾越大。它只能大，不能小，只能拉長，不能縮短，只能往「長」處延伸，不能向「短」處發展，只能往前，不能向後，原始史境正如時間流，曾經流過，就不死不滅，沒有任何力量能銷毀它。一朵花一紅，就形成這一刹的紅史，和紅色「原始史境」。紅色會滅，紅色「原始史境」，永恆不滅。這一紅所佔有的那一刹時間也亙久不滅，它那一刹所佔有的「原始史境」空間，也萬古猶存。

永遠不斷的生，永恆的生，有生無死。有各式各樣的生，有有形的生，有無形的生，有有形的存在，有無形的存在。生命從生命到生命，從有形式的生命到無形式的生命，又從無形式的生命到有形式的生命。形相的暫時消失，只是一座橋，過了橋，生命又變形成新的生命，科學意義的生命，或「原始史境」意義的生命。

空間一經過存在，就從未死過。空間本體雖不增不滅，（正如時間本體不增不滅），但現實的空間，卻有形相的變換。「原始史境」所佔有的空間，則只增不減。宇宙是一個現實空間大倉庫，也是「原始史境」空間大倉庫，後一空間日形膨脹、擴大，它的生命不倚賴記憶或知覺，雖然它可能實際上也曾經被記憶被知覺過。「原始史境」的空間與它的空間本體相溝通，就其本體說，不增不減，就其現實性說，則只增不減。這裡，主要指它的現實性。

偉大的，固然不朽。渺小的同樣也不朽。阿歷山大是不朽，蜉蝣也是不朽。宇宙生命永遠從不朽到不朽。「我」只是形相的舞台表演，不是「原始史境」的戲劇演出。實際上，在「原始史境」裡的「死」，也是一種不死和永生。「原始史境」常湛然靜止，又常超靜超動，它不需要任何形容，卻又是一切形容詞的泉源。

這是一個大有的宇宙，從有到有，從一有到萬有。宇宙間從沒有眞「無」過。「無」只有形相的魔術表演，是花花色色的假相，不是堅固的眞相。

假如一隻蟋蟀有知，它會自覺萬古不朽。

假如一條蛆蟲有知，它會自覺萬古不朽。

假如一朵肥皀泡有知，它會自覺萬古不朽。

假如一滴露水有知，它會自覺萬古不朽。

不管蟋蟀、蛆蟲、肥皀泡、露水，有知或無知，事實上，它們已萬古不朽。人們最大的恐怖，是那徹底的毀滅，透徹的「無」。彷彿宇宙天地變成一片眞空，時間停流，空間再不存在。「原始史境」說明：天地間有不毀不壞，永生永在。它雖不爲我們所見所聞所觸，是一大抽象，但這抽象的比一切實在更實在，更耐久不朽。

是的，那抽象的，比一切具體的，更永恆。

那一切看不見的，比一切看得見的，更永生。

這其實不是抽象，這是眞正的具體，比具體更具體的具體：永恆的實體。看得見的具體易滅，看不見的具體只生不滅。一切看得見的易朽的具體，終將化爲看不見的不滅的具體。

一切具體終必變成抽象。那種永恆的映證，以及可通過心靈又不一定通過心靈的「原始史境」永生不壞。

這是一種又樸素、又永恆的人生眞理。它是一切存在之母，人生眞理之因。一切人生眞理，必須來自這個永生泉源，才眞正健康、紮實。

這不是靈魂不朽。

靈魂會朽。精神會死。心會死。夢會死。但它們的「原始史境」卻永生不死。這是比單純靈魂更深邃的境界。雖然，有時候，它的電池必須通過靈魂這一電燭，才能在人生海洋裡放射萬丈光芒。

抽象的並不可怕，虛無的也不可怕。抽象是一眞正不朽的實在，宇宙間也並無眞虛無。「無」只是一種觀念，一種幻覺，一種暫時中斷了的精神狀態——一片靈魂黑暗渺茫。（有時，「無」也只是一些庸俗的現實戲劇。）

假如黑暗中又透出一片光明，則虛無不無，那最空寂處棲息著大生命。

我們的肉體也並非眞死，眞無。死只是一大無化。父母吸盡天地精華，從固體、液體、氣體中，形或我們的胚胎。死不過又使我們還原到胚胎以前的狀態。一片固體、氣體、液體。構成我們的那些元素，鈣、燐、銅、鐵、鋅、鉀、硫、氫、氯、氮、鎂、碳等等，將被其他宇宙生命所吸收、同化。我們又幻化爲大地的材料。我們的同類，直接的間接的從這些材料中再吸取它們，助長它們形成新的胚胎。我們於是再一次投胎。

我們從人間飛出來，又飛回人間。

我們不斷投胎又投胎。我們從未眞正死過。

我們的肉體能再投胎，從我們到新生命之間，其中斷了的觀念與事實的聯繫，又由「原始史境」來補充，由於它的啣接，我們的記憶、思想、感覺，將變成新一代或新二代的記憶、思想、感覺的一部分。我們的肉體，從未眞死過，我們的思想、記憶，也從未眞死過。暫時隱退的，只是個人形相。個體溶入生命整體海洋。然而，我們個體生命的出顯，本是一個集體作品，不是個人作品。集體作品仍還原於集體創作者，這是很自然的。

常常的，我們萬念俱灰，以爲世界只是一幻影，生命終歸泡幻爲烏有。但這只是我們受魔術者所欺，以空箱放白鴿爲眞，我們受欺的時辰，也就是我們懦怯愚騃的時辰，當我們眞勇敢了，眞透明了，就會欣賞魔術的姿態與動作，卻不再被它所騙。

「無」只是兩山之間的空谷，不是眞空，它的眞盡頭仍是山峰。只因爲懦怯了，愚騃了，站在高峰上，才怕它的無底深淵。當生命眞衝下去時，那底層仍是牢靠的大地，是山巒肉體的一部分。

人們的勇氣大多受空無的陰影或幻影沖淡，卻又從未眞正衝入空無過。他們只在它邊緣上徬徨。只有大智者才敢跳入深淵，衝破空無，終獲得不空不無。

然而，必須有一個時期，你得衝過去，未澈底衝破前，你眼空、鼻空、目空、舌空、頭髮空、胸膛空，眞衝過去後，你整個肉體又由空回實，靈魂自無返有，極度受「無」鍛鍊者，才能錘鑄出生命的眞有，即永生不朽。

由此一永恆感所鍛鍊出人生智慧、詩情、勇敢，絕不是任何其他鍛鍊所能給予的。它比火還強，比銅還堅，比琉璃還透明，比天文台折光鏡所反映的唇鬚座大星雲還美麗。這幾乎是神化了的人——人神！

八

這一年初冬末尾，一個稀有的暖熱日子，莊隱和鄭天漫從西安來華山訪印蒂。晚上，他們宿玉衆院。翌日近午，按印蒂信上所畫登山路線圖，躋登大上方。踏上峰頂後，一朶朶白色雲氣飛過來，他們幾乎看不見那座茅蓬，它大半被雲霧遮住了，只剩下一個屋頂。等雲霧退了，他們走到門前，從窗口向內瞄了一眼，只見一個中年道士結跏趺坐，身下是禪床的藍色蒲團。這道士穿一襲長長黑色棉道袍，雙目深閉，兩手放在膝上，一張棕色臉孔充滿神秘禪靜。他的一頭長長黑髮、散披雙肩，加上那滿嘴黑色鬍髭，看樣子，至少有三四個月沒有理髮了。然而，他那副魁梧軀體，卻顯得異常茁壯，渾身上下，似乎飽和一種又沉默又豐富的生命力。特別是他那張透溢紅光的臉，簡直是一輪太陽在孤獨空間燁燁發光——放光且沉思。這是一個發光者，更是一個沉思者。遠遠看去，他整個肅穆形體，儼然像一個被永恆沉思所滲透的古代聖者，一種令人感動的寧謐，從頭到腳，如窗外天空雲彩一樣，悠然而瀟然的包圍他。

他們凝望時，一朵白色雲氣從窗外飛入，隱沒他下半身，於是他靜默的浮在雲氣上，宛若一幅聖畫。有好幾秒鐘，這朵雲氣才又慢慢從另一扇窗子飛出去，消失於其他雲氣中。

一剎那間，兩位來客被這幅奇妙景象懾住了。窗內這座莊嚴形相、幾乎像雲霧中的聖耶穌一樣撼動他們。不管他們對有關這一形相的一切同意不同意，此時此刻，他們視覺和思想裡，這卻是一幅眞正古代聖者的畫像。超於一切的是，他神態裡，具有類似古代先知的那種堅忍、沉著、樸素，和剛毅，而不僅僅是一種淵深的智慧與莊穆。當整個地球陷入天旋地轉昏天黑地時，當全人類淪入普世戰火混沌時，只有一個大勇者才具有如此膽識，在這一高峰巓頂，塑造出如此一尊「呼吸通帝座」的神聖雕像，且以他的超越的意志與澄明的智慧來爲「未來」試開闢一片新的精神境界——不管他的盤古氏式的開天闢地的努力，是否正確，或是否會得到一般人同情。

有好一會，兩位來客向窗內凝望著，不忍打碎室內莊嚴梵靜。

終於，這片寧靜不得不打破了。打破者不是客人，是主人。

印蒂從禪床上站起來，他已經看見他們了。可能，即使閉目，他早已呼吸到他們了，但由於一種神秘的理由，他暫時沒有離開那個藍布罩著的蒲團。

一站起來，主人卻用一份極洒脫又極平易可親的談笑聲，把來客從神聖雲霧間帶回現實。

很快的，一陣歡笑聲響徹斗室。

「你這座茅蓬，眞可以上一塊匾額，題做『白雲深處』。太妙了！太妙了！」莊隱笑著道。

「不需安匾題名了，外面朶朶雲氣就是名字。」鄭天漫笑著道：「不，連白雲自己給它題名，也不需要。眞正的名字，應該是不名之名，可名不名，不名亦名，非名非不名，哈哈哈哈！」

印蒂笑道：「你看，天漫一來，他就向我挑戰，對我顯機鋒，將我的『軍』，叫我下不去。這眞不簡單。不過我先聲明：爲了對客人表示敬意，我暫掛休戰牌。」

鄭天漫道：「我看，題匾大可不必，『印蒂』兩字，根本就應該改成『白雲深處』四字。你眞可以篆刻一方印章，代替你自己的原章，豈不妙哉？」

另外兩個也笑起來，連稱妙絕。

「想不到你們會被風吹來，吹到這個『白雲深處』。」

「我們很關心你，在西安的老朋友們，都關心你，大家都以爲你在這座荒山上早枯萎成一片落葉。可是，我們剛進來時，卻被你的莊嚴形像折服了。你眞是個異人。」停了停。「依我看，你倒更健朗了，簡直是不可思議的煥發了，而且，你顯得很愉快，比我們大家快樂得多。」

「當生命獲得眞正自由後，就會像飛鳥白雲一樣的愉快，輕鬆。」主人還未回答，莊隱就搶著代他答覆，帶著點羡慕口吻。

客人卸下行囊，拿出十幾個罐頭，一些枕包麵包和幾瓶酒，有五茄皮、竹葉青、汾酒，和葡萄酒。鄭天漫笑著道：「這些是莊隱孝敬『白雲深處』的。我們和『白雲深處』快一年不見面了，特來找他聚聚。也想知道：『他』修行的情況等等。我們盥洗後，就可以開始一頓豐富的午餐，痛痛快快暢飲一番。」

中午時分，雲散霧消，峰頂充滿陽光。他們的午餐食物，就排列在室外草地上，陽光中。

他們一面喝酒，佐以罐頭裡的凍雞、紅燒牛肉、鳳尾魚、火腿、竹筍、糖水梨（這些都是從淪陷區走私進入西安的），一面暢談一年來別後近況。多半是兩位客人開口，主人卻默默傾聽。菜肴精美，汾酒香冽，菓醬麵包可口，但兩位客人嘴裡所吐露的，卻是陰鬱的聲音。由這些聲音所編織的，也是一些陰鬱的故事，暗淡的情節，愁慘的插曲。他們特別著重敘述「唐鏡青」的悲劇。

主人默默聽了許久，終於放下酒杯，瀟然的道：

「你們的話，在我聽來，幾乎是另一個星球上的語言，什麼悲哀、憂鬱、痛苦、煩惱、命運、殘忍、絕望、死亡，我久已不知道它們是什麼意義了。」

「高山也在地球上，你難道在地球以外麼？」鄭天漫喝了一口汾酒，抬起頭望印蒂。

「至少，我的靈魂狀態，並不完全在這個星球上。」

「你不像我們一樣，同樣和東邊太陽一道爬起來，和西邊太陽一道睡覺？」

「不，我活在永恆時間中。在那裡，沒有太陽昇，太陽落。」印蒂舉起葡萄酒杯。

「你難道不活在今天和明天？」

「給我深刻印象的，不是今天或明天，而是這五百年，或下五百年，起碼是：這一世紀，或下一世紀。」

「每個人應該都像你一樣，捫星探月，捕捉這些『深刻印象』麼？」

「不是應該不應該，而是：人們還要不要幸福？」

「幸福？」

「假如人們要幸福，要比較永恆的幸福，就應該讓這些『深刻印象』作爲他們生活核心，成爲他們靈魂音樂的主旋律。」

「……」鄭天漫摸著酒杯，有一會，沒有喝，卻怔怔望著他。

「成日成夜，你們爲什麼只拘泥於一些雞鴨、貓狗的節目呢？」主人喝了口酒，臉上開始泛出酡紅。

「不是我們拘泥，是它們形成我們生活建築的磚瓦木石，沒有它們，這個建築就崩潰。」

「你們不能選擇另一些建築材料麼？」

「你的節目呢？」

「我的節目是光、風、霽、月、星、斗、雨、霧、野花的色彩、葉子上的朝露、飛鳥翅羽上的閃亮。」

「這不是人間材料。它們只能砌造一些空靈的琉璃華屋，不能蓋成人間的建築。」

「任何琉璃華屋中，都能住人。」

「只能住少數人。」

「泡沫和水點可以聚成大海，少數可以變成多數。」

「你所說的，是幾個世紀以後的事。」

「你假如眞能以一個世紀或五百年爲靈魂核心時間，這五百年就是今天和明天。……沙漠會落雨，開花，水底會冒火燄，鋼鐵會像百合花一樣溫柔，每一種物質——最平凡的一石一木，破銅爛錫，都會化爲宇宙間的力量。」

自從主客一問一答後，到現在止，莊隱一直沒有開口，在一邊默默喝酒，吃菜。現在，他終於抬起那雙俊秀的眼睛，久久凝視主人——他的老朋友，他沉思的道：

「說來說去，你這些話，都有點玄虛。它們是詩，不是現實。我現在想知道，你將怎樣把你的理想與人間現實相結合？你是怎樣估計你目前思想的？你所謂『悟道』或『得道』，究竟能在現代人精神河流中投下怎樣的石塊？它們究竟又將怎樣把你和我們聯繫起來？這一切，你能作最簡單的描畫麼？」

印蒂悠然望著莊隱的清麗面孔，沉思了一會，漸漸的，他的視線從莊隱臉上移至遠方雲霧中。

「這不是幾句話說得清的。而且，就『悟道』者說來，任何詳細描畫，跡近道體自殺。也許，你曾翻過幾本古典書籍，你會明白傳統東方大師在這方面的冷淡、輕視和嘲笑。那些極犀利的大師，幾乎極少有一個肯用正經的系統的明確口吻，對待你這類問話。自然，我很渺小，絕對不是什麼大師，但或多或少，我要遵守這個傳統。

「不過，我們的朋友，你也不一定是有心求道者，我願意用比較現代的語言，或現代人的字眼，試著約略畫畫這幅永遠無法畫明白的畫——實際上，除了用你自己最沉默恬靜的心靈去畫，你就不容易畫出它的眞正主題。可是，讓我選擇一個時辰，和你們詳細談這個。此刻日光下，我們且繼續喝酒，談談別後情形，夜裡我們再談形而上學。」

莊隱道：「當眞，我們只顧談天，忘記商量宿處了。今晚我和天漫準備宿青坷坪。你這間小茅蓬，沒法容得下我們這兩個『大人物』。」

印蒂道：「我給你們排一排遊覽日程。今晚就宿在我這兒，明天我陪你們玩北峰、東峰，夜宿南峰白帝廟。後天遊西峰和其他勝蹟。」

從兩位客人臉色，他知道，他們懷疑的是什麼。他笑著道：「你們放心，我這張破榻，夠你們兩位抵足而眠了。我自己常常通宵趺坐，不一定需要睡床。你們兩個儘管埋頭大睡。我只要一隻蒲團就夠了。」

鄭天漫笑道：「你這眞變成修行老道了。」一口氣喝乾一杯酒，笑著道：「說老道，我倒想起那個海淸道人了，你們認識吧？」

印蒂點點頭。

「這位道人眞有趣，據說他已茹素多年，可一到西安，卻開了葷，成天和軍政要人、金融家們團在一起，三日一小宴，五日一大宴，熱鬧極了。他也換了便裝，黑緞子馬掛，藍色羽緞袍子，頭髮也剪短了，那樣子，完全像個官僚，哪裡像個道人？」挾了一塊火腿放在嘴裡。「喝，這位出家人，比在家人還威風十倍。早些天，他上了一趟寶雞，車站上送行的，幾乎有半排人，大多是高級軍官，簡直開了一隊御林車，做儀仗隊，歡迎他。他從寶雞回來，接他的也是一大堆人，幾乎比教皇儀仗隊還神氣。……嗯，這位老道，現在簡直變成西安紅人了。」

莊隱加了幾句：「聽說，他正把扶乩錄下來的文字，整理成一本『新宗教哲學體系』之類，我們且等他這部大作出版吧！」

印蒂聽了，不開口，只笑。終於，他淡淡的道：「你們忘記了，這個道人，其實不是道人，是個軍事家，華山小上方，就是他的要塞。他現在與軍人們打得一團火熱，是很自然的。」

另外兩個聽了，也笑起來。

九

第二天晚上，他們投宿南峰。夜裡，星光下，他們箕坐仰天池上，一面吸煙，一面仰觀天上星斗和遠處山峰。他們的思想，完全沉沒於四周雲霧與天空星光中。

印蒂噴吐了一口煙，靜靜道：「現在，我願意回答莊隱昨天向我提出的問題。」沉思一會，用安靜而又有點溫柔的聲音道：

「簡單而籠統的說來，這是人類靈魂的再創造，使它更純粹、更優美、更透明，擁有堅固的智慧舍利子，靈魂被鍛鍊成神話中的鋒銳蛟龍爪，能飛降入極深海底，探尋那光輝的人生眞理的珍珠。

「具有一顆超越的心靈，像原始星球狀態一樣，人類精神就眞與最初創造主打成一片。人自己也幾乎變成創造主：能眞正客觀的沉思，並解剖一切繽紛陸離的萬象。

「靈魂必須能擁抱那萬有生命最原始的境界。它必須把自己變成原始空間自己，化爲原始時間自己，這樣，它就佔有一切空間，萬千空間之空間，也捕捉住一切時間，萬千時間之時間。它也獲得那最生命的生命，正像古代戰場上一支箭射中敵陣的萬兵之統帥。

「這不是夢幻、不是譫語、不是狂囈，是人類精神星球的極限，是靈魂這支手鎗所能射中的最遙遠的一個靶環。不射中它，人類精神境界就沒有完成最高使命。

「這也不是奇跡，不是神秘，它是人類靈魂幾千年追求過程中所開放的一朵瑰艷花朵。這也是我二十五年來有意識的追逐人生眞理的必然結晶。靈魂完成這個最後雕像，它才不再需要神和上帝，它自己的精神境界就像神一樣美麗、莊嚴，借這個雕像的眼睛，觀照人生萬象萬物，澈底豁悟它核心的核心。從此，人類的人生探險隊，眞正達到『自我』這一地球的南北極邊緣，也達到空間深處的萬萬千千星球的最後宇宙邊緣。

「這幾乎是一種驚人的豪舉，也是一種壯麗的理想化了的精神現實。

「這是人類靈魂許多萬年旅行途程中最後一個境界，一幅旖旎而恬靜的風景。沒有見過這幅風景的人，不是眞正深刻的旅行者。只有見過這樣一片美麗的宇宙風景，人類靈魂才會眞正寧靜——那種永恒寧靜。」

說到這裡，印蒂暫時停下來，眼睛從遠山雲霧移到天空星斗群，深深凝望著，彷彿凝望一座花園，觀賞左一朵右一朵花。兩個客人視線，也隨他轉移到星空。

「上面我畫的是一幅極簡單的素描，比較抽象。現在，我再簡略素描一幅較具體的。

「宇宙本體是一朵高山玫瑰，開在類似阿爾卑斯山巔的高空。只有躡登極峰，生活在上面，你才能擷取它。在城市、鄉村，甚至在山底或半山，我們所感應到的宇宙，僅是視覺內的迷霧，不是花，而且還不可能是霧中花。必須穿過霧淞、霧霜、霧冰，透過它們的纖維狀，雪白的圖釘、多角體，或者不透明的無色冰，你才能看到、摸到那片眞正的顏色與形相。目前，我獨自生活於四千仞上，靜坐斗室，面對窗外飄忽的雲氣、雲滴、霧淞、霧霜、陣雨、陣淞、對流雨、地形雨、閃爍的陽光、星斗、複雜的谷風、山風、高空大氣、大氣渦動、大氣的膠性，傳聲反常，水滴破裂，神秘的天籟，深沉的靜穆。在這片高空，除我自己，沒有第二條生命，我這才漸漸的、慢慢的，在靈性上看見——看清了宇宙——宇宙本體——這朵偉大的鮮緻的高山玫瑰。

「一切生命消逝，一切色色彩彩形相褪去，宇宙本體──這朶壯麗的生命，奇艷的高山玫瑰，卻隱隱綽綽的隨一朶朶白雲，出顯在我窗口。這朶玫瑰，佔有我全部生活。我的時間，除了它，再沒有別的時間。我的空間，除了它，也再沒有別的空間。在我生命中，除了它，再沒有別的生命。

「一個人結跏趺坐，靜觀、冥想，在黑暗的意識天際線處，突然洶湧一輪紅日，光華萬千。我看見了──那正是宇宙本體！它回望我、凝視我、照耀我、沐浴我。

「孤獨靜臥，沉思諦聽，在黑暗中，閉著眼睛看，千黑萬暗，千風萬風，捲波倒瀾，四面泛濫，陡然間，一片奇妙的音樂，比莫札特弦樂小夜曲更清鮮的鳴奏，我聽見了──這是宇宙本體。

「宇宙本體是一個魔迷的存在，富有魅力的佔有了我──我的性靈生活。

「敲骨吸髓去分析宇宙本體，其實它同等宇宙本體永恆感，你必須眞感受到宇宙永恆存在，才能感受到偉大本體。本體永恒感不是昨天與今天，上午與下午，今月與明月，這一秒與下秒，它是：一捕住就永遠捉住了。它滲透我的血液、骨髓、腦膜、腹腔，甚至生殖系統。因爲，我扔掉人間錯綜官能歡樂，炮火肉搏，以及一切飛禽走獸後，我什麼都沒有了，光風霽月與星星便來補償我，本體永恒感便來塡充我。

「『假如』永恒本體有形狀，或許那是一種微妙的球體，圓圓圓，沒有任何瓤稜與銳角，沒有一條孤獨的線，一顆凸出的點，要麼，你接受整個，要麼，就是破碎。

「我失去了一切。不，我自覺的甩掉一切。現在，我只剩下最後一樣——我在這個星球上的唯一憑藉物——我的肉體——英文二十六個字母中那個最狂妄的字母——『我』（註④）。假如我堅持這個肉體，這個字母，守財奴式的守衛它的一眼、一鼻、一耳、一舌，牢抓住自己思想感覺，那麼，在這個峰頂上，我將感到無比孤獨。我會害怕那個最狂妄的字母，像黑夜害怕自己燈光下的影子，一個幽靈，終於，我將被太深的寂寞所支解，判處死刑，最後我只有逃走——仍奔回人間。但我不！我並不牢守自己肉體，或那個驕傲的字母，相反的，在遺忘一切人間花花彩彩的同時，我早遺忘它們。一種奇異的力量，叫我漸漸忘記那個最突出的字母。『我』沒有了。『你』沒有了。『他』沒有了。不知何時起，也許，從那個豁悟了的午夜起，我發覺，這並不是我的肉體手、腳、眼、耳、口、鼻，這是另一個巨大存在的肉體——宇宙的肉體，宇宙本體的一手、一腳，宇宙本體的眼睛、耳朵、鼻子、嘴，我只是宇宙永恒本體在這一星球上的代理者——一個象徵。

「於是，『我』（I）變成二十六個字母中最謙遜又最圓全的那個字母——O。（註⑤）

「漸漸的，我溶化了，水解雪融於那個偉大圓周中。在我自己肉體上，思想再沒有任何孤獨的點、線、面。要麼，一整個，要麼，不是我。我必須變成這樣一種巨大的圓周，一種美麗的日環，一種宇宙本體，不，我必須活在宇宙本體永恆感中，我才能生活於這四千仞上。

「這樣，我覺得自己碩大起來。我是這龐大山獄的一部分，和一草一木一石一花共沐浴在宇宙本體永恒天籟中。

「這是一個又平凡又不平凡的起點——也是一個又平凡又不平凡的終點——一個貫穿一切卻又高舉一切的——一個圓，一個美麗的圓。——一個極美麗極智慧的圓全——一種圓全的宇宙本體永恆感。也許有人說，這是一種神秘的唯心論，我卻說，這是偉大的唯心論，卻並不神秘，它是永恆的心靈眞實。」

聽完這片長篇獨白，兩個客人都沉默了。從他們臉色、從莊隱的秀氣小眼睛內，或鄭天漫的混合千年神龜味的褐色眼珠上，都可看出：或多或少，他們比從古城出發時，對這四千仞上隱士增多一些瞭解，甚至同情。

莊隱的話語中，添了許多溫柔。他低低問：

「這是不是你二十四年來有意追求的那個『圓全』？」

「也許是，也許不全是。」印蒂沉思著。「沒有一個人出發時所要捕捉的，與他在終點所獲得的，能完全吻合或一致。找海水的，也許得到高山；尋金礦的，也許探到鐵礦；覓太陽的，也許捕到月光；獵紅色的，也許鹵獲黃色或藍色。在時間水流中，今天的我，早已不是二十四年前出走師範學校時的我。那個『圓全』，也在我思想視覺裡變化了許多次。這變化是：當初我本想找一個極具體的東西，像本爲一隻菠蘿那麼具體，結果卻得到一個極抽象的東西，像高峰夜臥時的夢中月光一樣抽象。你不能把一朵夢中雲彩或月光拿在手上，切開它，咬嚼它，像對付一隻菠蘿一樣。但雲彩總是雲彩，月光總是月光，它比一隻菠蘿更富魅力的佔有你整個感覺狀態。一隻菠蘿，剝完了，切完了，吃完了，很快你的肉體官能感覺就停止，但一片雲彩或月光所給你的感覺，卻不會立刻停止。它可能纏繞包圍你一輩子，永遠扎根於你靈魂中。你們如用看一隻菠蘿的態度來看一片雲彩或月光，你們會覺得它們很空、很玄、很縹緲，幾乎什麼也沒有。沒有一個交易所的忙碌經紀人會化費時間在一朵雲彩或一片月光上，他所注意的，只是摸得到抓得住的紗布或黃金。可是，假如你們能採取另一種態度，就會覺得：我所描畫的這個『圓全』，並不是空的、虛的、玄的，它要比一隻菠蘿或一塊黃金的『圓全』堅實得多，永恒得多。」

鄭天漫轉動著那雙棕褐色小眼球，溫和的道：

「現在，我比較明白你一點了。」

主人似乎覺得自己的話還未說完，意猶未暢，帶了份悠然神情，繼續安靜的道：

「剛才我只向你們描畫了一種玄學，還沒有向你們解釋我的生活。現在，我願意稍稍談談我個人私生活。

「可以說，沒有一種生活，能像高峰生活那樣深刻的磨礪人的感覺。在這裡，人的感覺礦藏可挖深好幾千公尺。

「比如說，在高峰頂，人對聲音的感覺，就極敏銳。我幾乎可以抓一把鳥聲，像抓一把花。就連每顆露珠的滴落聲，我彷彿也可以一顆顆拾起來，像拾一粒粒珍珠。

「在峰頂，我的鄰居是白雲，我的聽衆是星星，我的燈光是月亮，我的宗教儀式是太陽——假如我有宗教儀式的話。午夜，我躺在月光裡，我的思想和星星對語。早晨，一朵朵雲會輕叩我的窗子，似乎在問我：『你昨夜睡得好麼？』

「生活裡幾乎什麼也沒有，只有霧淞、雨淞、星星、月亮、陽光、霧彩、綠草、碧樹、野花、泉水、岩石、峰影。這樣，生活也就簡單了。這是絕對高空生活，雲彩生活。我和雲彩一樣，活在透明的白色和瓷器式的蔚藍中。我自己就是一朵白雲，從這一峰飄到那一峰，從陽光裡飄到月光中。當我躺在仰天池白色大石上時，天空似在臉邊，一伸手，就可抓住天，摸觸天。這偉大的白色的藍色的天，我幾乎可以面對面吻它——人的嘴與天的嘴唇一次長吻。

「有什麼能形容這種人與天的絕對擁抱呢？我覺得，常常的，我走在天上，天也倚住我的肩膀。這裡，只有最純粹的大氣與大氣，非常神妙的大氣，有時候，一大簇雲彩隱沒我，世界再看不見我，只看見一朵朵白雲。我走在白雲裡，思想在白雲裡，雲彩是我的眼睛，雲彩是我的肉體。我絕對沒有了，佔有我原來肉體的，是一朵朵白雲，我有一個白雲的頭，一條白雲的身子。

「人可以永遠變成一朵雲彩，像雲彩一樣的生活，感覺，像雲一樣的皎明、自由。

「陽光、月亮、星星、雲彩、風、霧，這是我主要糧食，其它，都是次要的。我應該讓自己活得更透明點，更純粹點。

「人們珍貴一克拉或十克拉寶石，但在我的夜窗上，卻有成千成萬克拉寶石，我的壁上，也掛滿它，我的床上，也堆滿它。——是的，我壁上掛滿星光，床上堆滿星光。但我卻不需付任何一文錢代價。

「常常的，我享有這些寶石之夜，沉醉於這千千萬萬顆寶石似的星斗光靜中。」

他停下來，點起一支煙，又分遞兩支給客人。他噴吐著藍色煙霧，似夢似眞的繼續道：

「當然，高峰生活不只有美麗的一面，也有極艱苦的一面。我毫沒有意思，想對你們掩飾這些艱苦。沒有人能用腦子想一想：假如把他們——一般人，孤單一人放在這裡，他們能住上一天，或十天，或一個月麼？

「這一切只說明一件事：人只有在最艱苦的峰巔，才採擷到那朵奇花。這比在大地玫瑰花園裡摘取一朵麻煩多了。

「印蒂是誰呢？他只是一個玫瑰擷取者罷了。也許，這朵玫瑰不值世人一笑，也許，它有奇異的芳香、顏色、瑰美，能叫人靈魂香一輩子，紅一輩子，美一輩子。它會叫每個人在自己身上發現一座花園，一片大森林，一柱高峰，更重要是——他找到眞正的生命本體。那種無上圓全的本體永恆感。」

說到這裡，話語聲停了。印蒂又低下頭，視線從天空轉到遠處群峰間。那遠遠空間似有成千成萬個夢深深包圍他。兩個朋友聽著，如呼吸一陣陣印度旃檀香，有點醉了。這還不只是芳香，香味裡也有森冷的岩石味，叫他們感到硬度。這香味彷彿混和著最軟的與最硬的。他們的視覺，不約而同，凝集於放香者的身上。認識他十五年到二十年，他們第一次才看清楚，確確實實，這個人有一雙深邃而強烈的眼睛，兼具白鶴與鷹隼的風格，一副傲岸而端整的鼻樑，一張嚴肅而常緊閉的嘴，一個魁梧而堅實的軀體，超於一切的是，這個人身上早年所有的高熱度鎔銅，現在已凝鑄了：凝塑成一尊華美的雕像。

隱隱約約，或明或暗的，他們看見這尊雕像在宇宙天空下的雄麗姿態，以及它在這個時代河流中的異常投影。

他們繼續聽印蒂談下去，現在，他談的是另外一面。剛才，他談美麗的一面，此時，他談艱苦的一面。

「是的，生命極艱苦。有許多艱苦，可以說，有許多不能說，說不出，說不盡，說不清，說不好。每一個選擇華山茅蓬作永恒空間的人，他內心有些什麼？為些什麼？不只山裡人懂，山外人也或多或少懂。也許他是一個瘋子。也許他是一個怪人。也許他是一個畸人。

「高峰並不易住。比一般人所想像的，要難得多。做正常人固不易，做怪人更難，做瘋子更難。難！難！因為，你必須有一種巨大力量，才能把你囚鎖在這個高高的又小的空間，雖然四周是極偉大的空間。其次，你必須準備忍受各式各樣困苦。在這大上方，假如你突然瘋了，你就只有死，沒有人會很快發現你。假如你陡然碰到什麼災難，你也只有等待毀滅。比如，夏天黃昏，或者夜裡，在下面山路上，就有許多毒蛇納涼。一不小心，踏上去，就會被咬。大蛇怕人腳步聲，小蛇不怕，它們不懂得怕。有一個老道，被毒蛇咬了一口，在床上躺了兩年，差點沒死掉。

「也不能保險：這個或那個山窪裡，會竄出一隻豹子或野狼，把你撕成粉碎。

「剛才我和你們談的是高峰夢幻，此刻我談現實。你們說高峰沒有現實，這些就是。不過，我把這一切只當做生活變數，不是常數。我們喝任何一口最美麗的湖水或泉水時，也沒有先盤算水裡的細菌或寄生蟲。

「許多人都嘲笑山居者、或峰頂人物，但他們很少眞正了解過高峰生活。假如眞了解，他們就不會這樣嘲笑了。讓我再說一遍，高峰生活是一種最超脫又最危險的生活！——你要採擷那朶神奇的高山玫瑰麼？首先，你就要擔當最大的風險，眞正的風險。」

說完了，他又沉默望遠處雲山霧海，他旁邊兩個朋友，都被他的莊嚴沉默懾住了，不約而同的，也全身滲透入一種極神秘的氣氛中。

註①　指英國女作家吳爾芙夫人。

註②　指奧國作家司蒂芬·刺威格。

這二人的自殺，一部分原因，可能是由於徹悟生死，——即悟道。自然，這是本書作者的看法。在西方，不只這兩個人，不少文學家在最成熟的年齡，遭到精神上的危機，當他們越是徹悟生命眞相或生死底蘊時，越是陷入靈魂危機。莫泊桑與尼采，可能也屬於這一類例子。托爾斯泰在五十歲以後，所逢精神危機，也類似此種情形。但他後來用宗教信仰解決了。

註③　相傳清代康熙皇帝的第四子胤禎（後爲雍正帝）曾私改其父遺詔，詔文原爲「傳位十四子」，改「十」字爲「于」字，成爲「傳位于四子」，於是，胤禎乃繼康熙爲雍正皇帝。

註④　此處指I，而印蒂英文拼音是INDI，第一字也是I。

註⑤　此處用O，英文發音「我」，與「我」同聲。

註⑥ 我寫此書時，是一九五八年，當時尚無人躋登珠穆朗瑪峰頂，但近二十幾年，前後已有數批登山團打破過去紀錄，抵達峰頂。

第七章

一

「照你這樣說，華達貿易行完全垮了？」

「完全垮了。」

「毫無可挽救了？」

「絕對無可挽救了。」

「怎麼料理善後呢？」

「除了把現有動產不動產全部抵押，償還債務外，其餘不足數——一筆不算很小的數目，完全由莊隱個人負責。他說，這次意外不幸，他應負整個責任。假如他不急急趕回來做四十歲生日，留在鄭州。可能不會出這樣大禍。即使出事，損失或許也不會這樣慘重。從許昌到鄭州，一路上，當地軍政界他都有聯絡。日本軍隊突然進攻許昌、鄭州，事先他總會看見一點點蛛絲馬跡，事後，他也會儘先得到消息，或多或少，可以趕先把一部份煙捲搶運出來，不致全身覆沒。他趕回來過四十歲，自己不在鄭州，地方商行，哪管得了這許多？許昌鄭州一淪陷，一切完蛋。」

「那麼，莊隱怎樣還清這筆負債呢？」

「所好債戶是幾個老朋友，老客戶，他們很同情他的遭遇。總算賣老面子，允許他在兩三年內慢慢拔清。他原定和我們夫婦同時來重慶，現在，因爲料理善後，要下個月才能來了。」

「華達貿易行算是正式結束了？」

「這個月底正式結束。甄俠準備全家回河南老家，他依舊很樂觀。他認爲，在任何地方都可以演奏他的人生四部曲：吃喝拉撒，不過，音調比較淒苦點罷了。酈半齋打算仍回郵政系統找差事，他有點失望，他的『二二計畫』這幾年內又完不成了。他本想積點錢，兩三年後完成它——那時，抗戰該勝利了。余良弼靠他小舅子幫忙，想做點煤炭生意，現在，他不再是獨身漢，已經『老子一氣化三清』，由一個變成三個人了，擔子不輕。莊隱最灰心。他暫時想洗手，不搞生意了。這幾年，他跑單幫跑累了。老韓想拉他到重慶韓國志願軍總部幫忙，聽說，這裡總部，近兩個月來，經濟方面非常順手。事實上，慕韓在西安也搞得不算好，他不願幹了，想請總部另派人接他的事。」

「老范情形怎樣？」

「惟實說他今年是旅行年，準備隨部隊入新疆。但他和太太的外交還沒有辦好。在所有朋友婚姻中，他們的婚姻可能是最不幸了。因爲，他們本可以最幸福的，結果卻變成最不幸福的一對。……我看，我的這些朋友們，都是金魚中的一些變種：花水泡，或水泡眼翻鰓，或玻璃花翻腮，或蛤蟆頭縮鰓，或扯旗水泡眼，或花扯旗水泡眼，各以眼和鰓的一點變態名貴。他們的全部生命精華，只寄托在這點翻鰓、縮鰓，或水泡眼上。但這個社會不是金魚缸，只是一條養普通草魚的渾水池塘，偶然游過幾條普通金魚——像金鯽魚之類，或許沒有什麼，一到變成變種金魚，命定要演悲劇。」

談到這裡，喬君野抬起他瘦削的蒼白的臉，凝望臉上充滿陰鬱的林鬱，半苦笑半詼諧的道：

「關於游泳在西北荒漠金魚缸裡的一些金魚的情形，我已經向你談過了。——這裡朋友的情形怎樣？應該好些吧？」

「只要是金魚，或者，或多或少帶金魚味，基本情形就絕不會相差太大，像一尾魚和一隻非洲河馬相差那麼大。不同的是：有的金魚『游泳』在西北荒漠上，有的金魚『游泳』在重慶大霧裡而已。」林鬱噴吐一口煙，眼睛凝視那排大窗子，和那一片片藍地碎紅點子的長長窗帷。「楊易到神經病院住了幾個月，病已經好了，情緒空虛得很，正像他那幢沒有女主人的又空又大的地窖屋子一樣。他依然是高級無業遊民，每天看書、喝酒，打發日子。偶然也寫幾首歪詩，嘲笑自己。他在吃他父親的救濟米。黃幻華比較起勁些，在起勁的翻譯，但他的江北丈母娘卻通他演阿特拉斯，這可不是他小小肩膀所能長期負擔的。歐陽孚仍在獄中，聽說明年有希望出來，他的妻子去年已從淪陷區趕來，現在暫住楊易家裡。韋乘孚還是拿沙龍咖啡館當他私人客廳和起居室，我們所有朋友中，他的錢口袋最豐富了。最得意的是彭大衛夫婦，他們的咖啡館已成爲陪都最著名的沙龍，比起S市時代，興旺得多了，他現在已有點發福了。」眼睛從長長窗帘回到喬君野夫婦身上：「我們這群人中，唯一不是金魚或金魚變種的，是你最關心的藺素子與馬爾提。你大約知道：馬爾提已經結婚，有一個孩子了。他在美專教書，用功得很。他的一些畫很受這裡幾個法國人欣賞。藺素子比他更嚴肅，他把全部生命都放在畫紙上，他的畫有極大進步。也許，他不只是爲他的畫，而是爲我們這群人找尋一個布望，一個明天。他是我們的文西——或者賽尚納。」扔掉煙蒂頭。「後天是星期天，我陪你們看他去。」

「藺先生完全畫畫，沒有擔任任何工作麼？」李茶關心的問。

「是的，他完全隱居在畫室內——不，沉沒於畫紙裡。他可以賣點畫。一些外國人很歡喜他的畫，特別是英國人，不斷買他的水墨風景。他的生活像一個農人一樣簡單。……幾年前，他碰到一些不如意事，使他完全放棄任何教書的願望。你們大約不知道吧！……回頭，我們細談。」

「聽說你也很得意，你最近升做主任秘書了。」李茶笑著說。

「你們只要看看我這張臉，和我這個客廳的氣氛，就知道我是否得意了。」他的陰暗臉孔畫出一朶苦笑。「名義上，我目前是國家銀行直轄的一個信託銀行的理事會的主任秘書，實際上，我的心情仍是一前清十三品官的心情，我仍睜著一雙舊俄第十四級文官的眼睛來看一切。多幾張法幣，或多一兩間大一點的房子，並不能叫我多一點對自己的樂觀，或對人類的樂觀。」也許，他覺得他的話語與四周空間有點不調和，又加了兩句：「當然，大體說來，我的魚缸比以前大得多了，飼料也豐富得多了，假如我也算是一尾金魚的話。」

比起兩年前，住在兩間火車頭式的狹窄斗室中，咀嚼石頭來，林鬱此刻空間是大大改觀了。他住的是高級宿舍。這間長方形大客廳，就相當過去斗室的三倍，隔壁還有同樣大的寢室。那個他最歡喜的假山石盆景，那塊雖說有形有色卻又似乎永遠沒有眞形眞色的石頭，依然蹲伏在客廳一角。另一角則是一盆叫做銀絲捲的白色菊花，花瓣細嫩。靠門處，一大排長長窗子，靜靜深垂一幅幅藍地碎紅點子的長長窗帘。壁上掛著兩幅仿宋代馬遠的山水畫，和一幅楷書蘭亭條幅，這是當代著名書法家沈尹默寫的。幾件樸素的籐木長短沙發，上面鋪著華麗的綿緞椅墊。這一切，再加上一隻綠色大傘燈，整個客廳便充滿一片雅淡謐靜色調。然而，說不出爲什麼，客人走進來，仍覺室內氣氛是陰鬱的，低沉的。

他們的話語聲、響在這片空寂的長方大客廳裡，就像某個夜晚，一些溫柔的白色花雨突然降落了。

「我想不到，西北朋友們有這麼大變化，而且其中的一些波浪，我也有一份推波助瀾的責任。」林鬱這兩句話，是針對他所聽到的唐鏡青的故事。但他顯然不願再提了。他岔開話題。「不過，莊隱的悲劇，我總覺得，是因爲他太衝動點，太任性點。想不到他對自己四十歲生日，有這樣大興緻。」

「荒漠裡的生命，總想找點機會，製造一些熱鬧，你是可以理解的。」李茶用同情的語調爲莊隱解釋。

「至少，有時他太剛愎自用一點。……這是關係四戶人家十幾張嘴巴的事呢！」

「剛才，我說他們是一些金魚的變種，莊隱正是這中間最變種的一個。看起來，他頗溫和，文質彬彬，實質上，個性很強。有一種叫『寶石印』的金魚，以頭上有一方白色寶石印爲名貴。我看，他正是這種金魚：以他觀念裡的一方特殊顏色爲高貴，彷彿有了它，就有了一切。這顆觀念的『寶石印』，幾乎偉大得像皇帝的治國玉璽，一般人碰也不能碰。當我們和他一談某些問題，或談到某些關節時，有時，就碰到這顆奇怪的僵硬『寶石印』，他不許我們再談下去。可能，這一顆『寶石印』，不只他有，別人也有，只沒有他這一顆巨大罷了。……當然，我個人非常感激他，沒有他的幫助，我們夫婦的畫展就開不成，開成了，也賣不出。我們現在能到重慶來，主要由於他的支援。從這方面說，有時他雖然個性很強，爲人倒很慷慨，富有俠氣。」

林鬱聽了，有好一會，不開口。接著，他的視線射到牆角花架上，那上面有一盆白色菊花叫做「白牡丹」，花瓣巨大，現在，在夜晚光下，看上去，卻帶點梅花色調，好像是一朵朵放大了的綠梅，映現出一團團巨大的沒有花瓣形的白點子。

「我看，這顆寶石印，不只是他觀念裡的一方特殊顏色，也是他的命運。」他的手指指那盆白牡丹。「每一種形相，在千光萬影中千變萬化。這一盆白菊花，晚上看，與白天不同，遠看，與近看不同，陰天看，又與晴天看不同。現在入冬了，重慶冬天暖和，它的生命也多延長一些。然而，它的花朵究竟已經開放三星期，應該要萎謝了，一些靠花萼處的白色花瓣，已變成淡紅色，這是花的生命虛脫的徵兆。可是，此刻，在淡綠色燈光下，遠遠看去，它簡直是一朵朵膨脹了的綠梅花，一些巨大的粉圓團團，美極了，絲毫不像快殘謝的花。……命運也正是這盆菊花，在各個不同時辰，空間，開放不同的形式，光色。不同的是，它常常是一些極陰暗的花朵。有時，我們自以爲透徹了解它的晴天姿態，它卻突然顯出陰天光色，當我們才弄清它陰天姿態時，它又表現出夜裡形色。就在這些千變萬化形相下，莊隱那顆寶石印碰了礁。」

「是的，命運是一盆朝夕萬變的花，誰也抓不住它明天的眞正姿態。」喬君野低下頭：「油畫預展的那天晚上，在佘良弼的訂婚宴上，我們都慶祝我們的光輝的明天。當我畫展結束的那個晚上，我感謝莊隱幫忙，說要在他四十壽筵上，陪他喝一夜酒。佘良弼結婚的那個晚上，我們在酒杯旁邊所說的笑話，足足可以編一大厚册『笑話大全』。假如笑是花，能摘下來，那一晚眞足夠造一座小花園。在莊隱四十大壽的慶壽筵上，我因爲健康關係，雖然沒有能喝一夜酒，卻談笑著，鬧了一夜。我們都祝賀莊隱事業成功，特別是，祝賀華達貿易行的成功。按他們計畫，假如這次許昌煙捲販到西安，再跑一趟重慶，他們貿易行裡所有人口，即使全部睡在床上吃，也能吃一兩年。這是華達營業歷史的高峰時代。……想不到，第二天中午，酒醒了，報紙上的一行標題：『我軍從鄭州撤退』，就全部粉碎一切天堂夢幻。這一次，命運當眞變成一盆最黑最黑的黑玫瑰了。」

「是的，在我們生活裡，常常幌動著一盆黑玫瑰的陰影。」

「這是一朶極偶然極偶然的黑玫瑰。莊隱本定次日坐晚車走，第二天就可以到鄭州了，想不到，僅僅相差這兩三天——一切全崩雪樣崩潰了。」

林鬱沉思起來，有好一會，沒開口；終於，他點起第三支煙，遞一支給客人。

「我忘記問你了，你的情形怎樣？四周也一直搖幌一朶黑玫瑰？」

「豈只一朶？簡直是十幾盆黑玫瑰包圍我。」喬君野噴吐出煙霧。「簡單告訴我吧，六七年來，我幹了十幾種行當。我的最後一個職業，是一支軍隊的副官。也多虧這最後一朵黑玫瑰，我才能到西安，使我有機會擺脫它的黑色糾纏。我幹過救亡宣傳隊，流動演劇隊，戰地服務團，戰地救護隊，以後是縣城小報記者，小學教員，書店伙計，百貨店會計，衛生局統計員，縣政府庶務，軍隊司書，也擺過兩個月香煙攤。一次戰事變化或其他變化，我的吃飯工具也改變一次。那幾年，你知道，戰事一直在變化，而且是很壞的變化，戰事以外的變化也很大。」

喬君野對李荼投了一眼。「這幾年來，我明白許多事。以前，我一直被養在父親花房裡，除了四周透明的玻璃，我什麼也看不見。由於和你們接觸，偶然也看見一些黑玫瑰，但那只是畫布上的黑玫瑰，主要爲了欣賞它陰暗的美。目前，一切不同了。」他的圓圓的帶幻想性的眼睛亮起來。「現在，我才明白：人不是一架自動牛奶消毒溫度調節器，他只是一堆油料，一些石膏，由另一隻黑色大手不斷描畫，雕塑。我是一個畫家，但另一個生命卻在不斷畫我，不是按我自己的意思畫，是按照他的觀念畫。這幾年來，他就把我畫成這樣子。最後，把我畫成一個專採辦油鹽醬醋的少尉副官。我自己那支畫筆，卻長久擱了筆。」他扔掉煙蒂頭。「你驚奇麼？不，一點沒有什麼奇怪。即使雷奧那鄭多、達、文西生在今天，也會變成一個專炒魚香肉絲的廚師傅，這也不算稀奇。那個最革命的克魯泡特金親王說過：一幅拉斐爾的傑作聖母像，還抵不上一雙靴子的價值。

一個畫家，遠抵不上一個鞋匠。這個社會正在執行他的原則，有什麼稀奇？」

這一場長篇對話，發生在喬君野夫婦抵霧城後的翌日。晚上，在林鬱的新居客廳中。諦聽他們對話的，除了李茶外，還有那盆又美麗又凋零的白牡丹，那個石頭假山盆景，那一排靜靜深垂著的藍地碎紅點子的長窗帘——永遠靜靜深垂著，因為很少有風來拜訪它。

大半時間都在沉默的李茶，美麗的嬌小玲瓏的李茶，現在似乎想起一件事，她溫柔的問主人：

「你太太呢？」

「她帶孩子到昆明看她姊姊去了，要兩三個月才回來。」林鬱對這座空寂大客廳巡視一下，低低說，點起第四支煙。

二

當喬君野和李茶隨林鬱走進農舍時，藺素子正與馬爾提看他新製的一幅畫。一陣狂喜與熱烈握手後，客人旋即被另一片狂流捲沒。

假如說，未進門前，這間寙陋農舍先就深深感動喬，那麼，現在，他更被壁上的畫征服了。他絲毫不認識藺的畫了。這絕不像他過去的畫。他絕不相信，這是他老師的結晶。他整個被震駭了，視覺被打擊得昏眩了。他像一個瞎子，未踏入這座畫室前，什麼也看不見，一直到和這一扇扇畫牆接觸後，才復活視覺。世界又恢復一片光明。他像突然蒞臨非洲赤道地帶，有生以來第一次，被這麼多陽光所包圍。這是冬天霧季，窗外陰霾，窗內物質色調也湫暗，但這些畫卻叫室內室外化爲一片太陽腹地，明亮極了。啊，太明亮了，亮得幾乎叫觀者睜不開眼了。這不是畫，這眞是一些巨大陽光。滿屋子到處是鮮艷光輝，強烈的光亮。人會懷疑，主人是不是把地球上的陽光都蒐集在這間一丈見方農舍內？他不是一個畫家，是一個陽光囤積者。每一堵牆，全是透明的牆，彷彿比滿溢陽光的北極冰山還皎閃，晶瑩。人邁進來，是沉入一片奇異光華中，沒有一粒視覺細胞，不增加好幾倍明亮度。

「你這不是一幅幅畫，眞是一幅幅陽光。每根線條是一條條日珥。你的畫不是用黑色線條構成的，是用閃電構成的，用陽光織成的。這是一些閃電體，太陽光球體。我完全不認識你的畫了。」喬君野驚異的說著，有點目瞪口呆。他的妻子李茶也在一邊怔住了，完全同意丈夫的想法。

「讓人類多一些陽光不好麼？……我們不是久苦陽光太少，像江南梅雨季節麼？」蘭素子微笑說，手上揑著一隻不斷冒藍煙的黑煙斗。

「我們一點不認識你的畫了。」李茶也感動的說。

林鬱也在讚嘆。「這是一片永恆的美，可能比地球本身更具永恆的美。」

「我畫的是明日感覺——人類明天的靈魂狀態。我找尋這種感覺和狀態，已經二十幾年，現在總算找到一點了——這是一個小小起點。」

是的，這是一個起點，卻是一個偉大起點。這是一些女像。在喬君野夫婦記憶中，老畫家從未畫出過這樣輝煌的形相。那時，他掙扎著，試驗著，想以新的方法構成一條最簡單的臉廓線條，卻構不成。這些光明的女像，在紫色紫藤花下，粉紅色牽牛花下，彩色窗帷邊，大紅色玫瑰花旁，站著，坐著，斜欹著，側臥著，穿一件古代東西形式的藍袍子，或紅袍子，或黑袍子。喬君野他們幾乎見過全部近代和現代中國水墨畫的一些傑作（甚至包括明清兩代），可從未見過這些燦爛的仕女——美人。一個個簡直像剛從天堂飛下來的象牙人體。那些霞紅、珊瑚紅、彩綠、葡萄紫，及象牙黑，是這樣鮮活、刺激，他疑心自己是乘一隻科學輕氣球，飛翔到同溫層以上，瞅見另外一些星球和異象。他是置身於一些異象的奇妙色彩的旋轉中。畫上充滿宇宙味道，星球味道，月光味道，陽光味道，天貓座的味道，仙后座的味道。不，是星星的感覺，月亮的感覺，太陽的感覺，天貓座的感覺，仙后座的感覺。畫家不只抓住色彩精髓，而且捕捉住色彩的源泉，那種從宇宙深處射出來的，原始的光源。一切色彩本來自光源。由於後者發散不同波長與週率的光波，才形成不同的彩色。畫家不朽的天才，正捕捉到表現出這種千變萬化的光源——那種映現於一片白色光屏上的偉大太陽光譜。

比一切畫更感動他的，是牆正中那幅黑衣女像。也就是這幀畫，他們剛進來時，藺素子和馬爾提正在談論它。她的臉輪廓和鼻子，幾乎看不見線條，那是用一種極淡極淡的墨線構成的，顯露一種極致的透明味。最震驚觀者的，是那雙黑亮亮的大眼睛，和猩紅的嘴唇。那不是畫出的眼睛，也不是活的少女眸子，那是兩朵剛摘下的新鮮黑玫瑰，又像兩顆縮小成女人眼球一樣大的織女星座。既有花味，又有星球味，花的無比溫柔味，星球的無窮運動味。那張猩紅小嘴，則使全部臉龐在一片透明靈幻中瀰溢一片紅寶石的艷麗。以下是黑色的孤形兩肩，兩條大波浪樣的瑰美的彎下來，表現圓形孤形的特有魅力中那種極富魅力的質素。再下面，是華妙的溫馨的胸脯，一切用素描式的筆觸描成，只在最著緊處，利用中國水墨的墨韻，烘染一片雲霧狀。這是另一派純粹東方風格的肉體，只有靈味，沒有肉體的肉體，比玻璃更透明的肉體。

「畫了三十八年（我是七歲起畫畫的），在四十五歲的今年，前天深夜，我才算畫出這樣一張畫。多年來，我眞正想畫的一張畫——三十年來，我一直追求的那種畫面。假如說，兒童時代，人類早就有一種本能，要捕捉那種極奇幻的造形眞理。」老畫家叨著煙斗，猛烈噴吐出藍色煙霧，似沉醉在一種夢境中。

「也可以說，三十八年來，雖然大大小小畫了十幾萬張畫，這卻是我眞正的第一張畫。」

「這也是明清以後，近五百年，第一張眞正中國畫，復活了唐人風韻的中國畫。」馬韻提在旁邊激動的說。他那雙特別明亮的大眼睛，電光樣閃耀著。「這張畫恢復了七百年前偉大的唐宋尊嚴。這是東方文藝復興的第一條閃電。這是代表中華民族崇高靈魂的第一座形體。」

「你說得過份了。我剛才說過，我只不過試著找尋人類明天的視覺。這只是第一個試驗品，渺小得很。」他拔出煙斗，眼瞳燧火樣亮起來。「十一年前，我就和你們說過，能拯救這個世紀的，只是一尊明靜的希臘雕像，接受了酒神達阿尼修斯以後的再造的新阿波羅。」

「是的，那時你告訴我們，十字架上血淋淋的彌賽亞，並不是我們的；印度恆河邊轉大金獅子法輪的彌賽亞，不是我們的；白金漢宮和白宮裡剝削性的彌賽亞，不是我們的；克里姆林宮裡粗獷的彌賽亞，也不是我們的。眞能拯救我們這一代的，只是一個明靜的新阿波羅，能把各民族結合在一起的新阿波羅。」林鬱低低喃著，沉入十年前的回憶中。他記得，這番話，是他畫完「末日」那幅油畫後對他們說的，那時印蒂也在旁邊。

「現在，我試驗用東方工具來爲這個新的雕像畫出第一根線索——或第一組線條。」老畫家的獅鬃長頭髮抖動著。「剛才君野驚訝我畫面上的陽光太多了，然而，這正是我三十幾年來所追求的。」他深深透了口氣。「讓地球上多些明亮吧！多少年來，我們苦夠於黑暗了。現在，我們第一次有了抵抗痛苦的眞正武器。幾千里外，我們的英雄們正在流血，讓這個倒下去一百年的民族再站起來。在我這個小小畫室裡，我也在試驗，打算讓那些睡了五六百年的線條再站起來。我不知道我會不會成功，但只要還有一口氣，我總要把這口氣畫完。」

「你已經成功了！……你已經成功了！……」喬君野激動的說，眼睛有點濕了。因爲，看見這些驚人的畫，再一聯想起自己六七年的遭遇，他分外感到難受。藺素子從嘴邊拔出煙斗，笑著道：「好了，好了，不談我的畫了，談談你們吧，這六七年來，你們是怎樣生活的？」

喬君野把他苦難的哥倫布經歷簡敘一遍。他和那位偉大的西班人唯一不同的是：到現在止，他還飄泊海上，沒有能在新大陸上岸。

「活了三十幾年，我才明白一件事：重要的是生活，不是畫。首先，你得活下去，不是畫下去。必要時，畫架子只好當柴火，畫布只好引爐子發火。」聲音充滿自嘲。「從前古人嘲笑煮鶴焚琴，這種嘲笑只能說明那個時代的習氣未免太風雅。我們的時代是：煮鶴琴焚，實在是一種最大快樂，倫理的快樂。因爲，至少至少，由此我們可以得到吃喝的材料。面對一個冰凍的饑餓的肉體，任何琴鶴，除了能吃能燒外，只是一堆無用的廢料。」

「你的話只對了一半。一個藝術家，也要活，也要畫。而且，不管怎樣，他不應放棄他的畫筆。這不只是一枝簡單的筆，這是他過去十幾年的生命，血汗。你當然明白：對畫家說來，拿一支畫筆，比拿一桿槍、更能對這個時代畫他的道義責任。」蘭素子燃起一斗新的淡巴菰，咝咝咝吸起來。「過去，你一直關閉在畫室中，除了畫室四周的窗外天空，雲彩，花朵，樹木，和那些繁華的美麗的瀝青街道，你什麼也看不見。這幾年，你突然離開這些，像一尾淡水魚，陡然游到大海鹹水裡，你居然能活下來，還算運氣。……這也是你們富家子學藝術的吃虧處。」

「有生以來，我只作過一次長途旅行，八九年前，參加印蒂林鬱的旅行團，溯長江而上，直到四川峨嵋山。可是，大部分時間，我只生活在一條輪船上，此外，我所看見的，是沿岸街道和山水風景。這種旅行，等於坐在電影院看一張長長的長江紀錄片，以及一個山水風景紀錄片。那時候，連泡一杯茶，幾乎也不要自己動手。」

「這是你帶來的畫麼？」蘭素子望著桌上一個畫捲。他打開來，用圖釘揿在牆上。

這個三幅油畫。一幅是抽象畫：一個女人的頭浮在藍色湖水上，水面是綠色蓮葉和山影，這是一張超現實派的畫。一張是農村風景，那些燃燒的金黃田，顯明受梵高筆觸的影響。一幀是人像畫，一對男女的極度粗獷的頭像，它們混合表現果根、馬蒂斯與羅爾的色彩與線條。李茶的一幅，也是風景，仿賽尙納的。

藺素子噴吐出藍色煙霧，看了又看，再三端詳，終於從嘴裡拔出煙斗，嘆一口氣，對喬君野道：

「孩子，你退步了──退步得不小。」聲音裡充滿同情，卻有點難受。「你的敏感不算退步，可是，你的技巧卻退步了。表現這些感覺，從前你很容易，很輕鬆，現在卻極其吃力，好像阿特拉斯揹地球，背部揹駝了。有些線條，幾乎站不住，有點像一個孩童學步，大腿小腿抖顫著。」他那燧火樣的尖銳眼睛，尖銳的望著李茶。「你也退步了，相當退步了。這幅風景，是描畫大自然的，畫面卻不大自然，現出吃力的人工和做作。」

嬌小的李茶聽見這幾句評語，她的又蒼白又憔悴卻又仍然美麗的鵝蛋臉上，登時泛出一片薔薇紅。

馬爾提也在一邊道：「我們是老朋友，讓我直率說吧，畫上的筆觸，確實有點粗糙，用圖畫家說法，相當『生』，不大透明，精熟，自由。畫家感覺好像被畫筆死死枷鎖住，幾乎變成一個死囚，失去了想像和運筆的自由。這說明你好幾年沒有正式摸過畫筆了」。

喬君野苦痛的道：「從前，有好幾個同學，在校裡是優等生，甚至是天才，秉賦比我強。可是，出校幾年，因爲生活，不得不扔掉畫筆，後來再站在畫架前時，兩手差點發抖，幾乎一筆也畫不出。那時，我眞替他們難受。想不到，現在卻輪到我自己演這齣悲劇了。」聲音更痛苦了。「剛才，爾提說我的感覺變成死囚徒，一點也不誇張。老實說，在西安，當我第一次再執畫筆時，其實比一個死囚犯還要苦痛，我幾乎想自殺。」接著，他又苦笑起來。「可是，我們在西安開的畫展，靠莊隱他們幫忙，居然都把畫賣出去了。我們那幾幅比較寫實的風景，居然還得到幾個同行恭維。眞是天知道。」

「你們還不致如此慘。因爲，你們的基礎，和他們不同。他們只畫了四年，就扔下畫筆，你們卻畫了十幾年。」藺素子搖了搖長長獅鬃式的長頭髮。「不過，你們要恢復五六年前的技巧，起碼要花一年時間，而且，還得狠狠用功。」他微笑起來。「一隻受了傷的獅子，倒底還是一隻獅子，不是一隻哈叭狗。一隻哈叭狗不管怎樣雪白精壯，依舊是一隻哈叭狗，不是一隻獅子。你們儘管退步，依然是畫家，不是畫匠。那些西安畫匠們，假如還有一點良知，依舊要被你們的風景懾伏。」

「我們還有希望麼？」李茶的聲音有點抖顫。

「當然有。而且希望很大。你們還很年輕，才三十幾歲。我今年四十五了，還沒有絕望，你們憑什麼絕望？」他用溫和的聲調安慰他們：「今後，有一點對你們很有利，就是：技巧雖然退步了，感覺並沒有退步。後者比前者重要。經過這六年經歷，你們的生命經驗又深了一層。從這幾張畫上，已閃耀著那潛在的火光。一兩年來，假如恢復過去技巧——這並不是說，你們僅僅恢復了以前的水平，又能畫六年前的畫了。不，藝術感覺永遠不會重複。你們將畫出更新的畫，比五、六年前更好的畫。因爲，你們的感覺比那時成熟多了，也豐富多了。現在，讓我們看看爾提的畫吧！」

蘭素子把屋角一幅油畫放在桌上。這是一幀配上鍍金畫框的女像。叫喬夫婦詫異的是：畫面油彩那麼薄，像油，又像水，簡直帶中國水墨味。初初看來，似乎頗平淡，畫面並沒有什麼突出處。越細看，越覺得其中有一股力量。特別是：畫面極具平面化，從上到下，一直平下去，儘可能隱藏筆鋒，只在要緊關頭，輕輕的淡淡的表顯出轉折變化。畫面光影明暗啣接處，微妙極少，絕不像一般畫家大開大闔，凸凸凹凹，非常刺眼。畫像四周空氣滲透作用，異常細膩，深刻，充滿音樂旋律，叫人看了，說不出舒服。

「你們看，爾提的畫，和七年前完全不同了。你們想想看，有沒有一個現代油畫家，把女像畫得這樣平穩過？在平穩外形下，他容納了古埃及藝術與漢代石刻的內在深沉。他已經擺脫現代巴黎畫派的影響，開始走他自己的路了。這純粹是馬爾提的畫，不是畢卡索的畫，也不是馬蒂斯的畫，更不是羅爾或布拉克的再版。」他的燧火樣的尖銳小眼睛，尖銳的釘著喬君野夫婦。「可是，你們卻仍然在畢卡索、馬蒂斯的腳邊打圈子，在達利、果根、梵高、羅爾的手掌中跳來跳去，這怎麼行？」

「我們很想找一個繪畫工作。」李茶低聲說。

「讓我們考慮一下。以君野從前的藝術水平，本可設法介紹到美專當助教，現在，卻不行了。」

林鬱插入道：「君野身體不大好，我看還是介紹他到中學裡臨時代裡，再設法給出版物設計一點封面。至於李茶，不妨介紹她擔任正式中學美術教員。好在他們兩個孩子已留在S市，沒有什麼牽累。假如能實現我這個建議，他們不僅可解決生活問題，也可以讓君野有些時間在繪畫上用功，順便也養養他的身體。」

藺素子把煙斗內的灰燼敲到煙缸裡，沉思道：「是的，應該把大部分精力放在畫上。」轉過頭，望著牆上喬夫婦那四幅畫。「你們明白麼？一個畫家，必須把整個生命放在畫上，絕不能打七折八扣。一個人只有一條生命，又只有這一點點精力。絕不能再浪費在不相干的瑣事上。」

嬌小的李茶有點痛苦的道：「現在，主要是技巧困難。許多地方，我們感到，卻畫不出。更多地方，我們知道，卻做不到。」

「有的地方，還不只是技巧困難，也是感覺困難。最困難的是，幾年來，你們生活太緊張，感覺太粗獷，直到此時，你們的感覺還不能輕鬆下來，精細起來。創作時，心靈必須輕鬆點，愉快點，這才能眞正發揮想像自由。生活太苦痛了，太緊張了，一塊沉重大石頭壓倒一切，心靈也就不可能自由了。」

藺素子轉過臉，看看牆上自己的畫，漸漸的，他那片貝多芬式的堅強額顙柔和了。

「幻象與思想的誕生，起初是痛苦的，以後，就風和日麗，鳥語花香。而且，必須有一種溫柔，一種芳香，甜蜜，它們才能飽滿的膨脹，豐富的繁殖。有時候，一杯芬馥的綠茶，一口濃郁的咖啡，一支迷人的煙捲，一瓶鮮豔的康乃馨，都會助長這種膨脹與繁殖。有時候，一次冰雪溶化後的最初的春風，一床新洗的棉被的溫暖，甚至秋天一簇才疊起的乾草堆，也會給人一片溫馨，助長幻覺的翅膀。你心頭必須先有甜蜜感，鬆弛感，流水式的明快奔瀉感，你的思想與幻像的羽翼，才會有藍天白雲的廣闊背景，它們才能翩翩飛翔，飛得更高，更遠。飛翔中，空間閃射越來越多的亮光，照明那最深的魔幻深處。」

他開始在室內踱起來，慢慢的，走來走去，彷彿試著構思一幅新畫，把自己整個沉浸於一種深沉的靈感中，他深沉的聲音，帶了點迷醉味道。

「感覺，意識，思想，概念，想像，分析，綜合……，這一切築成人類精神的整個內容，有機的內容。它們是氣溫表或溫度表，標誌人之所以爲人（不是其他野獸）的總紀錄：上升還是墮落，是華氏八十度或是六十度，五十度，四十度，乃至攝氏零度。

「主要是，人的整個歡樂與痛苦，取決於這一切。沒有歡樂與痛苦，就沒有人的氣味。人的味道，是產生於這些精神太陽系的運動。當人終於明白，一切杯、碗、桌、椅、花、樹、雲、水，只是表象或橋樑時，他就有理由擺脫大部分橋樑，直接投入生命河流底——在感覺河流內層游泳。有許多機巧事物、倚賴方與圓，長與短，但絕對的歡樂與苦痛，不全倚賴這些。

「人接觸一木一石，首先是感覺反應，其後是對當時感覺反應的記憶。人感覺歡樂，但更多是記憶歡樂。人感覺痛苦，但更多是記憶痛苦。一秒鐘前，你是感覺者，反應者，一秒鐘後，你卻是記憶者。一剎那前，你喝這杯咖啡，你嚐味那種古巴植物的芳香，一剎那後，那芳香，那古巴，卻只是一份記憶。人的心靈底層對過去的記憶，遠多於感覺現場景。在很大程度上，人只是一個記憶者或夢幻者。說藝術家是個現實者，那不過是一種粗糙的說法，——這一藝術鏡頭，拍攝得並不夠仔細，精密。那怕是洋畫家對著模特兒畫人像，對著西湖山水畫風景，臨當落筆時，仍憑記憶。不過，這只是一種最迅速的記憶罷了。

「記憶是一種氣瀰，一種氛圍。人永遠活在大氣中，被它包圍；人也永遠活在記憶中，被它包圍。未感的，你未感，正感的，你沉沒，只有已感的，舌尖上的回味，才攪起巨大漣漪，浪花，使你較清潔的感覺你所經驗的一切。你永遠記憶著那些而壯麗而深沉的漩渦，波濤。然而，一切記憶王國中，那眞正至高無上的皇帝，卻是思想——智慧的最透明的洞澈力量。

「坦白告訴你們我的秘密吧：我主要是畫記憶裡的影像與幻想裡的形相。一個眞實的模特兒坐在我面前，有時反而妨礙我的想像。此外，我把哲學思想裡的一些透明色素移植到畫面上，把東方那種近似禪宗的三昧境界，滲透入線條和色彩中，這樣，我的畫面才能增加深度。我和爾提相異之處是：他是閉著眼做夢，我是睜著眼做夢。」

馬爾提在一邊聽著，他那雙特別明亮的眸子分外明亮起來。他微笑道：「是的，我不是畫畫，是『閉著眼做夢』。我與我的意象的關係，簡直像和一個最親密的靈魂的關係，那幾乎是一種夢裡的關係。……幾乎無日無夜的，我是活在期待中。我感到它，又期待它！……深沉而朦朧的期待著我的意象。」

他的美麗眼睛有點闔攏了，似乎在夢中說話。

「期待！期待！用紅色山茶花和綠色葉子編織期待。用未來派的油畫裝璜期待。爲了期待，把屋子打掃乾淨，纖塵不染，把每一扇窗玻璃擦亮，光亮得像一輪月亮。讓燈光更色彩些，柔和些。讓空氣更澄清點，透明點。拉開窗帷，白天讓更多的陽光射入，夜裡讓更多的月光或星光照進來。這一切，只爲了期待。我們必須準備更多的書卷，更多的詩情，更多的夢的心靈，更多的純潔的眼睛，來組織這個期待。

「於是，夜裡，當星星像一串串葡萄垂下來時，我們傾聽著，期待著——那如此遼遠又如此臨近的叩門聲。我們期待、追逐這個聲音。我們傾聽那第一個腳步聲，或足尖聲，或足踵聲。

「過去，我們已經等待過這麼多次了。但現在，每一次等待，依然是一個新鮮等待，彷彿是我們生命中第一個等待，而過去好像從未期待過。這是，我們忘卻過去的一切期待的記憶，以及它的豐富菓子。今夜，我們只是第一個期待者。

「經過極度悠長的時間，聲音終於第一次遠遠出顯。我們穿過黑夜與星光，走出去，準備把長久期待兌換成現實。

「於是，剎那間，一隻難忘的菓子出現了，一片簇新的時間，像一場盛筵，開展眼前。我們饕餮的咀嚼從門外飄入的菓子——我們期待的化身。

「我們暫時不再期待了，我們溶化於現實中。但這只是一個短暫節目，那門外聲音，暫時變成門內聲音。不久，它又從門內飄到門外，又消失了。我們於是暫時回憶這短促的周邊現實。此後，大部分時間，又沉沒在黑暗的忘卻與痛苦中。接著，又是一次新的懊惱的卻並不完全絕望的期待。痛苦是這麼久，期待是這麼久，期待的兌換品卻又如此短暫。有時，更長久的是：一場痛苦與期待後，卻得不到期待的兌換品——那門外的腳步聲是如此難出現。……哦，不，那在遼遠的遠方的華麗意象，是如此難出現。當然，我們不是靜坐著，期待著。爲了這個期待，我們作出許多現實的辛勤的勞動與準備。沒有一種理想的夢境不產自深沉現實。我們僅是經歷艱鉅現實跋涉與掙扎後，終於踏入期待的夢境。」

「一件偉大藝術品，正是一種偉大的期待的產物——那幾乎是夢中的期待。」蘭素子同意他的學生的話。「不過，這只是一方面。另外還有一方面，剛才爾提已約略談到，就是：有時候，還得用艱難和痛苦把偉大期待化爲偉大的眞實。歡樂與痛苦是藝術創造的兩種海潮。有時，有一陣海潮湧上來，另一種就要退潮，有時，當這一種退潮了，另一陣卻起了潮。我們必須永遠在兩種相反的潮水中游泳、掙扎。當然，必要時，也可以駕一葉扁舟。」停頓一下，他又補充幾句：「也許有人說：偉大的文西，完全超越這兩種海潮，他達到眞正的寧靜與平衡。這種說法是有道理的。但古往今來幾千年中，只有一個文西，誰能達到他那種高峰式的寧靜與平衡境界呢？其實，文西晚年精神狀態，也處在壓抑的苦痛中，不過，他有本領能把它們化爲偉大的摩娜利莎的永恆微笑罷了。」

在一邊許久不開口的林鬱，現在表示意見了：「蘭先生的話，說得比較抽象點，超現實點。但在眞正現實裡，我卻覺得，你很寂寞，也極孤獨。有時，我覺得你這種寂寞簡直叫人不能忍受。你幾乎像生活於修道院，除了星期天，你屋子裡沒有第二個靈魂。同時代的人，甚至你的同行也不全了解你。你像一個僧人生活著，孤獨著，對我們常人來說，這太殘忍了。」

蘭素子聽了，苦笑了。他燧火樣的眼睛，半明半滅，閃著一種星光。他宛似站在另一個星球獨白：

「在我生活裡，有時候，一個影子，似乎很淡很淡了，淡得看不見了，但也很難說，另一個時候，它卻又表現出千萬丈光芒。我們別忘記，就像太陽那樣偉大的金紅火燄，有時也碰見月亮的陰體，只發射那片慘白的幽光，而另外時候，它更沉入永久黑暗，變成斯堪的那維亞半島沒有太陽的黑色季節。可是，太陽對我們終究是永在的，不只要看有沒有月亮的陰黑體，更要看地球的半面是不是旋轉得能正對它。

「我常常想起文西。這種時候，在一個偉大時代的黎明期，在太陽昇起前的最後的中世紀修道院的黑暗中，你更容易想起這位巨人：他的偉大，以及比他作品偉大更偉大的那份寂寞。只在那片曠古寂寞中，你才能理解一個眞正的英雄。當時萬萬千千人中，唯有他一人，才能擁抱獨一無二的眞理。不只他的敵人不了解他，他的朋友也不了解他。甚至像米開朗琪羅那樣偉大的巨匠，也不了解他。……必須過三、四百年，人們才能眞正理解他靈性的光輝。……在這種情形下，當時假如一個偉大靈魂還計較塵凡酬報，那倒眞是個謎了。……在這裡，我們必須又要提起那種偉大的超然境界，那種獨力忍受一個星球的寂寞與誤解。

「創造眞理者，永遠是孤獨者。失敗時，他自然孤獨。勝利時，他同樣孤獨。他永遠凝視那最遠最遠的，永遠向那最不可解答的挑戰。在這種境界，任何現實的勝利，對他都是個負擔。其實，他太深太切的意願新的勝利了，以致每一個勝利才變成紅熟蘋果時，旋即又被他精神運動的颶風搖落，墜入泥土，漸漸腐爛，於是，他又抬起頭，找那更新的蘋果。

「個人，個性，在這種場合，意味著較一般人性更深的人性，如金字塔尖之異於塔底，象牙雕刻之異於象牙。原始的象牙不稀奇，多得很。然而，經千雕萬琢的象牙藝術品，才眞是創造者獨特的成就——它是象牙本質發揮到最象牙的極峰境界。」

馬爾提應和老師的聲音，正如鋼琴家的左手複湊和聲，應和右手彈出的樂句：

「正是如此。可也還不僅是如此。藝術家是一個最可怕的剝削者，極殘酷的剝削自己的靈魂，勒索自己的肉體。爲了擠出一點新鮮的顏色，聲音，他幾乎要叫自己上吊，在絞索上，逼自己招供出最後的感覺和思想。日日夜夜，他毫不放鬆地鞭撻自己。他讓自己上夾棍，坐老虎櫈，灌辣椒油。他用盡一切迫害與刑罰，把自己靈魂剝皮抽筋，爲了要搾取那唯一的一點果汁，好把它捧獻到人們面前。仔細想想，這又何苦來？乾脆做一個郵局職員，賣賣郵票，數數鈔票，不很好麼？又何必那樣對自己殘忍？可是，追求眞理者，必須如此。而一個人一染上追求眞理的嗜好後，就永遠戒不掉了，比耽於吸毒更沉迷。印蒂是這樣的人。我的老師藺先生也是這樣的人！」

「不管怎樣，在平常人看來，這總有點自我殘忍。」林鬱苦笑道。

藺素子也苦笑起來：「我自己又何嘗不知道這個。可是——」他的眼睛又沉迷的轉到牆畫上。「說來說去，我只不過希望再多些希望，再多些亮光，讓人類再多些光亮，讓地球再明亮些。」他的聲音有點喃喃：「是的，人類精神天空必須再明亮些，再多些亮光……再多些亮光……」

三

畫室的陽光，不就是別的屋子的陽光。畫布上的亮度，不就是其他空間的亮度。畫家本人的光明，更不就是另外靈魂的光明。至少，對林鬱、莊隱、楊易這些人是如此。他們命定要從赤道回到寒冷的西伯利亞——或者陰暗悶燠的霧城。

「不管怎樣美麗的秋天，一陣風吹過，大森林裡總有些落葉飄下來。一陣噩運的暴風捲過，在社會大森林中，也總有些葉子落下來。我這次從河南販運捲煙失敗，也正像這樣一片落葉。」

莊隱凝望窗外，那幾乎和窗玻璃一樣高的體育場，此刻是一片黑暗。只有遠處電線桿上疏疏落落幾點燈光，仍在閃爍，像深夜江面漁火。

「這樣墜落，幾乎是季節性的。不管怎樣繁茂的夏天，以後總是秋天，而秋天總有落葉掉下來。是那樣澄明的秋季，天空是那樣蔚藍，湖水是那樣明藍，可就有葉子輕輕的或沉重的飄落。」他輕輕說著，一向明朗秀麗的眼睛，充滿暗霾。他陰沉的凝望坐在對面的林鬱與楊易。燈光下，這兩張臉孔也和漁火一樣，閃惚而迷恍。

「這些年來，我受了許多折磨，但我毫不埋怨。我明白，這一切，全由於一陣秋風。是秋風，總會把葉子吹下來——不管是怎樣瑰艷的葉子。不是我像秋葉墜落，總有別人墜落。八年前在S市，莎卡羅的暴風，爲了把印蒂捲走，連帶我們也被颳落，掉在海裡。在蘭州，有人想爬上去，就颳一陣旋風，把我硬吹下來。這一次——卻由於一陣極偶然的風……。我想不到，一陣偶然旋風，竟把我們整個一棵樹颳倒了。」

這是一個初冬晚上，莊隱第三次蒞臨霧城的第三夜。他和林鬱訪問無棗無嵐卻有埡的棗子嵐埡，坐在楊易的地下室式的客廳兼寢室中。這個地窖並不是一片愉快空間。他們所談的，也不是愉快的話。這個季節，也不是愉快的季節。但他們命中注定：要在不愉快的時間，不愉快的空間，談一些永遠不愉快的話。

地下室主人，已從神經病院解放出來的哲學家楊易，他蒼白面孔上，又恢復固有的蒼白的平靜，喃喃道：（假如聲音也有顏色，他的話聲也是蒼白色。）

「任何時代，都有這種倒霉的沉落。不過，解釋不同罷了。不管是怎樣明麗的天空，下面總有些人在倒霉。不管是怎樣漂亮的海水，總有些船要翻，而海底總有鯊魚追逐黃魚。想叫風不吹落葉子麼？等於要地球不旋轉。想叫這個地球上沒有倒霉的人麼？除非是太陽繞地球旋轉。」

「我覺得你也太大意了。靠近戰區做生意，怎麼能這樣馬虎？」林鬱微微責備莊隱。

「不是我大意，也不是我馬虎，只怪我的生日是十月四日，不是十月三日，否則，我的貨絕大部分都運回來了。」莊隱苦笑著。「推溯上去，只能怪我母親的輸卵管、卵巢和子宮。再追究起來，那就要怪我父親讓我母親受精的那個日子太不湊巧了。」聲音又沉下來。「只不過一點點。只不過相差那一點點。眞是像一根絲線那樣微細的一點點，——於是，天翻地覆。」

他補充說明。他原定祝壽後，次日赴洛陽。如果十月四日抵河南，當天聽到洛陽吃緊消息，連夜會把那批貨物拖運到潼關，甚至西安，或者，至少先將它們從貨棧轉移到熟人家中避避風，過些時再說。然而，他的生日偏偏是十月四日。五日乘火車抵洛陽，日軍突然挺進，佔領城外重要據點，城內一片混亂，連小富人家都忙著逃難，那裡談得上拖運貨物或轉移？他只得雙手空空，藉隴海鐵路上友人關係，倉皇登車返陝，眼睜睜看那一箱箱煙捲被遺棄在貨棧內。翌晚，日軍旋風樣的佔領城區，大事洗劫。兩星期後，迫於戰略，從這座名城撤退後，他再趕回那裡，貨棧內所有存貨——不僅是他的，還有許多商家貨物，早被掠奪一空。即使『皇軍』不動手，地方上的流氓地痞，巴不得趁火打劫，也早把它們搶得一乾二淨。

「太平日子過得太長了，忘記軍事上的事瞬息萬變，更忘記『天有不測風雲，人有旦夕禍福』那兩句古話。……如果不是忙過生日，我早就回到洛陽，本人在那邊，戰場變化，一有蛛絲馬跡，我早會警覺到。本人不在那裡，別人哪裡管你這些事？怪來怪去，只怪我不該太圖逸樂，做什麼生日。其實，生日大吃一頓，天天可以過，又何必挑那一天！這叫智者千慮，必有一失。算了，不談這些倒霉事了。反正，華達貿易行完蛋了，我們又『失業』了。」

有一陣子，三人都沉默了，彷彿在諦聽，那根絲線的聲音，那種極微妙的聲音，常常的，會在一種極難堪的謐寂中輕響。你說不出它是什麼聲音，是圓形的，方形的，三角形的，或多角形的，它像一條條蜘蛛細絲拖長著。

有時候，命運正從這種聲音表顯自己。

「你的悲劇，看樣子，這一次結束了，就算永遠結束了。我的可沒有這麼簡單。」莊隱扯斷那根絲線，含含糊糊的對楊易說。他的話，主題顯然不只是指他的商業失敗。

「我的悲劇，在於用太複雜的哲學頭腦看待最簡單的現實。——因而忘記眞正的現實低地。」楊易的蒼白臉上，浮出一片鐵青色影子，使他花旦型的俊秀臉蛋閃出一種古怪的光輝。「一切博士文憑和教授聘書，包括那無數萬噸海洋水，只是變相的紙幣，爲了兌換尼龍絲襪和三花粉的。當它們成爲過期支票，停止兌現時，懲罰便來了。我擁有一些過期支票和不到期支票，我的妻子堅持要立刻兌現，我不同意，她就欺騙我，出賣我。女人總是現實低地的動物，一件啥味呢衣料比一打黑格爾或康德更能叫她神魂顚倒。」

「她走了以後，一直沒有信來麼？」莊隱問。

「假如她還有寫完一封信的耐性，當初，她就不會離開我了。」

「你們的婚姻，本是一條淡水魚和一尾鹹水魚混在一起：一種極大的乖謬。」林鬱說。

「我看，許多婚姻，都是爬蟲類誤嫁哺乳類。」莊隱苦笑著。

「沒有什麼了不起的事，我現在認爲。」楊易大聲道。「天底下有什麼了不起的事呢？任何頭破血流，皮開肉綻，一句話就遮蓋過去了。一個最簡單的解釋，可以掩蔽一座萬里長城的血淚。聽孟姜女小調的，誰會想起兩千年前那片萬里哭聲眞場景？我們正不妨用這種古老習慣對付一切最難對付的。」

林鬱取出一包華孚牌香煙，分給兩個朋友，大家吸起煙來。

「你是學哲學的，平素最冷靜，怎麼忽然會發瘋，被送進神經病院呢？」莊隱噴吐一口煙，笑著問楊易道。

「唯其是冷靜哲學家，這才更容易瘋狂。」主人苦笑。「現在，我很難回憶當時瘋狂的情形。不過，發瘋之前，我自己並非毫無預感。我早就覺得，我的生活不大對勁。

究竟眞缺些什麼？一時說不淸。可是，我總隱隱綽綽感到，我缺少一樣最重要的東西。你們知道，從小我是神童，六歲就能讀『三國演義』，可平生就是不能欣賞『紅樓夢』。許多人說它好，少年青年時代，我從頭到尾讀過兩遍，就覺不出它好在那裡？我是一個很理智的人。我早年參加革命，後來出國留學，再後回國，教書，結婚。這一切，都是理智的結論。我不承認感情能主宰我。但是，在我生活底流，其實仍有一股風浪不斷推動我，……這一次瘋狂，可以說是：幾十年積壓下來的感情迷流第一次總反叛。」

「像這樣生活下去，我看，我們每個人都可能進瘋人院。」林鬱低低說。

「是的，我們很可能都會進瘋人院——那是所有眞理學院中的最高學院。」莊隱噴吐著藍色煙霧。「因爲，我們早就活在瘋狂中——瘋狂的欺騙中。」

他扔掉煙蒂，站起來，在這巨大地下室中來回踱著，似乎喃喃自語：

「有許多事，我們只在欺騙自我。有許多名詞，我們只在欺騙自己。有許多革命，我們只在欺騙自己。有許多花，我們只在欺騙自己。有許多水，我們只在欺騙自己。有許多靈感，我們只在欺騙自己。首先欺騙我們的，是那許多『自己』。

「我們可以不要花，不要靈感，不要名詞，不要那些革命、那些事，甚至那些水，但我們從不捨得不要那些『自己』。

「當我們用皮鞭子抽撻『自己』時，那還是自己。

「我們今天欺騙，明天欺騙，後天欺騙。我們在東方欺騙，在西方欺騙，在南方欺騙，在北方欺騙。北方太冷，我們必須欺騙，但溫暖的南方，我們仍然欺騙。西北太荒涼，太陽在沉落，我們必須欺騙，但回到東方，當華麗的太陽昇起來時，我們仍然欺騙。

「水裡有魚，我們必須欺騙，但山上無魚，我們仍然欺騙。山上無魚，有野獸，我們必須欺騙，但平原上無魚、無獸，我們仍然欺騙。平原上無魚、無獸，卻有人，我們必須欺騙，但沙漠裡無魚、無獸、無人——即使沙漠對任何欺騙毫無反應，我們仍然欺騙。

「欺騙已經不是一個字，一件事，一種思想，它是我們的生活全部，是我們整個自己。它如水對魚，如山對獸，如平原對人，如沙漠對沙漠自己。

「想毀滅一切欺騙麼？(千難萬難)，刀子不行！寶劍不行！手鎗不行！炸彈不行！火燄不行！暴雷不行！繩子不行！毒藥不行！只有一種秘密武器：用更大更多更毒辣更可怕的欺騙！」

他停下步子，宛若詰問別人，又彷彿質問自己：「在這種瘋狂的欺騙火燄中，一個人怎麼能不借重瘋人院的冷冰澆他醒來呢？」

兩人聽了，全苦笑起來。林鬱苦笑道：「我的必須進瘋人院的理由，和你不全同。」

他扔掉煙蔕，又沉迷又憂鬱又諷刺的道：「我以爲：我們所以必須要進瘋人院，主要是因爲：在這個地球上，幾乎沒有一個叫人能活得下去的時間或空間。沒有一個時候，你能舒舒服服活下去。也沒有一個地方，你能舒舒服服活下去。」

他又點起一支煙，沉鬱的吸起來，又沉鬱的噴吐出煙渦煙浪。他望望窗外，似乎向那最遠最遠的地方探望。

「不說別的，再過幾個月，春天又快到了。就說春天吧，這是一年中最美麗的季節，但我們卻很難獲得一種理想的享受。

「江南——杭州『春分』後的眞正春天太短，只有十天左右，好像專爲做樣品的。此外，不是綿綿霏雨，就是陰冷。等待你的，是流行性感冒和乙性腦膜炎。要不，叫你乘電梯，忽上忽下：一熱，熱到華氏八十六度，接著又突然降到四十六度，像從國際飯店第一層猛昇到第二十四層，又從第二十四層，陡落到第一層。於是，你傷風、咳嗽、喉嚨發炎、鼻膜發炎、氣管發炎，這個炎、那個炎，活活把你變成『炎人』，把你『炎』死。

「北方——北京春天，陰雨較少，卻整日大風沙，一片黃沙滾滾，渾渾沌沌。嶺南——廣州春天，不冷、無沙，卻多梅雨，多海風，要把你颳到海裡。西北——西安春天，夜裡卻是零下十度，你得烤火。重慶春天，是大霧、是火盆，不是暗無天日，就叫你扮演蒸餃，如度溽夏。在一千萬平方公里的中國，只有雲南春天最理想，不冷不熱，少雨，多太陽，而且，一年四季如春。可是，雲南水裡缺碘，你容易患甲狀腺腫，脖子上掛個大肉瘤。你看，二十八省，就沒有一個眞正美麗的理想春天等你。

「到非洲吧，那裡熱得叫你做掛爐烤鴨。到俄國吧，你會變成冰淇淋。意大利的陽光，只是個偶然小擺設，這次在靴尖（註①）西西里登陸的盟軍，成天詛咒那裡雨水泥濘。倫敦呢？比重慶霧更大更濃，太陽光是宋瓷古玩珍品。到斯堪的那維亞半島吧，半年沒有太陽。印度呢？熱得叫你想剝皮，而且，毒蛇太多。美國呢？對我們說來，生活程度太高，吃不消，並且，他們不歡迎有色人種。澳洲呢？等於大海孤島，你會感到孤苦伶仃。到日本吧，是我們世仇。到北極吧，那裡只有埃斯基摩人能住得下去。……

「你們看，全世界就沒有一個眞正可住的地方，讓人眞正享受春天。一顆從未眞正享受過春天的靈魂，遲早總要進瘋人院。」

林鬱的聲音，不只是他自己的，也是另外兩個人的。不只是他們三個人的，也是另外三十個人或三千個人的。敏感的知識分子，特別是那些企圖在人生血肉核心中打滾者，經過各式各樣風暴，找到萬萬千千結論後，終於又回到林鬱上面的結論。這是因爲：他們現在還有一個安全地帶，能讓他們蜘蛛似地織製形形色色的思想形態，編造各種結論，並在其中選擇那最怪誕最離奇的一個。假如讓他們生活於奧斯康新集中營，活動在流血的萊茵河畔，寓居於饑餓的淪陷區，他們的結論，可能簡單些，也少古怪些。癥結是：

他們還有這樣一片安全地帶。

時代似乎已在預示：或者離奇的勇敢，或者離奇的灰色，兩者之間，沒有第三條路可選擇。你不是上刀山，下油鍋，就乾脆躺在鴉片煙榻上打呵欠。鴉片正代表和平與安全本身。和平時代的和平，是一朵玫瑰，戰爭時代的和平，卻是一帖鴉片，使人忘記幾百幾千里外的鮮血與殺戮——那一幅幅殘忍的畫面。沒有人歡喜殘忍，於是只好拚命抽鴉片。我們不能太責備這些可愛的鴉片吸食者。幾千年來，各式各樣的知識分子，就是類似鴉片毒品的吸食者。他們幾個人，只不過繼承祖先的靈魂遺產罷了。否則，僅僅從絕對殘忍到絕對殘忍，那泡在鮮血中的歷史自己，是無法奔流下去的。

若干年後，後代人對於此時山城一些知識分子的心理狀態、可能難以理解。但在當時，這一切卻很自然。它正如從前一些內戰場景：白天將軍們在戰壕內指揮殺戮，午夜卻在火車裡打麻將。也許，這是可喜的事。至少它說明，即使在鎗林彈雨中，人們依然有心情享受和平，耽於和平。即使這種和平是毒素，也仍比戰爭那帖解毒劑好得多。必須讓他們眞正經歷另一種日子，比如：在希特勒狂吼下的那些可怕日子，他們或許能對和平這個可愛名詞有較新了解，較新運用。然而，這一切，現在都離他們還遠。至少，那是幾萬里以外萊茵河東邊的事。

讓我們這些可愛的和平地區的幻夢者兼埋怨者，繼續編織那些美麗的幻想和精緻的埋怨吧！不，我們的哲學家此刻也在抗議這種編織了。

「不談這些了。我們的精神生活本身，夠抽象了。我們應該活得具體些，談得具體些。」

莊隱笑著，望望楊易。

「那麼，我現在向你們宣佈一件最『具體』的事，昨天我已經看見司徒玉螭。我在她家裡吃了一頓豐盛的晚餐。她要求我搬到她家中，說住旅館，起居極不方便。」

「你想搬過去麼？」林鬱問。

「我要等慕韓來，和他商量。這一次，他回重慶，準備接受韓國志願軍參謀長職位。這兩年，他在西安，總算做了不少事。料理了前大隊長謀殺案善後，整頓大隊內部，鎮壓了隊內一次暴動，爲韓國光復事，他在西北作了不少宣傳，比如，演出韓國歌劇『阿里郎』等等。當然，作爲一個革命者，他個人也不是沒有缺點，特別在私生活方面。像我們這些人，身無重任，私生活即使隨便點，礙不了大事。但一個革命領導者，小節如不檢點，免不了遭物議。那次，有人醞釀暴動，就是物議沸騰的產品。好在事情早過去了。他會接受教訓。我和他是老朋友，這次就任參謀長，他要求我幫忙，擔任他個人顧問，幫他們做點工作。於公於私，我自然推卸不得。我橫豎賦閑，沒事做。朝鮮是我們舊游之地，將來抗戰勝利，韓國獨立，我依然可以到那邊跑跑單幫。自然，這是指公開經商，不需要走私了。」

「慕韓這幾天來麼？」楊易問。

「不是明天，就是後天。他一個人來，妻小暫留西安，以後再說。那邊大隊由副大隊長負責。」

接著，話題又轉到司徒玉嫿。

「我看，這件事，你得考慮。一個結過婚的人，等於一個訂過人生長期合同的人，一舉一動，全受合同限制。」林鬱低低說。

「我也這樣想。」莊隱沉思著。「唉，一個人的命運眞難說。我很怕，怕我又被纏到那個最古老的蜘蛛網中。你們知道，我已經從網中衝出來一次了。」停了停，有點迷惘的道：「這是一個很厲害的女人。昨天晚上，重逢後第一次聚會，她就向我發出一種神秘信號，叫我預感，一顆定時地雷正被埋在地底。」

楊易聽了，突然向林鬱道：「在莊隱面前，你似乎扮演聖佛蘭西斯的角色，可是，三天前，在麗麗咖啡館，我發現你和一個紅衣少女坐在一起喝咖啡，我沒敢驚動你，特意把臉背轉你那個方向。」他笑起來：「記住，陳雨飛到昆明探親後，這才是第三個星期呢！」

林鬱黧褐色臉孔紅起來，替自己辯護：「這是一個女同事，我們行裡的，她幫我私人辦文書事務。……沒有什麼。……你別大驚小怪。」

「但願這裡面沒有什麼可大驚小怪的。」楊易誠懇的說：「你別忘記，你的妻子是世界上最賢慧的女人之一。你們不像我的婚姻，經過長期熱戀後，才結合的，爲了這次愛情，你還遠遠出走到南洋。」

「可是，我看你和你的芳鄰，關係也相當密切。不只一次，我看見你們在小樑子公園中散步。」林鬱半開玩笑道。

「豈有此理！你這是什麼話！我可以指著上帝起誓：假如我心裡飄過任何一點玫瑰色彩，我就不是人！歐陽還囚禁在土橋監牢，他的妻子羅眉茵，遠遠從淪陷區萬里尋夫來找他，暫住我這兒，照料她，是我做朋友的義務。她在市區小學的教書工作，還是你替她介紹的。朋友們照顧朋友的妻子，有什麼可說的？我希望你講話有分寸點。儘管我姓楊的今天很潦倒，發霉，可是我的良心、良知、良能，一點也沒有發霉。假如我連做人的最後一點良知都霉了，那麼，五個月前，我乾脆不必從神經病院出來了。」楊易緊張的分辯著，急得漲紅臉。他有他的苦衷。三個月前，當羅眉茵出顯於黃幻華家中時，（黃一直替歐陽孚代寫家書，與S市的羅連繫，）兩個朋友，林鬱與楊易，很快就和黃私下開了個小小會議。大家都以爲：黃的「井觀齋」太窄小，不能長久留客；林寓雖大，一個大寢室，一間大客廳，卻無退路，由於他官場應酬較多，客廳又不便另設床鋪，想來想去，只有楊的地下室，擁有兩個大房間，楊本人正賦閑，孤居，不妨住在客堂，把原來臥室暫讓給羅。小小重慶山城，擠滿一百幾十萬人口，一時想覓所居，困難不啻登天。爲了對歐陽盡一份朋友責任，楊只有多挑擔子。林答應替羅找工作，（羅在S市原任小學教師），黃則負責跑腿，拿著林的介紹信，到各個教育部門接洽，事未謀成前，願與林共同承擔羅的生活費。這樣，經過一番奔波，一個多月後，羅終於入市立某小學任代課教師。由於該校缺人，看樣子，代得好，下學期可能轉正。實情如此，當初羅住在楊家，是三方共同決定。現在，林鬱忽然開起玩笑，楊焉得不急？

「和你開開玩笑的，你當眞？！這樣發急！」林鬱大笑起來。「我希望，我們是兩訖的。以後，誰也不開誰玩笑，好不好？我可以向你保證：我和我那位年輕女同事之間，絕不會飄起佛羅多的『夏季最後一朶玫瑰』一類的抒情歌。我只不過偶然散步到玫瑰谷，呼吸點玫瑰香氣罷了。」

「好吧，我們『兩訖』，今後不再提這類事了。」

楊對隔壁房間張了張，他的心思定下來。謝謝天，羅眉茵上街去了。他眞不願今晚這些談話，有一言半字被風吹到她耳裡，那是可怕的。正想著，他聽見莊隱的聲音：

「慕韓回來後，我希望我們能在老彭咖啡館內聚一聚。聽說不久乘桴打算第三次到歐洲去。我們聚一聚，留個紀念。正好君野夫婦也在這裡。你把羅小姐帶了去，介紹給大家，好麼？」

楊易搖搖頭。「不，她是一個害羞的女人，雖說結婚多年，仍有點像姑娘。她對咖啡館這種人多的地方，不感興趣。」停了停，低低道：「她丈夫還在四堵高牆的獄中，她還能有心情進咖啡館？」

兩個客人聽了，都低下頭，他們腦海裡，出顯那個正交惡運的朋友，那個只有一隻正常眼睛和一隻正常腿子的人。

四

這一夜，很久很久，楊易不能入睡。一年多來積壓凍結的情感冰河，僅僅由於一句話，一個名字的被提起，全部解凍。常常的，一個熟悉的名字，在我們嘴裡，或在名字主人口中，平淡得很，一經第三者聲音彈起，卻猝發奇異巨大的震動：震醒一片沉睡於我們心靈深處的潛伏幻覺。是的，這是一次深湛的震動，當時，他覺得是這樣，現在睡在床上，更是這樣。那波蕩的音浪振幅，不斷衝入他耳鼓。這是一個簡單的名字。雖然簡單，長久以來，由於它，他的被冰冷理智封凍了的一切，卻漸漸溶化成一片熱流。於是，他被搖撼，翻來覆去，睡不著，不管怎樣拚命集中意念，總安靜不了。

他睜開眼，四周一片漆黑。窗外體育場上，遠遠的路燈光，仍神秘閃爍著，投窗玻璃以朦朧幻光，影影綽綽的。他隔壁那個生命——這個名字的主人，想早已入睡。她一向早睡早起，一部分時間消耗於學校，一部分則交付給家務雜事——包括燒飯、洗衣。她的生活很規律，很緊張，不像他這個夜遊神，晚上十一點才睡，早晨八點鐘起床。她是這樣一個規律的生命，他又是這樣一個不規律的生命，按理說，絕無共同旋律，好共鳴交響，可是——

他從枕邊摸到煙聽，取出一支煙捲，一根火柴陡然亮了。他吸著煙。將近三個月來的一切，也伴隨煙頭的紅星忽亮忽滅。

對於男女說來，重慶是一個可怕的地方。那些櫛比錯綜的房子，不只表現建築擁擠，屋宇充塞，也象徵人們肉體擁擠，充塞。人與人身體距離——特別是男人與女人的肉體距離，突然拉近了，這是一種危險。一些狹窄的鴿子籠內，僅僅一道薄薄板壁，隔開兩戶人家。有時候，緊貼板壁這一邊，是一張單身漢的床，而那一邊，就是一張寡婦或處女的睡榻，兩床相距，還不到一寸。重慶許多窳陋房舍，板壁僅半寸厚。有些建築，連三分板的牆壁都沒有，只隔一道竹籬笆糊成的牆，好的還刷點黃泥，差的乾脆只糊一層花紙或報紙。泥易脫落，紙更易破——事實上，連一紙之隔都談不上。許多初來四川的下江人，都聽到一個驚人傳說：重慶無處女。（指適齡少女）。假如這個說法有幾分根據，一部分得歸咎於四川軍閥，一部分則溯源本地人的浪漫主義，但一部分也要由這些薄薄板壁或「竹壁」負責。

不只是街上，人們肩摩踵接，在室內也胳膊挨胳膊，胸膛碰胸膛。一次肉體接觸——特別是肩與胸的磨擦，勝過一百句愛情語言。即使很道學的人，有時也無法抗拒現實誘惑。這裡沒有那麼多偉大宮殿，讓一個女皇高傲的屹立白大理石臺階頂端，而另一些臣民卻遠遠匍伏於臺階底層。這並不算奇怪，一個伊利莎白一世或維多利亞二世睡在一張紙的那一邊，一個平民卻躺在紙這一邊。

楊易和羅眉茵的關係，不能用一紙之隔來解釋，這兒可是道道地地青磚實疊，厚厚磚牆，又刷上道道地地的厚厚白石灰粉。可是，他們兩個，無形中，有時候，竟感染山城那種一紙之隔的氣氛，並咀味著由這份氣氛所引起的一種壓力。幾乎當她搬過來七八天後，彼此就敏感一片特殊的空氣，好像有一支極熟諗而又誘人的音樂，在耳畔奏鳴。

在這片音樂聲中，一天天的，他開始看清楚演奏它們的神秘樂器，不，漸漸的，一點不神秘了：那是一個洋溢青春熱力的中年女人的形體。身材有點美，高高的，瘦瘦的，臉蛋可不算美，五官不最端整。眸子小一點，不夠明亮，鼻樑扁平些，缺少雕塑味，肌膚也是黑的，但她那兩條長長眉毛顯得秀雅，飽滿的額顙透露一份堅定，她那副彎彎菱唇和白白貝齒卻是美的。年齡雖已三十幾歲，整個形相卻呈現一份堅定與熱力，雖然日常言談舉止，很是溫文爾雅，且流溢一種活潑和安嫻。她原籍廣州，與歐陽是小同鄉。

以後，從她一些片斷談話中，加上他自己觀察、分析，他慢慢明白，正是上述那種嶺南人特有的熱力及堅定，促成她和歐陽的結合。或多或少，她對歐陽身世似乎懷著深厚同情心。而鼓動她萬里尋夫，從遼遠的S市趕到重慶的，也正是這種熱力與堅定。雖然中年了，她並不摒斥一些幻想：對祖國抗戰的幻想、對婚姻的幻想，特別是，對歐陽遭難的同情。

然而，抵山城後，種種現實使她的一些幻想海船觸了礁，黃和楊陪她到過南泉土橋，她沒能見到歐陽。至於他過去與今後情形，她也摸不清楚，一切有點恍惚迷離，不顯示任何定形。她不免相當失望。在失望中，暫時請黃、林、楊三個幫忙，她只能先解決自己現實問題。其它，等以後再說。自從她獲得小學教師工作後，每月到土橋一次，給歐陽送點東西，擔負起過去黃幻華承擔的責任。

也許，正由於這種失望，再加上別的種種，特別是山城的人與人的奇異擁擠，生命與生命之間距離的意外縮短，以及覓屋的困難，在她和楊的一牆之隔的關係中，才開始出現那種微妙的音樂。

「想不到重慶的人口這麼多。大街上，有時連擠都擠不過去。眞比賽會還熱鬧。」羅眉茵低低微笑道。

「這叫不擠不相識。」素來不太愛說俏皮話的楊易，也俏皮了一句。「有人說：『前方吃緊，後方緊吃。』我看是：『前方吃緊，後方軋緊。』」他笑著說。

「眞是軋得緊緊的。重慶公共汽車，我就沒有本領乘，那可能要鬧人命。」她微笑說。

「有人說，我們棗子嵐埡房子矮了幾丈，就是給別的高樓大廈擠下來的。」他笑著說。

她也笑了。接著，她把話題略略岔開去。「在重慶找房子，眞不容易。覓你這樣的屋子，更是難如登天。我能住在這裡，眞得謝謝你們，多虧歐陽有這些好朋友，要不，我不知在哪個『無梯樓』上做窠呢。」（註②）

談話雖到這裡爲止，可內涵並沒有結束。言語彷彿是一隻九尾狐狸，有一大串尾巴，拖在後面，長長長長搖曳著，繼續表現什麼。從這一串長長搖曳裡，楊易只感到一點：那一牆之隔的威脅，以前也許並不這樣敏感，自從錢素煙出奔後，特別是當他獨守這一幢空空大宅子，遭遇那麼多意想不到的痛苦及寂寞後，哲學家的他、竟也突然具備詩人的靈感與幻覺了。

生平第一次，他感到，一個正經男人與一個正經女人，距離竟是如此縮短，而又如此可慮的接近。

他是研究哲學的，他知道，理智世界是一座凝定的建築，每望一眼，只能看見外在整體，或者那飛簷與獸角，卻不能同時洞透背後或內在；感情世界卻是流動的音樂，每每是深沉的感覺著，而每一次聽覺，能滲透所有外在的或內在的，前面的或後面的，通過它們，刹那間似能擁抱宇宙整體或精神整體，猶如世界著名鋼琴聖手魯賓斯坦，只要一揮手，幾乎一秒鐘內，就能彈完所有琴鍵：從最低音，彈到最高音。即使人與人之間，本沒有多少感情，由於肉體奇異接近，卻使人突然意想不到的迸綻出一些感情。有的年齡相當的男女，從不相識，從不互知對方一絲一毫，一旦明白他們將同生活於一個被板壁分割成兩半的屋頂下時，第一分鐘內，他們有時就會感到一種古怪魔力。正是這份魔力，促使他們聽到感情世界的音樂，而一被這種音樂包圍，那最高音就可能隨最低音出現耳際。

早上相見，晚上相見，黃昏相見，落雨天相見，太陽天相見，甚至半夜裡會聽見彼此呼吸聲。這無數「相見」與聲音，天然要把人們緊緊拉在一起。只要不是仇人，哪怕雙方只有極起碼的一芽芽好感，這一芽很快會冒莖、長葉、成枝、開花、結菓，增加這株神秘植物繁殖速度的，是屋子的空大與寂寞。

他們合僱一個四川娘姨，叫程嫂，有一副細瘦如蘆桿的身幹。這四川女人，出奇的木訥，是許多四川百靈鳥中唯一的呆鳥，除了把全部生命上繳給廚房與天井外，幾乎什麼也不想說。偶然說兩句傻話，也是道三不著兩，叫人無法和她侃侃而談。在這種情形下，天然的，楊易便成為羅眉茵的僅有的共語者。每次交談，不管怎樣平凡、瑣碎，仍然是一闕小小合奏。而每一次合奏後——二重唱或二重奏後，對手在自己心裡的印象，就像那根氣溫水銀表上的紅柱，多多少少，不免上昇半分，一分。幾個月後，它就慢慢達到一種意想不到的高度。

晚上，當他聽見她「颼颼颼」改學生練習本時，他就想像她一燈煢獨，孤影映壁。夜裡，當她聽到他獨自在房內來回踱方步時，也聯想到他的長長的伶仃的影子，寂寂的拖在地板上。

「我眞擔心，不知道歐陽究竟有沒有出來的希望？」有一晚，她低低對他說，黑孜孜的臉上充滿憂愁。「來這裡四個多月了，到現在還不能見他一面，連信也不能通。每次送東西去，傳達室裡工作人員總是那兩句老話：『你等著吧，有消息總會通知你的。』究竟等到什麼時候呢？他來重慶，是參加抗戰的，想不到會弄到這個地步。」

「不是說判了四年。照理，再一年，也該期滿了。」不過，這只是他安慰她。歐陽既會被糊裡糊塗抓進去，刑期也會糊裡糊塗延長的，雖說也有可能如期開釋。

「話是這樣說。誰又知道眞判幾年？他對黃先生這樣說，可能只是安慰他，也安慰我罷了。」她不免感到痛苦。「我眞不敢想到未來，那是一片比渺茫還渺茫的渺茫——就像這窗外大操場上那兩盞路燈光一樣，影影綽綽的，什麼也抓不住。」

一想起他已囚禁三年，僅和外面人——黃幻華見過一面，即使她從幾千里外趕來，作爲妻子，仍不能和丈夫會面。她不免感到沮喪，甚至悲觀。

「你放心。事情不會這樣黯淡的。老林不是一直利用自己種種關係，設法營救他麼？……總會有結果的。……我們應該相信明天。也只有明天，才能帶給我們希望。」他望望窗外，有點顳顬：「事實上，不管我們信不信，明天總是存在的。」

他自己也知道，他這片安慰話，只不過是一帖臨時止痛劑，一覺睡醒了，傷口還是發炎，疼痛。是的，明天總是明天。但明天不一定會升太陽，可能又是大霧瀰天，或一片陰雨。

事實上，這一年來，無論入神經病院以前，或出院以後，他的心情已達到一種離奇的悲劇境界。在這種境界中，一個人什麼也不想說，不想做，不想想，那是很可怖的。但他連僅僅想到「可怖的」這三字，有時也感到是一大負擔。一切比較刺激的形容詞，對他全是一種負擔。漸漸的，他深深明白，爲什麼大沙漠吞沒那麼多陽光雨露後，竟會一點綠色也表現不出。他正逐漸使自己心靈變成沙漠機能。他這個沙漠主義者，有什麼權利能安慰別人呢？他自己不一直在吃父親的救濟米麼？

當然，這幾個月來，沙漠稍稍有了點轉機。一場神秘的雨水正緩緩降落。可那仍是一種表面，內層深處，他並沒有多少眞正的「明天」能帶給她，即使是一些空洞的許諾，很快也會化爲不兌現的支票。

但是這一次，她的憂愁神色中，卻涵蘊另一層意思，這是他以後慢慢體會到的。

他不敢多想下去了。

今夜，由於白天莊隱、林鬱的幾句玩笑話，叫他再一次想起她這幾句話，以及她當時純眞的眼睛，秀雅的眉毛，飽滿的額頭，和樸素面頰上的神秘哀愁。特別給他一個深刻印象的，是她說那幾句話時，那彎彎嘴唇半露的一排潔白貝齒。在他一生中，儘管他訂過婚、又結過婚，他可從未見過這樣純粹的嘴唇和貝齒，特別是從它們內部所洩漏出的樸素聲音，與純粹的語調。

「不管怎樣，她是從幾千里外淪陷區來找丈夫的！——這就答復了一切。」楊易輕輕對自己說：「自然，從她搬來後，我的生活有了點生氣，我再不寂寞了。由於她的影響，我也生活得認眞些了，開始重理我所放棄的那些又大又厚的哲學書本。然而，一切也僅止於此。假如還有別的，那就是我對朋友的一份義務。……是的，義務！」他燃起一支煙，沉思起來。

五

這是週末之夜。我們所熟悉的一些臉孔，又出現在沙龍咖啡館藍色織絹宮燈下，法國鳳尾樹邊，紅色的康乃馨旁，描金紅燭或雪萊半身浮雕下面。林鬱的黝黑幽邃的臉，莊隱的俊秀整潔的臉，揚易花旦型的白臉，黃幻華孩子氣的臉，韋乘桴的肉感的臉，韓慕韓的熱帶非洲味的臉，喬君野的蒼白色的T、B型的臉，李茶的嬌小玲瓏的臉，馬爾提的阿波羅神一樣光明的臉，他的妻子駱香香的圓圓臉，……。這些臉，映著燈藍葉綠，花紅花白，似乎和別的咖啡杯子後面的臉沒有兩樣。但人們視覺假如往更深的核心游泳，便會發現，它們自成一個星座，一個天文體系。

這個星球，肯定在出血。而且，現在正是出血高潮期。從萊茵河畔到中途島，從波蘭原野到黃河邊，血像瀑布樣滔滔滾滾流，到處掛著猩紅色飛湍，可是，一九四四年和一九三四年一樣，依然有人欣賞沙龍夫人的大紅繡花黑緞鞋，以及鞋畔的暹羅貓，且把它們當做一種超越這些紅色飛湍的奇異空間裡的美妙事物。當然，我們所熟悉的這些臉孔和眼睛，並不是專爲探求大紅繡花黑緞鞋與暹羅貓的；但假如說：它們是來找尋鳳尾樹的綠色與宮燈的藍色，以及描金紅燭的紅色和模型小白兔的白色，那不算過份。它們自有找尋這些色彩的理由。過去十年內，不只一次，我們曾聽到這類理由。

最美的花，也得綠葉襯托。對於某些知識分子，沙龍咖啡館，就是他們靈魂的葉子；必須坐在這片藍色織絹宮燈下，綠色法國鳳尾樹旁，眼望著壁龕裡的彩色幻畫及雪萊半身浮雕，他們個性的花朵，彷彿才能分外襯托出詩意，一種旖旎的光輝。一個華麗女人，單有一副華麗的臉孔，一株華麗胴體，還不夠，她必須有一襲華麗衣衫或袍子。衣衫或袍子上的彩色和圖案畫，本屬於衣衫或袍子，並不是她臉上或胴體的彩色及圖案畫，但正像海水與月光的關係，月光化海，海也電幻月光。衣衫或袍子上的色彩和圖案，一與女人結合，就變成後者形體一部分。至少，第一眼你很難把兩者分開，而能獲得那完整的第一瞬。實際上，第一瞬直覺，常是觀者視覺結論最重要的假設——有時，甚至是一種最後肯定。同樣，一個瑰麗女人也需要一片瑰麗空間陪襯。站在玫瑰大理石宮白色圓柱畔的公主，和佇立於垃圾堆旁揀破爛的公主，就很不同。不用說，對於一些愛美的女人，沙龍咖啡館常是那些能夠襯托她們形體美麗的美麗空間之一。

我們所熟悉的這些臉，以及我們所不熟悉的那些臉，所以會出現於一對描金紅燭下面，一隻隻康乃馨花瓶之側，美學因素可能是重要因素之一。這些臉與體，大致可以歸成一個類型，一種常出現於現代文學尖端作品的類型。他們正像一些鴿子，常和另一類鴿子搶著占據現代文化的金字塔尖，雖然有時被後者擠跌下來。此外，在這些描金空間，自然也還有另外一些類型，但那卻不是我們興趣所在。

週末之夜，這些臉假如不描畫在這一扇扇綺麗的玻璃窗邊，你希望它們被描畫在哪裡？你期待這些可愛的先生們女士們、在哪一片空間、哪一片玻璃窗邊、支付他們時間尾數呢？這條不長不短的尾巴，短得不夠讀一本正經大書、或寫一篇正經大文章、或做任何一件正經大事，卻又長得不只是一支煙、或兩杯茶所能打發的。於是，他們就顯影於這裡，既可抽煙、喝茶，看一本小書，辦一點正經小事，更重要的是，他們又可以聚在一起，交換一些對生活的意見——那些永遠交換不完的，紅色的、黃色的、藍色的、或黑色的意見。經過好幾年困苦與某些失望後，現在，玻璃窗上終於投映了眞正的希望。美軍已進攻菲律賓群島，盟軍也將橫渡萊茵河，太陽旗和卍字旗不久肯定會變成大便紙。從一九三一年起，十三年來，壓在亞洲大陸所有生命題上的那座黑暗大山，已漸被現代愚公移開，橄欖樹葉又將綠遍地球。也許，這一切還不是最眞最眞最後最後的，也許，四周大霧中的陽光，仍只是一種夢幻的閃爍，但即使僅僅只是一次閃爍，到底人們心海面又閃射夢幻月光。至少，人們又一次開始有了眞正希望的權利。這也正是一九四四年冬和一九四一、四二、四三年冬大不相同之處。

山城的極度繁榮、也正是這樣一份客觀現實的註解。人口從戰前四十萬增加到一百二十萬。成日成夜，街上塞滿人的洪流。每一天，彷彿都在過元旦節日。像韋乘桴這樣一個新聞記者，每天從家裡走到報館，一路至少得向熟人點十次以上的頭。連他自己也弄不清楚，僅僅十幾分鐘的路，爲什麼會遇見這麼多熟人？會向這麼多人打招呼，而任何一個現代許由，務光，在這座大鯊丁魚罐頭內定居半年後，起碼也要交上兩打朋友。正是在一片繁榮的浪潮中，沙龍咖啡館——這朵開在巴山路拐角的玫瑰，也分外鮮艷了，幾乎變成一枝綺麗的水上植物。客人們不只水樣的流進來，簡直是競賽著衝進來，喝它的代用品咖啡，彷彿那一杯炒大麥是一種錦標式的銀杯。我們的彭大衛先生，他嘴裡那隻英國BB Orik牌黑煙斗，也分別抽得起勁了，斗裡阿爾培王子牌淡色菰的煙霧濃度，與客人的流水強度成正比。他那副淡巴菰顏色的臉，有生以來第一次，多少露出一片白玫瑰的色彩，而且是一朵胖胖的白玫瑰。沙龍夫人戈黛諾的苗條身材，也開始顯示圓椎形了，像一根古典的哥林多式羅馬圓柱，連她大紅繡花黑緞鞋旁邊的美麗暹羅貓，也有點胖得像隻哈巴狗了。過去，有時，牠還懶懶的哼個一兩聲，現在竟完全一聲不響，靜穆得像一幅畫貓。牠又像一個退休清享的老銀行家，享受清福，儘管店裡客人們擠得像過節日，牠還是半閉眼睛，在做應屬於貓類風格的那種美夢。

不過，山城的繁榮和沙龍咖啡館的好運，並未能完全分潤我們所熟悉的這些臉孔。他們中絕大部分，並沒有盛開彭大衛臉上那朵胖胖的白玫瑰。這些從手到口而不是從口到手的人，大部份仍爲他們晚上下鍋米奮鬥。五斗平價米是他們外在客觀的命運，因爲揀平價米而引起的某種陰暗心情，以及由此而起的一大串靈魂鏈鎖反應，則是他們內在的命運。這「一大串」，實在巨大得可以包羅宇宙萬象，以及他們過去、現在、未來。

這些人的致命弱點之一是：他們的命運，不只是外在的，也是內在的。他們的船不僅是要受外在風浪支配，也受他們內在風浪左右。有時候，他們情緒是這樣，有時候，它們又是那樣。人這艘船，就在情緒海波海浪中忽前忽後，忽上忽下。今天，他有點明淨了，一切似乎開朗，煥發，他會想起，這是一個漂亮的人間，有花有樹有水有泉。可是，很快的，他又發怔了，而且，怔怔許久，好像一切最美麗的離他很遠，很遠，坐飛機也抓不住。儘管窗外到處是陽光，是綠色，他寧願回轉頭，欣賞他所走過來的陰暗路，它是那樣千曲萬折，撲朔迷離，彎彎扭扭，卻又那樣無比自然。可是，就這麼——忽然阻斷了，中止了，猛的出顯一片新的深淵。於是，他就躺在深淵底，睡在黑暗裡凝看，看太陽從山頂昇起，又向山腳落下。不一定他們每個人都這樣躺著，但大多數卻是這樣躺著。少數雖不是長久如此生活，至少也有那麼幾個時辰——那最黑暗的幾個時辰，是這樣無望的躺著。

這些人中，唯一例外，也許是馬爾提他們幾個。但他們也有他們的痛苦，雖然不全遭遇黑暗的時辰。比起上面這些人來，畫家們的掙扎可能要深刻得多。他們如此騷動於畫室，恨不得一手能抓住一個星球，像抓一個皮球，用力擲到地上，又戳一個洞，叫它洩氣。假如他們有這樣魔力，那麼，他們將會輕易的捕捉住那些艱難的觀念、意象。他們會擒獲：一條影子怎樣吻另一條影子？一個影子又怎樣吻自己？非洲河馬是怎樣站在河裡做夢？幼小的長頸鹿怎樣突然的頸子長了，那淡淡的梅花點子，也突然濃了？他們將洞透，細胞核為何分裂，變成染色體？多少分量的原形質，能形容人的一滴思想？牛型或人型結核菌的詳細家譜，是怎樣編成的？他們非常渴望那一切最朦朧的化爲最光明的。可是，一切太明確了，那些緻美的意象也笨拙了，失去魅力。只當模糊惝恍時，才顯得眞智慧，眞深沉。當他們不能捕捉且洞透這一切時，他們躺在黑暗深淵底，可是，即使捉住這一切時，可能，他們四周有時仍是一座可怕深淵底。

另外大多數知識分子，雖然不是畫家，但或多或少，或明或暗的，也有這樣一種神秘意象纏繞他們，叫他們午夜寤寐不安。這是一整套生命意象，或者，生命意象片斷，常常威脅他們。他們雖不能像印蒂那樣，以畢生精力探索追求它們的最後結論。但或多或少，有時卻仍需耗費一些時間。

好了，這一切是玄學，我們暫不談這些比蜘蛛網還複雜的玄學吧！讓我們先注意這些自成一個星座的臉孔群中的一張新臉孔吧，它是韓慕韓帶來的。

這是一副年輕的臉，大約在十八歲——二十歲之間，淡咖啡色的健康皮膚，長長的沒有捲燙過的黑髮，橄欖型的臉廓，一雙又天眞又火熱的黑色大眼睛，一個精緻的鼻子，配上那件毛藍布旗袍和中等身材，第一眼你就會直覺：這是屬於埃及女皇克理奥培屈一系家譜的女人。假如她不會做女皇，至少，也能作出一兩件和做女皇一樣驚人的事情。

「這是笪雅歌小姐，我們革命隊伍裡的天才，十一歲，她就在電影片子上露過面。你們還記得，八年前，明月公司的『山河淚』麼？片子上那個小女孩，就是她。十五歲她就能用中文寫散文和詩歌，她能跳多種韓國舞蹈。現在，她在歌劇學校讀書，明年畢業。她學聲樂，也學琴。她已經能彈貝多芬的月光朔拿他了。我還要補充一句，她是我們隊伍裡的唯一安那其。」

這位韓國革命者，像站在臺上，介紹一位名人，假如不是被介紹者本人堅決阻止，可能，他的介紹詞將是一小時的即席演說。

「我們的參謀長，總是兼啦啦隊長，逢人介紹我，好像我是個足球健將似地。你忘記了，這裡是沙龍咖啡館，不是大田灣足球場。」笪雅歌睜著那雙火熱大眼睛，又嬌又嗔的瞪著他。

「你不要介意，我們老韓總愛慷慨陳詞。我們一直把他當作炸藥庫。今晚，僅僅爆炸了幾顆手榴彈，還沒有使用咖農炮彈呢！你可千萬別被駭住。」韋乘桴笑著說。

「扮演天才不是壞事情，至少，比扮演白痴好。」喬君野說。「我們在座的就有一個男天才。」他望望馬爾提。「這位畫家就是。在學校裡，他被稱爲『天牌』，另外還有一張『地牌』。他在十八九歲時的一些畫，就轟動美術界。」

「那張『地牌』，出了學校，改行經營進出口五金電料，成爲一家五金店的高級職員。五年後，有一次，當他再站在畫架前面時，幾乎一筆也畫不出來了。當時爾提還爲這件事流過淚。」馬爾提的妻子駱香香傷感的說。「喬君野是『人牌』，這六七天，差點也走上『地牌』的路。」

「我這張『天牌』，一度也幾乎暗無天日。」馬爾提笑著自嘲。他是指出校後，他母親硬要他進銀行的事。他幹了一年行員，後來被外地父親知道了，才逼他回到畫架前。

「在中國，要做一個好畫家，必須有個好爸爸，一個又有錢又看得起畫家的爸爸。」林鬱苦笑著說。他向大家簡略介紹：馬爾提的父親是一家大銀行總經理。

談到這裡，店主人彭大衛插進來。「好了，我們不談天牌地牌人牌了，談談既不是天牌，也不是地牌人牌的韋乘桴吧！下個月，他代表報館到歐洲去採訪第二戰場新聞了，讓他們借這杯四川雞尾酒，祝福他一帆風順吧！」所謂四川雞尾酒，是他發明的，用四川大麵酒橘金酒加貴州茅台酒，混合調製成的。

今夜，這個變相雞尾酒會，由彭大衛夫婦做東道主。他們不只爲這位老友餞別，也答謝他二十年來對沙龍的忠誠。像好馬不配雙鞍子，他從未坐過山城第二家咖啡館，而且還給這裡兜攬不少生意。他幾乎成爲沙龍咖啡館變相的宣傳部長，甚至在報上發表過一篇小品，替沙龍做義務廣告。

「我們的老韋永遠是幸運者，能一而再再而三的到巴黎去。我們卻是『龍』困『沙灘』，永遠只能坐在這個沙龍裡，具體而微的呼吸巴黎異國情調，聊以解嘲。」莊隱羨慕道：「我常常夢想到挪威或芬蘭去——到地球邊極去，但此刻還陷在重慶瀰天大霧中。」

「乘桴，我敬你一杯，希望你到巴黎後，再進『天堂沙龍』和『地獄沙龍』時，問候問候那裡的天使和魔鬼。」沙龍主人舉起杯子。「我希望你代我問候那裡的同業。你也可以向『紅風輪沙龍』老板提起我，他會記得我的。二十年前，我在巴黎，幾乎每晚都在那裡消磨。」

「我祝福你帶回一些新的浪漫故事。」女主人戈黛諾笑著說。

「盟軍攻到柏林後，代我去看看菩提樹大街一〇二號，看它有未被炮火毀滅？假如還沒有毀滅，請代我向那個房東老婦人致意。我曾在那裡住過兩年，她女兒是我的朋友。」楊易感喟的道。

「寄兩張風景照給我們吧！」李茶要求。

「我希望能得到畢迦索馬蒂斯和勃拉克的最近畫集。」馬爾提說。

「只要我能夠，我一定滿足你們每一個人的願望。」韋乘桴笑著說。「此行並不像你們所想的那麼美麗。萊茵河畔，現在還一片血肉橫飛。天知道我會不會餵炸彈。」

「你放心，當你到巴黎時，可能希特勒已經做俘虜了。你不需要採訪戰事新聞，只要找戰後花絮就行了。」林鬱笑著說。

談話從第二戰場出發，經過地中海，駛往蘇伊士運河，又穿阿拉伯海和紅海，入印度洋，終於又回到南中國海面。從就要到巴黎去的韋乘桴起，到那位韓國女天才笪雅歌止，他們最關心的，還是亞洲大陸，特別是中國這片秋海棠葉子。今夜，由於一個熟人即將遠行，這場座談，不免蒙上一層淒暗色調。這個遠行人像一個傷感的樂句，雜在一支美麗小夜曲裡。生命是這樣容易聚合，又如此易於折散。一千杯合歡酒抵不上一滴離別酒。僅僅由於這一滴，千萬斛痛苦的大海波浪，又捲騰起來。一切歡樂都是江湖騙子，只有哀愁是眞正虔試的宗教徒。不管人們千言萬語，怎樣描畫春天，最後的結論，仍是冬天。人們愛談快樂，但更愛談痛苦——那個永遠結實永遠新鮮的題目。

六

現在，夜眞正深了，漸漸的，這個東半球又達到一種美麗的旋轉境界，帶給人們以迷人的時辰，那波斯貓一樣溫柔的午夜。街車慢慢靜下去了。街頭聲音浪潮緩緩退下去了。沙龍咖啡館內的客人，也大半離開這兒的織絹宮燈與法國鳳尾樹，回去找尋眞正「自己的空間」了。除了三個女侍者外，只剩下這十一個「夜遊神」，加上店主彭大衛主婦，一共十三個。這不是一個吉利的數字，但亞洲人從不重視這個。好在今天不是禮拜五。這十三顆最後星斗、閃耀於這片午夜。夜越深，他們的靈魂光華，也特別明亮。他們的話聲，也和天上星星一樣，忽明忽暗，分外表現一種魅力。在生命裡，聲音是一種比生命更生命的生命。人們活著，與其說是追求生命，不如說是找尋聲音。一個嬰兒躺在搖籃中，母親一走開，他就大聲哭泣，爲了讓四周空間能響起聲音。老人們特別愛嘵嘵不休，因爲，他們的生命快枯涸了，便盡可能傾瀉大量聲音，藉以表顯生命，塡補生命。一隻狗無人時也嗶嗶嗥著，牠怕無聲。一隻老鼠，吱吱叫，怕午夜靜寂。孤獨的囚徒們，愛用手指敲牆壁，發出聲音，和鄰室交談。兩個最偉大的宗教，同發源於阿拉伯，因爲，在沙漠上，孤單的靈魂必須有一個上帝或阿拉與他交談。今夜，這些客人蒞臨沙龍，主要趣味之一，就是爲了沉醉於聲音的音樂。彷彿專爲聽自己聲音而談話，不是僅僅爲聽別人的言語。

最深午夜，靈魂常發射深沉聲音。這雖然是我們最熟悉的一些聲音，但因爲是靈魂的最強音，現在也裸顯一種誘惑性的新鮮神秘。他們似乎不是夜談，而是開一次靈魂音樂會，一闋又一闋的、演奏又華麗又憂鬱的協奏曲。其間揷入不少瑰美獨奏。

現在，我們不妨把這些獨奏記錄在下面。

這是莊隱的獨奏，是又斯文又蠻橫的聲音，他思想裡彷彿忽然閃過一些可怕事物。

「用毒藥擺殺尼羅母親的，不是羅馬的敵人。是她自己的兒子∴尼羅。殺死彼得大帝兒子的，不是俄羅斯的敵人，是他自己的父親∴彼得大帝自己。用箭鏃射殺唐太宗兄弟建成和元吉的，不是唐朝的敵人——突厥或吐谷渾，是他們自己的兄弟∴唐太宗自己。尼羅是詩人，另兩個是歷史上英雄豪傑，模範皇帝。

「從整個歷史觀點看來，今天用毒藥攞殺中國母親的，不是我們的敵人，更多的，是她自己的兒子。用刀斧殺死用利箭射死中國兒子和兄弟的，不只是海那邊的兇手，同樣也是他們自己的父親和兄弟。這些人，都被歌頌爲聖賢豪傑。

「或者，這些血眞是道德的，或者，人類生活本身就是一齣野獸戲劇——至少是一個永不可彌補的悲劇。

「毒藥杯仍不斷舉起來，利箭仍不斷射出去，但許許多多人卻在合唱一支讚美歌：『生命是一片正義大和諧。』」

這是韋乘桴疲倦的聲音：這是聲音顯然很同情上面一個聲音。

「這個地球實在不是一個可愛的星球。人這個兩足動物也實在不是一個可愛的動物。歷史進化了五千年，我們仍然是初中一年級學生，每個人都得必修『初中動物學』。而且，我們幾乎連一個最可憐的初一學生都不如，幾乎把一本『動物學』變成我們的全部課程。單單爲了研究一種動物的鼻子，我們可能就得花半生生命。」

這是馬爾提的純潔的聲音——莫札特音樂式的聲音。他不同意韋乘桴的意見。

「人不是一個可愛的動物，但也不一定是可憎的。人只是人。山巖遇到海水也會爛。海水碰到時間也要枯。一個人並不比一座山巖更堅固，也不比一片大海更偉大，憑什麼一定要每一個人負擔特殊不平凡的使命。」

這是林鬱的陰暗的聲音，在他低沉的帶粵語味的聲音裡，有著馬來西亞土人的纏綿與巴黎式的薔薇刺。他試者調和他們兩個人的不同意見。

「悲劇！悲劇！一切永遠是悲劇！第一個悲劇是眞正悲劇，第十個悲劇，卻是喜劇。起先，我們哭，最後，我們笑。一個人不能老哭哭啼啼活下去，一個人卻可以笑著活下去。瀰漫在這個社會的各個社交角落，只是一片笑聲，誰也沒有聽見哭聲。即使昨天他死了老婆，今天去買棺材時，依舊得陪笑臉和老板談價錢。這一切，是爲了禮貌。

「快樂是一種禮貌，悲哀卻是一種悖禮。人不能披麻戴孝去參加舞會，而社會卻是一個熱鬧的大舞會。

「也有些人拿眼淚當資本，那些專門賣哭的人就是。（註②）一個講究的舊式葬禮隊，就少不了他（她）們。我們這個世界，有賣笑專家，也有賣哭專家。還有些更高明的眼淚資本家，他們囤積大批眼淚，甚至壟斷所有眼淚。當他們儲足本錢，通過它獲得一切好處後，他們就反對哭泣了。因爲，他們哭成功了，不願別人再藉眼淚爬上去。於是，他們大罵哭泣者，開始歌頌那些賣笑專家。」

這是楊易的冷靜聲音——反映他蒼白的花旦型臉孔的蒼白聲音：

「生活眞不易，首先，要辨清一切，就不易。一些年輕的眼睛，怎能辨清黃是黃、綠是綠、紅是紅呢？同一黃，卻有多少種不同的黃色。同一紅，又有許多種不同的紅色。

我們這個世界，有那麼多年輕的眼睛，卻沒有那麼多人能眞正辨別色素。當他們才眞正學會識別一切色澤時，卻又開始衰老，變成老花眼了——老眼昏花，依舊辨不清綠是綠、藍是藍、紅是紅。」

彭大衛的聲音——這是他一九三四——三六年代聲音的複製：

「未得到你所要得到的時，即使失望，卻還有最後的希望。當你眞正得到它以後，那種失望，才是最可怕的。因爲，前面已沒有希望留給你了。在一生中，一個人不可能有兩次眞希望，也不能忍受一次以上的眞失望。」

喬君野的溜亮的聲音——這是一個畫家的意見。

「我常常想起那個偉大的恐怖的和尚。我想：當他離開皇覺寺時，絕不會想到十幾年後，他會那樣神經衰弱，整天成夜歇斯地利亞，幾乎不喝乾所有老戰友的鮮血，他不能安枕。假如他始終只是個和尚，後來不變成明朝第一個皇帝，衹在皇覺寺撞撞鐘，吃吃素，我想，他晚年絕不會那樣患高血壓，得神經病。沒有一個人能預測將來。那彷彿是變幻莫測的另一個星球。即使我們能預先試著畫，也只能畫出達達派的畫，畫了好玩的。六年前，我自己畫布上，就從沒有預先出顯過我這六年來的畫景。」

又是林鬱的聲音。這一次，他再不是調和派了。「當一切最新的字凋謝後，我們只能求助於那個最古老的字。這個字，當人類還沒有出現於地球時，它已出現了。它和單細胞一樣古老。當一切最時髦的名詞對我們變成路人後，這個字——『絕望』，依舊把我們當做老最血緣的兄弟，它的血親。

「我們永遠不是第一次絕望。我們永遠也不是最後一次絕望。千百次絕望後，仍有千百個絕望等待我們。絕望是我們的眼睛，絕望是你的手，絕望是他的臉，絕望是她的胸膛，絕望是你的廚房，絕望是他的寢室，絕望是我的無花的花瓶，絕望是她的燒柴火的灶膛，絕望是柏樹根叢下的死者，絕望是馬路上的生者，絕望是今天腳下所踏觸的土地，絕望是明天雙手所摸觸的牆壁，絕望是我們的呼吸，絕望是我們的酒，絕望是我們的白天，絕望是我們的黑夜。

「我常常奇怪，爲什麼天地間會充塞這麼多的絕望。現在，我才明白，正因爲宇宙間充塞這麼多生命，才附帶孿生這麼多絕望。絕望是生命的影子。哪裡有生命，哪裡有絕望。

「我們不能希望絕望憐憫我們，正像我們不能希望希望憐憫我們。希望什麼也不帶給我們，絕望更不會帶給我們什麼。也許，絕望要比希望慈悲一點，因爲，它至少給予我們一個眞實的形體，希望卻只帶給我們一些幻影，一些欺騙。」

這是笪雅歌的聲音——如此年輕又如此早熟的聲音。

「也許，一個人眞正失去希望後，他才有眞正幸福。」

「爲什麼？」這是駱香香聲音。

「因爲，一個人眞正沒有希望了，也就眞正沒有絕望。——絕望常常是希望的菓子。」

這是韓慕韓的粗獷聲音。

「只有放一把大火，把生命燒光，它的影子才連帶會被毀滅。」

林鬱的聲音：

「不，即使生命的影子燒光了，絕望也不會燒光。它其實並不是影子，或生命的影子的影子，它是生命本身。——事實上，也從沒有誰能眞把地球上的生命燒光。除非是這場五大洲的人類相互殺戮的戰爭。」

黃幻華充滿感情的聲音——他是緊接著林鬱講的。這許多聲音裡，他的是最現實的聲音。

「門外的不肯饒你，門內的也不肯饒你，年老的不肯饒你，躺在搖籃裡的生命，也向你要這要那，快睡棺材的老太太——我的丈母娘，也向我要這要那。鄰家雞偷吃的糠，她要我負責。母雞懶孵不下蛋，她也要我負責。一根引線穿不進針眼，她要我負責。母雞一個月生不出二十隻蛋，她也要我負責。她一天二十四小時，要我負二十五個責任，她一星期二百四十個不如意，卻要我負二百四十一個責任。她一年三百六十五日，有三千六百六十六個不自在，也全要我負責。

「我的兒子要我做好爸爸。我的老婆要我做好丈夫。我的岳母要我做好女婿。我的房東要我做好房客。我的鄰居要我做好鄰居。我的友人要我做好朋友。街上叫化子要我做好施主，洋車夫要我做好顧客。巷子口賣餛飩的要我做好主顧，而翻譯界還要我做好譯者。而國家還要我做好公民。而左派人士還要我做好『戰士』。

「你們看，我只有一個人，一天卻有三百六十個『好』字等待我，你們說，我究竟應該怎麼辦才『好』？……無法可想，抱歉得很，常常的，我只好辜負這些熱心的要求者，讓他們剃頭擔子失火：一頭熱！」

漸漸的，聲音低下去了，模糊了，染上午夜的疲倦了。不知何時起，不知是誰，偶然提起一個遠方人的名字，於是聲音浪潮又一次昇起來。

這是沙龍夫人戈黛諾的聲音：

「假如印蒂在這裡，他會有什麼意見呢？他的意見是犀利的、深刻的。……啊，可惜今晚他不在！」

這是李茶的聲音：

「莊先生，你可以談談印先生麼？幾個月前，你不是到華山大上方看過他麼？」

莊隱慢慢回憶式的道：

「關於印蒂的眞正思想，我夠不上說什麼了解。但有一次，他卻很通俗的談到我們塵凡人的命運。

「他說：人是一顆變星，不斷變。變氫、變氧、變石灰、變銅、變鐵、變水、變雲、變霧、變光、變雨。人就是風光雨露。我們從沒有停止變過。我們隨時會變成一個泡沫、一顆沙、一粒微塵的千分之一。

「我們只不過拿無窮時間的一個極小切片：二十年、三十年、四十年，當做永恆萬萬年。在無數萬萬萬年，這三五十年只不過是一個最短的電閃。就在這短短電閃中，也要那麼多變。臉大了、臉圓了、又皺了、黑了、乾了、枯了、癟了、心臟慢了、弱了、氣促了、痰多了。又有多麼多的肉體以外變。命運是黑濤黃浪，在四周不斷拍打，我們隨時會沉船。得吃那麼多東西，可又怕那麼多東西。得吃那麼好的東西，可又怕吃得太好太多會得消化性潰瘍、急性腸炎、血壓高、失眠。接著，於是一大串舞臺場面來了：睪丸的壓力、戀愛女人、不眠的夜，於是孩子尿布、奶瓶、百日咳、痲疹、又愁錢、又愁柴、又愁米。又怕失業、又怕蝕本、店鋪關門。也怕征兵、挖戰壕、衝鋒。也擔心坦克、飛機、大炮、流彈。得侍候丈人、丈母娘，得窺伺上司的眼睛、又得維持生存空間，最起碼的立錐之地，或者社會地位，榮譽。先是怕沒有錢，後來又怕錢太多。沒有珍珠石，是遺憾，有了又失眠，怕綁票敲詐。更怕傷寒、痢疾、虎列拉，流行性腦膜炎。還得應付黨派的擂臺打手。還要奮鬥、往上爬。另外，還有永恆的良心，正義輿論，在門外門內等你。最後，你還得擔心你的棺材漆得不厚、不是眞正福建漆，屍身易爛，更怕兒孫不肖，把你抬了去火葬，死後受火刑，他們好賣掉那口名貴棺材，胡花亂用，自己享受。

「這一切是靈魂的變，爲了適應塵凡的變化。

「其實，歸根結柢，人不過是一顆變星，不，有時是一顆隕星，迅速發光，又迅速消失乾淨，一片黑暗。我們的眞正存在，常常只不過那一閃，一閃以後，我們立刻粉碎。

「他說，既然一切不過如此，爲什麼我們不乾脆暫時不變，或少變一點，把大部分生命用來捕捉那最最永恆，最最不變的呢？」

聽著，聽著，大家靜下去了。大部分人腦海裡，又一次映顯那個身材魁梧的中年人：一對深邃而強烈的大眼睛，一副傲岸的端整的鼻樑，一張嚴肅而常常閉緊的嘴。這個同樣的午夜，這個人正在幾萬點星光下，在華山四千仞上，趺坐沉思，讓星光雨點樣灑著他。

「哦！最最永恆的。……最最不變的。……」戈黛諾喃喃著。不久，她的聲音忽然亮起來。

「是時候了。美美，準備打烊吧！」

美美是一個四川籍女侍者，她有一雙星星樣的眼睛，一聽說要打烊，此刻它們——可能比華山午夜那些星星更亮。

七

黃幻華從沙龍咖啡館歸來後，說不出的懊悶，比他們所有人還苦惱。這些人，不管怎樣，還能明明白白指點他們的創傷，用顯微鏡燭照裡面鏈球狀細菌，或葡萄狀細菌，以及那一串病變，發炎狀況。他卻不能。

成日整年，他似乎感覺滿身疼痛，卻又不知病源在哪裡。閉起眼睛，天旋地轉，全世界比世紀末日大審判還可怕，睜開眼，他伸手向四面抓，卻抓不住任何黑暗浮片或深刻血痕。每時每刻，他彷彿被謀殺，卻看不見兇手，碰不到明幌幌的尖刀，甚至找不著他肉體上血紅的傷洞。

說來說去，他還是陷入世界最無聊的泥坑中：雞鴨貓狗的陷阱。超於這一切的，是雞的包圍。他不是爲別人痛苦，也不是爲自己痛苦，是爲雞痛苦。他比任何專門養雞的農場主人還苦一百倍，也比小菜場成日守著雞籠的小販苦五十倍。無論如何，他們總是雞的主人。他卻是雞的奴隸。

這個「井觀齋」，這個大雜院，越來越不對勁了。任何一個陌生訪問者走近來，馬上會觸目驚心。院裡四份人家，每一家房門，不是終日上鎖，就是攔了一堵竹籬笆或大門板，約二市尺高。人們進房，必須以跳高欄的姿態，才能跨進去。最怪的是，門雖深鎖，主人卻仍在家。比如，孟太太在廚房裡燒飯。每次進房門拿東西，拿水瓶油瓶糖罐之類，她必先用鑰匙啓開鎖，出來時，又鎖上。一個上午，鎖而又開，開而又鎖，達十幾次之多。丁老太太更奇了，房門鎖著，她卻坐在房內做針線。你假如不認爲門內鎖著的是個瘋子，就誤以爲是一個頑童惡作劇，有意把她反鎖在裡面。其實，並不是這麼一回事。門上靠鉸鏈處，一塊方格子玻璃早破了，只剩下半塊。她縫完女紅出來時，從那塊玻璃上面伸出手，正好把鎖取下，是她自己要鎖的。不過，假如她到後院餵雞，門卻立刻眞鎖上了。房東仲家也是這樣。不過，仲老太太辦法靈活些，人在房內，她只用一塊高大木板攔住門口，並不上鎖。也許，她房門上玻璃並未破；也許，她沒有興趣打破玻璃，爲了把自己反鎖在裡面。黃幻華岳母高老太太那間房：兼室兼飯廳，則經常上鎖，她和其他三家一樣，進出都是開鎖，上鎖。唯一標新立異的，是黃幻華的「井觀齋」，門口終日攔了一塊巨大竹籬笆。

陌生來客不知底細，第一個直覺是：這座院落一定是多次遇竊，被偷怕了，恐怖之餘，才這樣提心吊膽，步步爲營，實行嚴密的「封閉療法」。

然而，這依然不能解釋，爲什麼，高老太太坐在房門口小板凳上績鞋底時，也仍然實行封鎖政策，把房門上鎖。更不能闡明，爲什麼一個老太太一定要把自己反鎖在門內做針黹？

假如陌生來客，抱著探求北極秘密的心情，追根尋底，約莫短短十分鐘內，就會揭露這一切的謎底。——

雞！！！

一兩年前，還不如此。形成這樣緊張封鎖狀態的，只是近三月事。

導火線依然是蘇北高嫗，和巴蜀丁嫗。這兩嫗彷彿是巴勒斯坦的阿拉伯人與以色列人，又像德國與法國，中國與日本，——是歷史世仇。

火種依然是雞屎。

本來，這兩位老婦人爲雞或雞屎吵架，是家常便飯，隨意小酌。假如蒼蠅不叮臭肉，這個世界將要可怕的變形，地球也要停止旋轉了。不過，這一次，她們卻是孫行者大鬧天空。

「㑚他祖宗的！怎麼不死啊！……好哇！好哇！我的床變成雞窠啦！……好哇！好哇！新洗的一床花褥單！……我㑚他十八代——」

高老太太拍著手，正要罵下去，一尊小鋼炮卻對她轟過來。

「你罵哪個？你罵哪個？——」

「我就罵你！……我肏他祖宗！……你家瘟雞都跳上我床了！……滿床都是雞屎！……我要你洗，我要你洗！」所謂「滿床」者，其實不過兩糰雞屎也。

「我操你先人！知人知面不知雞。你怎麼知道，是我家雞屙的？這兩糰雞屎上面寫了我姓丁的名字麼？這院子裡，雞多得很哪！」四川老太婆臉上，每一顆麻子都變成火星，要爆出來。

「我肏你祖宗！我看見你家雞上床的！你家是意大利雞。我家和仲家是本地雞！孟家是澳洲黑！……我不罵你？嗯！我肏祖宗！」

「你操你先人！操你個龜兒子！你看見了！你嚷個不拍一張照片，讓我認識認識！

……我沒（讀爲「梅」，下同此）有看見，我不認帳！」

「我肏你爺爺！操你公公！……，你家母雞在人家床上屙屎，你還罵人！」

她一把揪住四川婆，兩個人撕打起來。當黃幻華和高芠出來拉架時，兩人幾乎要滾到地上。丁家媳婦——丁太太，也從後門趕來了，一張馬臉上，充滿疙瘩，好像一股空氣大流要從丹田衝到臉上，衝不出，便在臉上打了許多小結。

「怎麼？你們敢打人？我們上警察局去。」

黃氏夫婦，花了一下午時間，才把這場阿拉伯與以色列的鬥爭排解開來。

晚上，丁東先生回來了。這個稅局小科員，八字鬍翹得高高的，用一副收稅神氣，大聲吼道：

「沒（梅）有王法了！……打人！……清平世界！朗朗乾坤！……是土匪嘛！喝！喝！喝！龜兒子才不跟你上茶館去。讓大家評評！」

黃幻華又花了一晚上，才把這一對翹得像旗桿的八字鬍平下去。

經過這場「歐洲大戰」，黃幻華決定配一把鎖，三把鑰匙。他們三個，進出鎖門，以免雞竄進來。

黃家實行堅壁清野後，雞潮便洶洶湧湧，流向鄰室丁家，除了高老太太房間，這是雞們最方便的散步場所。八字鬍與馬臉召開「御前會議」後（「御」者，麻臉也），第二天，也配了兩把鎖，實行堅壁清野。接著，仲家孟家也起鏈鎖反應，（這眞正是鏈鎖反應），因爲，誰也不願意自己寢室兼飯廳變成雞場。過去，雞們兵分數路，遊走於幾個房間，還不覺得，現在，突然集中一地，牠們那片萬丈氣燄，就很難消受了。最後，連僻處一隅的「井觀齋」也大受威脅，有變成「觀雞齋」的危險。黃幻華沒有勇氣學她們，把自己反鎖於房內，便做了個竹籬笆，攔住門口。

照道理說，鎖只要套在房門的鉸鏈上，就行，原不必眞鎖。但這裡有好幾個孩子，他（她）們的記憶能力和持戒本領遠不及大人。他們拿掉鎖後，常常忘記關門，好幾次，又造成世界性的雞戰爭。創痛深鉅，幾位主人，索性就眞鎖上了。假如不是孩子們常常破壞「關門政策」，他們本不必鎖門，無論是虛鎖或眞鎖，只要隨手關門就行了。正因爲門能隨手關，也能隨手開，而孩子們開門以後，常常不關，而且，他們這裡都是老式房門，沒有新式斯必靈鎖。爲了免得淘氣，只好忍痛把自己反鎖門內，並大造防禦工事了。

從沙龍咖啡館回來第二天，黃幻華有點愁眉重疊，因爲，四家人決定晚上在「井觀齋」開「燈前會議」（仿天皇陛下召開「御前會議」），協商「門戶開放」。三個月來的「閉關政策」，已經開始威脅大家安全。半個月前，房東仲老太太孫女兒，不當心，被房門口防禦工事絆倒，臉部摔破，掛了紅。丁小芳急於大便，門鎖了，她便從窗口跳進去，把櫈子上熱水瓶打破了。三天前黃幻華的兒子黃坡羅通過「井觀齋」門口障礙物時，一不留意，栽了個跟斗，頭上撞了個大瘤，幾乎有杏子大，那張阿坡羅一樣清秀的臉，也再不像阿坡羅了（這倒是小事。他最擔心的是：高芰小腹已呈皮球狀，眼看快分娩了。一個孕婦，天天要扮演賽馬跳障礙物，實在有點驚心觸目。）這幾場悲劇發生後，昨晚，小學教員孟長慶對黃幻華道：

「何苦呢！爲了幾隻雞，弄得六神不安，人家也不像人家。天下哪有青天白日把自己反鎖在門裡的？我主張結束封鎖政策，恢復『門戶開放』。」

大個子孟長慶是調和派，一向無可無不可的。孟太太也抱怨道：

「一個上午，我要開十幾次鎖，人都煩死了。前天，一手拿香油瓶，一手忙鎖門，不小心，油瓶滑落，摔破了。這樣下去，不是過日子，簡直活受罪。大家想個辦法才好。」

大家決定協商辦法。平日清靜的「井觀齋」，立刻變成一隻「井底蛙」，而且不只是一隻蛙，而是衆蛙鼓噪，一片蛙聲響徹全院。

「我這個人，一向大方，直爽。從前，雞老在我房裡，一天到晚，不知要掃多少次雞屎。我像個小媳婦，一聲不吭。後來，是母雞上床，實在欺人太甚——」

麻子立刻打斷高老太太：「龜兒子才沒有掃過雞屎，我曩個沒有掃過？我曩個沒有掃過……」

學校教員擺了擺大手。打斷她。

「好了。好了。過去的不提了。我們不是來算舊帳，是想個辦法，解決雞的問題。」

「我主張圈個地方，把雞關起來。」『井觀齋』主人說。

「這樣可以一勞永逸。」高芰附和丈夫。

「我家有三隻小雞，不能關。和大雞關在一起，大雞會啄小雞！」丁太太馬臉上的小疙瘩，一顆顆亮起來。

「我那兩隻生蛋大母雞，也不能成天關。生蛋時，牠們要跳出來，找雞窠的。」高老太太立刻回敬馬臉。

「我家小雞多，不能和你們雞圈做鄰居。你們大雞會跳進來，吃小雞的糠，我家小雞，也會飛到你們雞圈裡。這樣嚷個搞得清啊！」一向沉默寡言的仲老太太，忽然也憤勇起來。她那張檀木顏色的臉孔，像一塊剛擦洗過的紫檀木傢俱，光閃閃的。

「我沒有什麼意見。我準備買一只大雞籠，把兩隻澳洲黑罩起來。另外幾隻新雞，再圈一圈。」小學教員擺了擺大手。

「其實呢，在城市裡，特別是在這種大雜院養雞，眞沒有什麼好處。……」

黃幻華開始發表他那套『禁雞論』。這個論點，在他肚子裡已經埋藏兩三年了。

據他三年來觀察，這四份人家養雞，忙是忙扁了，苦是苦透了，吵是吵死了，究其所得，眞是微乎其微。第一，每家每天，至少要花四分之一個人工在上面，還不算因它們而起的爭吵，浪費時間、精力。至少，他岳母簡直不是養雞，而是養孩子，做孩子保姆。所費時間、精力，更無法計算。第二，雞糠、菜皮、菜葉、蘿蔔皮，有時加上粥飯，這批飼料，所費的錢，也很可觀。第三，本地雞一個月有半個月「懶孵」，生足了，不過十一、二個蛋。澳洲黑和意大利蘆花雞不大「懶孵」，可是，孟家的澳洲黑，八隻雛雞養大了，只剩兩隻，別的都瘟掉了，這就蝕了本。丁家蘆花雞，六隻小雞養大，只剩三隻，也虧了本。第四，院子裡常鬧雞瘟，一隻雞搖頭（註④），接二連三，別的也跟著搖頭。去年夏天，房東買了一隻烏冠雞（註⑤）回來，不到三天，院子裡瘟了十幾隻。而且，雞瘟很難預防，只要鄰舍有一隻病雞串門子，走兩趟，全院子雞馬上就有被傳染的危險。第五，養雞，到處是雞屎，一片臭氣衝天，每個房間幾乎成了廁所，一動腳，就是雞屎。夏秋時分，非常不衛生，也容易叫人傳染毛病。假如生起病來，一筆醫藥費的代價，就遠超過一隻雞一年所生的蛋。第六，因爲養雞，鄰舍們不斷吵架，精神所受損害，更是可怕。

人們養雞，永遠虧本。但人們偏愛以最大熱情作虧本事。這是他最不可理解的。可能，是爲了那隻被神話化了的蛋。

「照我的算法，這幾年，你們花在雞身上的錢，假如買蛋吃，也差不多了，還不算陪在裡面的人工、精力，以致吵架、鎖門，所給大家的心理負擔。所以我主張，最好大家一律不養雞。」

小學教員也贊同他的意見：「養雞應有養雞的條件、環境、空間。我們這裡，實在條件不夠。這幾間鴿子籠，連住人還嫌擠，哪裡經得起雞再插進來。不過——」

高老太太馬上嚷起來：

「我養雞，礙你們什麼事？爲什麼不能養雞？養雞犯了哪一條王法？自古以來，幾千年來，大家就養雞，也沒有看見養雞的都鬧得家破人亡。瘟不瘟，生蛋不生蛋，是我的事，與你們有什麼相干？你管得著？」

紫檀木傢俱也閃亮起來，大半陷在嗓門內，彷彿成天有人揑住她喉嚨。

「對！自古以來，我們就是養雞的。嚷個不能養雞？哪一份人家沒有兩隻雞？嗯，一個人家沒有雞，就要倒灶，就興旺不起來。」她說話口氣，彷彿她是一個盤古氏或神農代，從開天闢地，一直活到現在，也養雞養到現在。

八字鬍也翹得高高的：「我們今晚，是討論門戶開放，不是討論把所有雞充軍到新疆、青海。黃先生不要岔開話題。否則本席要宣佈退席了。」他表示很熟悉那套「民權初步」。

還是小學教員打圓場，他擺了擺大手，說完剛才被高太太砍斷的話：

「黃先生高瞻遠矚，我很同情。不過，你提的辦法，是一套柏拉圖的理想主義哲學，行不通。我們還是言歸正傳，協商一個辦法，好『門戶開放』，結束『閉關政策』。」

經過三小時爭論、吵鬧、吼叫，叫得面紅耳赤。（吼叫得最響的是高家丁家二媼，其次是八字鬍和他的馬臉婆）總算達成臨時協議五款：

一、從一九四四年十一月十日七時零分起，院中「四大家族」（他用一個幽默名詞顯示時髦）宣佈解除緊張狀態，停止封鎖政策，立刻「門戶開放」。（八字鬍在草擬和宣讀這一條時，神氣完全像白宮裡的羅斯福總統。）

二、所有四家大雞雛雞，分別用雞籠或雞圈關起，一律不得放出。

三、丁家三隻雛雞，暫時自由放行，一俟長大，能抵抗大雞啄擊，立即關閉。高老太太兩隻母雞，除生蛋時暫行放出，其餘時間，完全關閉。

四、各家門戶開放後，鄰舍如有進出，須隨時關門，特別要嚴囑孩子們，切切切切。

五、以後發生雞的糾紛，大家再開會協商，不得各自爲政，單獨行動。

不用說，這個協定，含有很大折衷性，主要是對高丁二媼的妥協。黃幻華個人意思，過一個時期，等雞潮風平浪靜，準備多貼岳母幾塊錢，讓她買點蛋吃，不養算了。剩下的丁家，如能眞正嚴守協議，則以後的雞糾紛，將永遠根絕。

可是，「井觀齋」主人的想法，只是希臘神話式的想法，太樂觀點，而且樂觀得太早了。

實際上，這個協定只生效三天。

頭三天，院子裡果然天下太平，一片肅靜，每個房間也異常岑寂。人們走路，也不再擔心滿地黃金，滿腳腥臭。高丁二媼，一向唱慣了黑頭，現在，居然從金少山改扮梅蘭芳，眞正像青衣了。

這一段時間，黃幻華四周，竟恢復難得的室外寂靜，他所最愛的那種類似深夜的沉寂。其實，並不是眞靜，室外仍有騷音。不過，比起三四天前，總算兩個天地了。

第四天下午，他的耳邊又出顯他所熟悉的聲音。那陣刺耳的江北腔在獨自嘰咕：

「哼！說說倒容易！……三隻小蘆花雞，一天到晚放在外面，還不是一地雞屎？……屙在我房門口，還不是我掃？……嘿！嘿！『統通關起來！』說倒容易……嘿！嘿！嘿！……」

這天傍晚，黃幻華發現他家兩隻黃母雞，不生蛋的下午，也高視闊步於「井觀齋」門口。他才詰問，岳母立刻嚷起來，而且不只嘴嚷，舌嘴嚷，連眉毛、眼睛、鼻子、耳朵都在嚷：

「丁家三隻小蘆花雞都關起來，我就關。」

「前兩天，大家不是講好的麼？」

「人家小雞放在外面，你不管，倒來管我！……這不是狗拿老鼠、多管閒事？」眉毛、眼睛、鼻子繼續在嚷：「你懂得什麼？你成天只曉得寫文章，懂得什麼？母雞不跑跑走走，就不生蛋了！這幾天，兩隻黃雞本該下蛋，一天兩隻，比鐘錶還準。關了三天，都不下蛋了。這可好。……我花這麼多錢，這麼大力氣，專養不生蛋的母雞麼？把牠當祖宗養？當亡人牌位供麼？……你要我的雞都變成石頭，一生一世都不下蛋麼？」

第二天，丁家三隻意大利老母雞，也散步於「井觀齋」門口，齋主又聽見四川麻臉的黑頭聲音：

「哼！說得硬是好聽：『統通關起來！』……說話不算話！……關了三天，就放

了。……從今天起，哪個龜兒子才不放。」

蘇北腔的金少山黑頭，也不示弱：「哪個狗肏的才先放。自己小雞成天放在外面，

還要說別人。……放嘛！大家都放！狗肏的才不放！」

黃幻華聽了，說不出的，一股強烈的情緒抓住他。他似乎從未這麼悲哀過，也從沒

有這麼憤怒過。一剎時間，天昏地黃，這個星球，彷彿再沒有希望了，人類也再不可救

藥了。他腦子裡那些希臘大神：邱皮特、歐非斯、西比留、馬爾斯，消滅了。他放下那

枝譯希臘神話的筆，不顧高芟在一邊的哀求臉色，突然衝出去，大聲對岳母狂喊道：

「混帳王八蛋！混帳王八蛋！混帳王八蛋！你們都是混帳王八蛋！從今以後，哪個

再不鎖門，就是混帳王八蛋！我再不鎖門，我就操我的祖宗！（對岳母！）你再不鎖門，

你就操你的祖宗！……」

活了四十一年，這是他第一次用最粗暴最下流的字眼罵人，特別是對一個女人。更

特別是對他的岳母。即使十幾年前，他在廣州，在北伐中，在秘密革命時期，甚至在牢

獄裡，他也從未用過這樣可怕的字眼。

他整個神態，像一個才衝出瘋人院的瘋子。

不，一生中，在這一個短短時刻，他是眞正瀕於瘋狂邊緣了。

註①　義大利地形如皮靴，西西里位置在靴尖上。

註②　重慶是山城，有的樓是「無梯樓」，樓下是店面房屋，樓上租給別人住。房客上樓，不從店內樓梯上去，（樓梯已截斷），而從後面一個山坡上繞進去。樓上房子，在半山坡另立門戶，從街頭望上去，這樓房便成爲無梯樓了。

註③　有些豪富人家大出喪，專門僱人哭泣，以壯聲勢。

註④　雞傳染瘟病，頭就不時搖動，搖頭一個時期後，即死去。

註⑤　雞冠如發烏黑色，表明它的血液已中毒，是一隻病雞或瘟雞。

第八章

一

聲音永遠在響。也不知道怎麼會有這麼多聲音。它從八面十方來，甚至從八十面一百方來。它從太陽光中來，從月亮光裡來，從下水道來，從瓦楞上來，從貓腳爪尖來，從晾衣竹竿上來，從電燈光閃來，從熾紅煤球火燄朶來，從自來水龍頭口來，從鏟子銅勺上來。超於一切的，是樓梯聲與地板聲。你以爲這是一座永遠演戲的舞臺，群衆們馬不停蹄的瘋狂跺腳。

這座山城裡，聲音是水。水到處滾。永遠是山洪爆發。能淹死人。能沉沒一切生命。人群就是一塊木板，在洪水上漂流。每個人必須是船，是木板，至少是碎木片，才能利用這片大水浮力，托起自己。人們得習慣·在最強烈的聲音中思想，意識，感覺，吃飯，睡覺，好像一個音樂迷，他必須每秒鐘浸在巨大音響樂聲中，才能活下去。他必須在樂聲裡走路，兀立，靜坐，喝茶，抽烟，吃點心。一個聽慣這種交響樂的重慶人，有一次，聽到林鬱和莊隱講起印蒂隱居華山大上方的故事，他不禁喊起來：

「假如把我一個人放在那個山頂上，住三天，我非瘋不可。半夜裡，呼天不應，叫地不靈，一片黑暗，四面茫茫，太可怕了！——天知道這位印蒂先生怎麼住得下去的！他假如不是妖怪，一定是個瘋子！」

這個人的靈魂已與都市交響樂打成一片。在他看來，有聲是正常，無聲倒是反常了。他已習慣扮演船，最現代化的小汽船，盲然而又自然的漂浮在音響水上，借水運行生命。（不管怎麼巨大的船，總可標在水上。）一旦沒有水，他的船立刻擱淺，他非僵死或瘋狂不可。

起先，我們的林鬱並不習慣這種泛舟。由於五、六年訓練，漸漸的，也能漂了。這也有點像游泳，經過一段科學鍛鍊過程，和基本動作。（起先是雙手抱進鐵柱，用兩腳拼命拍水，然後，兩手懸空前伸，兩腳打水，等等等等。）慢慢的，他能浮起來了；以後，再經過一段練習，例如，學雙手划水，學換氣，呼吸，姿勢，等等等等，這樣，不久，他各種姿勢的游泳都會了。什麼平泳，仰泳，蛙式，小撥手，大撥手。這些，當初難如登天，現在，卻易如反掌。正由於這同樣道理，在老鼠嘴巴、貓腳爪所形成的各種古怪的山城聲音之水流裡，在各式各樣跺腳與呼喊所造成的大海上，我們的林鬱的小舢板，也能乘風破浪，悠然前進了。有時候，他的船上還居然出現四月山茶，五月玫瑰，六月月月紅，甚至蕭邦的圓舞曲，與舒伯脫的小夜曲之類。……

沒有在深水泛過舟的人，初次划船，固然有淹死危險，泛舟慣了，一旦水淺河乾，可也有擱淺的寂寞。林鬱此刻，或多或少，正經歷這樣一種寂寞。當陳雨到雲南探望姐姐，連孩子也帶走後，很快的，他感到那座客廳是可怕的大而空廓。她有的話聲，孩子的吵鬧啼哭聲，一向與外面街上騷音合奏一支「大雜燴交響曲」。有時，他雖然厭惡它，但更多時候，卻習慣於把自己沉沒在裡面。目前，這支音樂的重要合奏者突然消失。那經常叫他沒頂的神祕液體，彷彿也退了潮，他有一份退潮後的海灘貝殼的感覺。他不知往哪裡去才好？

起先，他以爲，他是一貫愛寂寞的人。只因爲人們不給他寂寞權利，他這才疏遠它。目前，他既重新得到這份權利，應該可以鴛夢重溫了，但事情並沒有這麼簡單。度過將近半個月的「寂寞之夜」（註①）後，他忽然發覺：他在這個星球上的空間，未免過於闊大了。女人與孩子，既然是生命海船的壓艙貨物，假如你嫌它們是個負擔，眞正完全卸清後，船反而頭重腳輕，東倒西歪，不能保持平衡了。

漸漸的，他懷念起妻子和孩子。然而，至少還得兩個月，她們才能從昆明回來，重新擔負壓艙的責任。

單身漢的寂寞是可愛的，只當它是一種可貴的貨幣，能用以購買你所喜歡的一切時。

比如：咖啡館的一夜，舞場裡的時辰，酒店內的一醉，與友人的一夕豪談，等等。假如你所購買的不是那些，而是另外一些，比如：你自己的顧影自憐，深夜枯坐，或者參禪者式的孤獨，等等，那麼，對於林鬱這樣的人，至少，在他混迹官場六、七年後的現在，未免嫌太高調一點了。

在思想言談上，林鬱是個最高調的人，行動上，他卻是一個低調俱樂部的長期會員。他可以用最刻毒的話，諷刺一個長得像一棵肉樹的大胖子考官，但這並不妨礙十分鐘後，他用溫和禮貌的語句，向這棵肉樹借最少的幾個錢，爲了買一雙香港貨紋皮鞋。此外，如果幾年後，由於生活舒服，他自己幾乎也變成一棵肉樹時，他絕不覺一點不自然。

用高調作風與陳雨共同生活七、八年，而且製造出一個女孩子後，現在，他開始又結識龍丹霞小姐，這正是他低調哲學的一部分。用他自己很詩意的話形容，就是：「一面想向『死』的道院出家，一面又緊抓住愛情的衣裙不放。」

其實，他和龍小姐談不上結識。他是她的老上司，她是他機關裡的交文書科科員，一位出名的「海派」小姐。說「結識」，只是說，他們從一般僚屬關係，轉化爲朋友了，甚至漸漸密切起來了。

龍丹霞小姐在客廳裡出現，對林鬱說來，理由很簡單：他必須支付上述那堆奇異貨幣——寂寞，而且得最華麗最有效的支付。

此外，也還有另一些因素。

婚姻通常分兩種：一種爲結婚而結婚，婚後，丈夫不必完全負擔愛情責任，時不時的，他可以在外面小揩油，甚至大揩油；一種爲愛情而結婚，男的必須像英國皇家御林軍忠實於英皇似地，不只把全部肉體，還得把全部思想、觀念、意識、形態，等等，一古腦兒「朝供」給太太。他和妮亞屬於前一種，和陳雨則屬於後一種。換言之，這七、八年來，他變成玫瑰囚房（不是「花房」）裡的囚徒。這一段花囚生活，加上山城空間的狹窄，每一個日子的悶塞，他幾乎徹底變了個人，完全循規蹈矩，過著他最厭惡的英國小紳士的日子。有時，想起和妮亞那段經歷，他倒覺得另有一種舒適，自在。

這一次，珊瑚壩的飛機帶走陳雨，八年來第一次，他又從珊瑚色的囚房暫時解放。雖然青春早已耗盡，他卻又開始被一種浪漫情緒所佔有。儘管他做了好些年公務員，本質上，他依然是個詩人。

曾有人描畫過他這個金融機構，說它是達官貴人們的「銀屋」。某些要人，和某些小姐很熱絡，極相好，當他們停止這種「熱絡」，或因某些理由，不便繼續「相好」時，便把她們運送到這個機關。假如「金屋」是正式藏嬌處，那麼，「銀屋」就是安置閑嬌與散嬌們的「理想土」了，（借用柏拉圖「理想國」那個名詞的靈感。）

在這些閑嬌散嬌中，也許，龍丹霞屬於少數例外之一，直到現在止，她還是一個純粹少女。不過，人們既對她們這類美女有這類印象，或多或少，少不得也就削弱她的一些尊嚴。這位海派小姐，在這個信託機構的理事會中，據說是第一名香花。她有一雙歐洲女人的凹眼睛，一個比中國女人略高的雕塑味的鼻子，加上她濃艷的化裝，以及從不穿中國服裝，永遠是清一色的歐式配備，她很吸引許多人。不過，她的充滿地心吸力的形像，還沒有和任何牛頓的蘋果攪在一起。因爲，她非常驕傲。在她生命裡，林鬱是她第一隻牛頓蘋果。

一個主管長官和女僚屬做朋友，天然有一種方便。比如，用公事名義，平日常找她談話。星期天，請她到他家裡花三十分鐘辦一項特別文件，接著，是一頓豐盛的午餐，以及與午餐一樣豐盛的談話，自然，也不妨喝幾杯酒。第二個禮拜天，可能又是一點公事，尾聲不只是豐餐，還有下午散步，咖啡館，以及酒店裡的堂皇晚餐之類。這樣，到了第三個或第四個週末，他們就可以在勝利大廈跳兩小時華爾茲和爵士了。這一切，對於林鬱這樣一個渾身浸透愛情經驗的詩人，像流水行雲一樣輕而易舉。

主要是：這位主管，早摸過他的女下屬們的「底」。他發現，這個金融機構中的女職員們，很少不對他這樣一位文質彬彬的紳士起好感。不錯，在男職員面前，他是主任秘書，是頂頭上司，在小姐們面前，他卻永遠是一個溫柔的詩人。

「我們林主任秘書太好了，我從沒有見過這樣溫柔的男人。」一位女會計曾公開對另一個女科員說。

「他這個人，簡直渾身充滿芳香，一種詩意的芳香，連他的話語也充滿香氣，花氣。女人要對他不起好感，是不容易的。」一個曾經擔任過他私人文書兼資料員的小姐，搜索枯腸，說出這樣一段滿溢詩意的話。可能，她曾聽林用這樣的話贊美過某少女，她便套用，來讚頌他了。

小姐們對一個男人的印象，比虎列拉傳染得還快。在這種可愛的虎列拉氣氛中，龍丹霞早就對她的上司發生很獨特印象。障礙是——現在，這個障礙已被飛機載走了，至少是暫時載走了，她享有宣佈自己直接印象的機會。他也有了作同樣宣佈的時間。

這樣，陳雨女母離開重慶還不到兩個月，林鬱就和龍丹霞在大飯店大舞廳中同進同出，這是很自然的。

他們最歡喜玩兒的地方，是嘉陵江畔的生生花園。這是一個抒情性的空間。坐在花園裡喝茶，於石砌涼臺上散步，沿如帶的藍色江流邊徘徊，眺望那又大又紅的落日——在藍色水流盡頭處鮮花似地燦然開放，這是一種美麗的時辰。特別是那些木船上的巨帆一片片，從眼底緩緩掠過，宛若一片片巨大白蝴蝶，飛行藍色流水上，把緊張的都市生活中少有的一份悠閒帶給他們，使他們暫時忘記自己，暫時忘記一切，不由而然的，沉醉於一種古代人才有的詩境中。

現在，他們正悠然坐在涼臺上，圓圓古凳上，欣賞寶石藍江面的木船，這些和人類歷史一樣古老的木船。他們幾乎完全沉沒在它們迷人情調中。

坐在岸上，看一艘艘木船駛過去，那是一件很甜蜜的事。每一隻船走得那麼徐緩，悠閑，這種懶散的低速度本身，就是一闋類似 LaLubby 的催眠曲。那一支支長長的木槳，不是搖船，是搖你入睡。這種慵困的調子，說明世界上另有一種時辰，比一隻瑞士鐘錶的嘀嗒聲要慢得多，它慢得那麼溫柔，叫你感到：日子並不那麼快得可怕，像一陣飛沙旋風。你可以像這樣木船，緩緩滑過水面，慢慢打發你的手錶或鬧鐘。那種紆沉的，遲遲的節拍，把地球又一次帶到三四千年前的古代。那時候，有些人可以化個半天日光中慢慢砍一棵樹，劈一捆柴，又叮叮噹噹用打火石擦出火光，把柴火燒著了，慢慢燒烤一隻野豬腿子。他自己童年時，就在鄉間見過這種打火石。這說明：火柴雖然出世已許多年，農民對這個有千年感情的打火石，依舊深刻的留戀。

這條藍色水流上，有時候，也許划船人是心急的，但岸上人卻希望它慢一點。越慢，這才與天上的雲，江裡的水，相配合。一快，連雲彩的光，水流的聲音，似乎也快了。

每一條船是一首詩。早晨，中午，黃昏，黑夜，春令，夏季，秋天，冬日，在每一個碼頭，港灣，都有它的詩句。這是最詩的詩。可以說，詩極了。陽光明亮的日子，你就想像不出一隻裝稻草的船是怎樣動人！舟子的毛藍布大衫，棕色長槳，座落在船尾的淺黃色艙棚（這種艙棚是活動的），高高的堆在船中央的金黃色巨大稻草垛子，油漆得嶄亮的船身，這一切在水中映顯出深藍，淺黃，金黃，油黃。這片倒影美得很。它使人感到，這條古意船彷彿不是在一片有形世界行舟，而是在無形世界流轉。這時候，有兩隻船，悠悠前進，一隻是水上的船，一隻是水下的船，一條是油閃閃的眞船，一條是花綽綽的影子船。望著，望著，林鬱他們兩個，被帶到一片幻異境界。

有的船只具一座小小蘆蓆艙棚，像個雞塒或狗棚。開太陽時，避太陽，落雨時，避雨，沒有太陽或雨時，如果裝貨太多，比如一堆巨大稻草垛之類，就拆掉它，擱在一邊，或者，暫時捲起，移放於船尾部。夜黑，再把它拉開後搭好，睡覺。這種船上生活，像雞鴨貓狗家畜一樣簡單，你會覺得一切禮儀，繁華文明都是多餘的。人只需要一隻小船，就行了。

大船，運木柴稻草的，走得特別慢一些。捕魚的薄皮小舟，則特別快，船薄如紙，水幾乎和船一樣平，似乎隨時會淹滿船艙。假若眞淹了，船上人不過是一次淺水游泳罷了。你看，那舟子此刻順流而下，怡然瀟然，那份輕鬆神氣，眞是悠哉游哉，騰雲駕霧。你可以說，他像李白的神妙詩句一般流下去，如果這位大詩人的一些詩眞似薄皮快艇的話。

每條船雖小，那氣派，卻像一個小小國家，一個閉關自守的古代小國。船上人永遠只知道船，守住船，再不知船外還有一個世界。船下面的水，也屬於船的一部份。船走到那兒，它下面那部分永遠隨著它。有的船——這小小國家，連國王大臣和人民，總共只有一個；有時，他是國王，有時，他是大臣，有時，他是人民。月夜或星星夜，他隨便碇泊哪一個碼頭，港口，灘灣，或一座村莊邊，一棵柳樹下。他會蹲在船上，燒火煮飯，安排他的夜筵。也許，有一壺酒，他便就著他新捉的魚蝦，下酒。薄醉後，吸支長長長細竹旱烟管，噴雲吐霧，眺望四野平曠，一片幽寥無一人。夜黑，可能他會夢見星星和魚打架。

「假如我們能做這條木船上的主人或客人，多美啊！」林鬱望著面前駛過去的一條小小木船，輕輕嘆息。

「假如你是船主，我一定坐你的船，順流而下。」她咕咕笑。

「假如一個最黑最黑的夜裡，我把船泊在一條最黑最黑的江岸邊，你不怕？」

「不。」

「你不怕魚咬了你。」

「不。」

「你不怕水淹了你。」

「不。」

「你不怕夜會吞了你。」

「不。」

「你不怕船會吃了你。」

「不。」

他抬起那雙幽邃的凹眼睛，看人她那雙深淵式的大大凹眼睛：

「你不怕——我也會吃了你！」

「我不相信，我們的主任祕書會吃人。」她咕咕大笑起來。

「好吧，有一天，讓我們找一艘船，就順著這條藍色嘉陵江，一直流下去。」

「一直流到太陽開花的地方——那絢爛的紅色星球森林中。」

「就像你的名字一樣紅？」

她不開口，兩片塗著厚厚猩紅唇膏的菱嘴，渦捲起一朵嫵媚的笑。他輕輕抓住她的手，那白白的纖長的手指。她沒有縮回去，讓他溫柔的握著。

一艘帆船從他們腳下駛過去，那是一扇巨大的什錦帆，千補萬綴，五顏六色，卻美得如一隻奇異巨大的金鳳蝶。

二

當林鬱和龍丹霞留連在嘉陵江畔，沉迷於藍色水流與瑰麗的船帆色彩中時，韓慕韓的生命，也開始爲另一條水流所圍繞，被另一種帆蓬所吸引。與這位嶺南人不同是：不是他找水流，是水流找他；不是他投身群帆，是船帆駛往他。

這美麗水流，這片飽滿船帆，是笪雅歌的青春，以及那片在青春大流體中奇異展開的熱情。

他沒有想到，當生命快開始轉向盡頭時，卻又產生一個新的開始。她那傳奇式的一生，幾乎將在最後沉默中耗完時，此刻，居然又在同國人中，特別是在一個少女身上，激響起那樣強烈的反應。有時候，當他對她講完他過去的一個英雄味的浪漫故事時，他簡直像一塊吸鐵石深深吸住她——這個青年女安那其。

他們認識好幾年了。四五年前，他第一次看見她時，她還是一個女孩子，正讀初中。這一次他來重慶，她才正式呈顯一個少女形相，而且是一個早熟的少女。

重慶的韓僑圈子，本很狹小，總共不過一兩個人。每個人的過去歷史，都被另一個人背得滾瓜爛熟。在那群革命元老與前輩中，他是一個突出的英雄。他將近三十年的革命經歷，和環繞他的許多壯麗故事，足夠使他變成一個華美星座，照亮許多同國青年人的心靈。然而，這群革命者的世界雖狹小，卻又比眞正宇宙銀河系還複雜。幾乎每一個人都可自成一個單位，一個政黨。世界上假如有一人黨——一個人自兼黨魁和黨員群衆，那就是這些韓國流浪者的黨。有一個時期，他們幾乎三人一黨，五人一黨，三天湊一黨，五天湊一黨，簡直像湊一副麻將牌桌一樣。彷彿組織政黨已不是一種政治事業，而是人與人之間鬧意氣時的報復手段。今天和你要好，就和你一個黨，明天因為一些私人糾紛，和人翻臉了，我就脫離你的黨，加入另外一個黨，甚至自成一個黨。反正油印機和白報紙很便宜，也極方便，一紙宣言，就解決一切。在這種情形下，韓慕韓感到氣憤，覺得孤獨，是理所當然的。這些人中，他是唯一蔑視這種一人黨風氣的超然者。為了給自己的黨添加政治資本，各派都想拉他。笪雅歌的叔父笪舜水屬於左派，是一群青年的領袖，年約四十左右。比起那群五十歲甚至七八十歲的元老們來，他天然滿溢充沛朝氣。其實，他也不是眞左派，只因為他年輕點，他的群衆也是青年，這就被目為左派了。從元老們——韓國臨時政府的那些部長們看來，只要是青年，大半就該列入左派。中年人是中間派，老年人則是眞正民族主義者或國粹派——也就是左派心目中的右派。彷彿不是依照人的思想區分政治傾向，是根據他的年齡。換言之，當他還躺在搖籃中時，他的未來政治路線，早就被確定了。笪舜水曾經拉過韓慕韓。

「慕韓，只要我們兩人站在一道，革命馬上就有了眞正中心。你和那些老朽們搞在一起，能搞出什麼名堂呢？」

「他們老了，但並不朽。他們也曾流過血，流過汗，有的人身上還有傷疤呢！」

韓慕韓私下承認：比起臨時政府那些古董，笪舜水算得上一條有血有肉的活生命。然而，他本能的厭惡後者的某些手段與作風。那種只顧目的不擇方式，徹底的功利主義。同時，他過去的經歷，也使他良心上不得不拒與笪合作。

起先，笪雅歌開始頻繁找他時，她每一種熱情表現，都叫他懷疑是一種定時炸彈，爲了有一天好把他炸得粉碎。這時，儘管這些韓國人黨派林立，但總的方面，左右兩派卻壁壘分明。他自己屬於韓國臨時政府元老派，被對方劃成右派，他恐懼笪舜水利用她實行一種誘惑策略，雖然她並不算西施，他也小心提妨她，直到有一天，她笑著，天眞的道：

「參謀長（他們都這樣叫他，因爲他現在韓國志願軍參謀長），你好像把我當做瑪特哈萊，是不是？」（註②）

「你忘記了：我是一個身上有十一處傷疤的人。」

「你以爲：我會在你身上增添第十二個傷疤麼？」

「像你叔父那樣的人，什麼事都幹得出。」

「你錯了，他是黃埔軍校第二期學生，而我卻是一個安那其。——你既不了解他，也絲毫不了解我。」

「在我印象中：一個安那其，就是一個用各式各樣手段做各式各樣激烈事情的怪人。

在西安，那些安那其差點叫我身上添第十二個鎗疤。」

她笑起來。「你知道，有生以來，我自己從未流過血，也從沒有看見別人流過血，雖然我常常聽人談血，我自己也歡喜聽人們講血的故事。可是，我內心深處，卻並不歡喜血。」

他那雙鞭屍味的眼睛紅炯炯的凝望她：「你爲什麼這樣對我感興趣呢？一個像我這樣的人，已經四十四五歲了，有什麼地方，能叫像你這樣聰敏的女孩子感到驚奇呢？」

「年齡當眞有這麼重要麼？你不是說過：革命者是沒有年齡的。」

「我是說，一個革命者的靈魂沒有年齡，但肉體依然受歲月包圍，被雕刻出各式各樣鈐印。」他抓抓腦門那一小塊禿亮處。

「永恆的肉體，和永恆的靈魂一樣，不受時間包圍。」她輕輕說。那雙天眞的柳葉形黑眼睛低下去。接著，她抬起她的披滿長長的沒有捲燙過的黑頭髮的頭。

「你眞想知道：爲什麼我對你感興趣麼？」

「嗯！」他握緊拳頭，哼了一聲。

「那是因爲：在你身上，有一種力量吸引我。短短生命中，我第一次遇見一個眞正傳奇式的革命英雄。過去，我只在書本上讀到，從人們嘴裡聽到，此刻，我算眞正用自己的眼睛看見這樣一個人。」她淡咖啡色的臉膚，燃燒一片紅光，她精緻的鼻子，微微緊張的翕動著。她又溫柔又大膽的道：

「參謀長！你瞧瞧我的眼睛，這是一個二十歲女孩子的眼睛。從這雙眼睛裡，你能看得出任何一滴陰謀麼？你看我像一個十八世紀的法國宮庭女人麼？」

這以後，韓慕韓當眞開始用一副不同的視覺凝視她。我們這位韓國將軍，一向是浪漫主義化身。在這位少女煽動下，他自然不會拒絕一片美麗的青春奔流。雖然，西安大隊部裡，有人曾把他的名字和女隊員李艷漪聯成一氣，但這並不能叫他增加多少警戒與自制。目前，那隻黑猩猩既不在身邊，異國異鄉，獨居生活又如此寂寞，他的手指禁不住向身邊任一朵玫瑰花伸去，那是很自然的。再說，山城是這樣繁華，緊張，且富於高度刺激性，一個緊張都市裡，充滿刺激色彩和線條後，洶湧的人海中，或多或少，每個人都不免扮演一種英雄角色，特別是在私生活中。一種神秘酵素，有意無意的、誘惑你投拜於唐瓊或司馬相如門下。本來，一個人的勝利光輝，只在兩個空間能突出的閃耀：一是閱兵式的群衆場面，一是女朋友身邊。此刻，他並沒有多少閱兵式機會，卻有一個少女自動奉獻他象牙色的青春，他沒有理由非做修道士不可。比這一切更重要的是：三十幾年來，這是他最舒暢的時期。歐洲法西斯幽靈，眼看就要消逝，它的亞洲同伴的滅亡，只是時間問題。韓國臨時政府及志願軍事業，都有巨大開展。華盛頓已變成他們新支柱，財政狀況大爲改善，幾乎是極豐裕了。在這種形勢下，他從西安被召回來，中國方面正式委任他爲韓國志願軍少將參謀長準備率領他那點點人馬與盟軍一道衝到鴨綠江彼岸。一連串革命事業，已如此順利，此時此刻，眞幾近迎接凱旋，彷彿需要一份私生活的勝利，這才相得益彰。

於是，他用同樣的熱情奔流，回報這個少女的奔流。一個女安那其算不了什麼。笪雅歌只不過充滿安那其的幻想，卻從未眞正安那其式的行動過。一生中，假如她眞有什麼安那其式的衝動，那就是她對他的激情湍流。她還未正式成爲一個安那其式的革命者，卻已先成爲一個安那其式的戀愛者。

白天，韓慕韓赴志願軍總司令部辦公，晚上，他儘可保持空閑，在他住處陪她談天。這時，他已從靠近臨時政府的一條街上，找到一間房子，他享有一個獨身者的自由。她最愛聽他講述那些革命故事，那些中世紀情調的浪漫軼事，有時候，他們竟忘形的談到午夜。

一個禮拜六晚上，她笑著對他道：

「你從沒有講述你過去的戀愛故事。」

「今晚，我講我二十幾歲時的一段經歷，成麼？這不算戀愛故事。這只是一個小小插曲！」

「好，你講吧，可不許刪削。」她笑著道。

她點點頭，開始講下去。那是十月革命內戰期間，他擔任遠東韓俄混合大隊隊長時的一段往事。

……經過許多激戰後，一個深秋上午，我們終於擊退白軍，佔領里克維茨。這是戰略上極重要的一個鄉鎮。流了大量鮮血後，我們這才成爲它的主人。

必須立刻搜索全鎮。不容許任何一個白黨存在。我們包圍它，把所有居民趕到附近廣場上。場子旁邊，有一座希臘教堂。男女老幼，魚貫入堂，接受紅軍搜查，查完了，沒有嫌疑的，放回去。

廣場上，大約聚集一千多居民。我騎著駿馬，用俄語向他們發表簡單演說，申明紅色紀律，和這次大搜索的必要性。

秋風吹起各色各樣彩色頭巾與髮鬈，它們下面，每一雙眼睛都輻射著我的棉布制服，軟底軍帽，戰刀，特別是我的坐騎，那匹產自托木斯克的俄國種名馬。

在鐵的赤色紀律下，村民們都顫慄了，大家憂慮自己命運。黑色雲彩飄過每一張面孔。每個人擔心：一個偶然的瑣碎因素，會使他們陷入深淵。

數不清的驚懼眼睛中，我發現一雙唯一的毫無恐怖的眸子，它們堅定的射向我，極度明亮而迷人，像兩顆熱帶寶石。

在人群的肉體海流中，我不由自主，詳細搜索這兩顆大寶石的固定位置，像午夜航海者搜索大熊星與小熊星的方位。

終於發現大寶石的主人。

這是一個美麗得驚人的少女。她活似希臘大師斐底斯手指下的傑作。她苗條的身材，如一株修長的三角楓，她深棕色的頭髮，繁茂的映襯著鮮紅的鵝蛋形面頰，叫人聯想起一片燦爛的太陽，照耀著一座秋天蘋果樹林。最能打擊人的，是那兩顆大而藍的非洲寶石，彷彿所有地球光輝都被它們吸入，又凝鑄成這兩朵華艷而晶亮的光點子。這是一雙叫人難以忍受的瑰艷眼睛。

深秋是一個愁慘季節，整天沒有太陽，灰色的積雲層，展開一幅沉悶的幔布。在這片陰暗背景下，這個少女的蘋果色光芒，突出的閃灼著，幾乎使周圍每一株枯草禿樹都反射她眸瞳的明亮，以及她肉體的金紅光輝。僅僅由於她一個人，整個季節似乎全改變了。

這一剎那，我似乎迷惑了，但這僅僅是閃電式的一剎，我旋即恢復鎮靜。我只把她當做美術館的一幅名畫，看過就算。在我三十三歲的年輕心靈，這時滿溢自負與果斷，而且有另外光輝形象，這樣一幅盧浮宮的名畫，並不能支配我。

搜索完了，只發現少數幾個嫌疑犯。後來，又在一個居民家裡，找到一個受傷的白黨軍官，從他身上，我們獲得一些有關白黨的新情報。

這一晚，我是在一種勝利大歡喜中睡著的。我睡得很熟。

翌晨，一清早，我就翻閱擄獲的文件。這是一個晌晴天，太陽從玻璃窗外走進來陪我。室內沒有第二個人。

「我可以進來麼？」一個鮮亮的聲音。

「可以。」

一個少女走進來。我又看見那兩顆非洲大寶石，和昨天一樣藍，一樣亮。

「我叫娜達霞，是村長的女兒。」她有點羞怯的自我介紹，說完了，卻低低笑起來。

「是的，娜達霞小姐，久仰，久仰。有什麼請教麼？」

她笑得更厲害了。她大方的道：

「我代表所有村民，向勇敢的紅軍致敬。因爲，你們爲我們趕走白黨。」兩顆藍寶石瞟瞟我。『我特別要向將軍致敬，因爲你是這樣勇敢，年輕。』

「不敢當，不敢當。……好說，好說。……」我生平第一次享受一個美麗少女的讚美，連耳根都紅了。

她左顧右盼，端詳室內佈置。這是臨時借來的房子，一切簡陋極了。除四張臺子，和十幾張椅子，什麼設備也沒有。天花板有點破舊，屋角上搖顫著塵封的蛛網，四壁白堊已有些剝落，牆上出許多裂縫。

「啊！上帝，這房子多壞呀！」她輕輕叫起來。「你瞧，多簡陋呀！……貴軍經過那樣辛苦的戰鬥，卻住在這樣破爛的房子裡，我們實在於心不安。」

「這沒有什麼。革命本來是艱苦的。」我微笑道。

「不，不，太對不起你們了。」她垂頭想了一下，天眞拍著手道：「我想起了，我家裡有的是空房子。指揮官不嫌棄，就搬到我家裡，好麼？我們那邊有人招呼，侍候，茶水供應，也比這兒方便多了。怎麼樣？指揮官肯不肯賞光？給我們這份榮寵？」

我本來微笑著，聽了這些話，突然沉思起來。這個少女的意外親切，叫我感到不安。我想：

「這女孩子眞奇怪，爲什麼對我這麼好呢？她是村長的女兒，說不定是白黨派來的女間諜。我眞該當心。」我想著。接著卻發楞了。「這女孩子，看樣子，不過十八九歲，怪天眞的，似乎不像是女間諜。」

我正想著，她突然從椅子上站起來，用懇求的語氣道：

「指揮官，答應我好不好？我是村長的女兒，這裡的人，誰都認識我，讚美我。」

她又咕咕笑起來。

「娜達霞小姐，你的盛意，我代表全軍表示感謝。不過，我們在這裡，不會住得很長，臨時能對付，就行，搬一次房子怪麻煩的。」

「搬一次房子，有什麼麻煩呢？我找人給您搬好麼？」

「不，謝謝。」我支吾著。「謝謝。我們暫時不能搬。」

她臉上略略有點失望。爲了遮蓋心頭暗雲，她東扯西拉，和我閒聊。最後，那兩顆非州大寶石又一熠爍著，射向我：

「再會。允許我以後再來看你，可以嗎？」

「隨時歡迎。」

「謝謝。再會。」

「再會。」

第三個早晨，和前天相仿的時間，這兩顆非洲藍寶石，又出現在我門口，手上卻多了兩樣東西：左手是一隻小桶，右手是一個大紙包。

「我給您帶鮮牛奶和乳酪餅來了。您瞧！」

她像窗外麻雀樣的笑著。一面說，一面蹦蹦跳跳，走到我面前。她把奶桶擱在地上，紙包放在桌上，揭開桶蓋，一股淡淡的熱蒸氣冒出來，顯然剛從牛身上擠出不久。

「這是我親手給您擠的牛奶，是荷蘭牛，奶汁最純。這是我生平第一次親手擠牛奶哪！」她打開紙包，裡面露出十隻香撲撲的圓餅子，也在冒熱氣。「這是乳酪餅，用奶油調製的，也是我親手烙的。您嚐嚐看，做得好不好？」

我的神經略感到一陣暈眩，有點不知怎樣才好。

「這眞是！從哪裡說起？您這樣辛苦，我眞不敢當。我想，您這是給我們的弟兄們帶慰勞品來了！」

那兩顆非洲藍寶石半嗔的射了我一下：

「這是送給您一個人的。您一個人的。明白嗎？有生以來，我還沒有下過廚房呢！」

我對這兩件禮品淡淡看了兩眼，平靜的道：

「是送給我個人的嗎？謝謝！」

「您就嚐嚐，好嗎？看，牛奶鮮不鮮？乳酪餅香甜可口不？」

「娜達霞小姐的手製食品，不會不叫人滿意的。過會兒，我就有一頓豐盛的早餐了。」

受著爽直的讚美，她愉快的笑了。對於小鳥兒，是只能用手輕輕撫摸那柔軟羽毛的。

「只要您歡喜吃，我每天都可以送來。」

「不行。不行。」我堅決搖搖頭。「今天，我本來不敢收，只因爲您辛辛苦苦送來了，不收，未免辜負您的美意。以後，可別再這樣。我有什麼權利可以收受這樣好的東西呢？」

「您的勇敢就是權利。」她笑著。

這一天，比前天談得多一點。我心裡卻很苦惱。天知道，我起個大早，就爲趕辦幾件公事。但這位小姐卻海闊天空，耗掉我最精華的時間。我不時皺著眉，望著桌上被遺棄的公文。但她並未注意到這些，仍有說有笑。直到開早飯，同志們全進來，她才告辭。

幾個同志一見她走了，都恭賀我：「我們的指揮官眞有兩手，連村子裡最著名的美人，都拜倒在你的馬蹄下了！哈哈哈哈！」

我皺眉不語，把牛奶與乳酪餅都分給大家吃了。

爲了防禦這位美麗的闖入者，第四個早晨，我很遲才上辦公室。這時，同志們早已坐在自己位置上。不久，門上有手指敲擊聲：

「我可以進來嗎？」是娜達霞的聲音。

我皺起眉頭。大家都望著我笑。

「請進來！」

仍是那兩顆非洲藍寶石。這一回，她又沒有空手，左(25)下，挾了個藍花布的衣包。

「這一次，您猜，我給你帶什麼來了！」

室內所有視線都射向她，她並不介意，婷婷娉娉，大大方方，向我的臺子走來，坐在我對面。

「我猜不到。」聲音顯然有點不自然。

「啊！你有那樣的聰敏，能打勝仗，卻連一個衣包裡的東西都猜不到麼？嗯？」她笑著打開衣包，裡面盡是花花綠綠毛織品。「瞧，這是我親手繡的花手帕，這是絨線手套，這是絨線襪子，這是圍巾。這些，全是我幾天來連夜趕著編織成的。我特地送給您。因爲，您作戰太辛苦了。」

我放下手裡鋼筆，冷靜的道：「您忘記我昨天的話了。」

「什麼？」她狐疑的抬起頭，望著我。

「對不起，小姐，我不能收這些貴重東西。」

「爲什麼不能呢？」

我臉上微微有點紅。「我說不出什麼理由。我只能告訴您，我不能收這些東西！」

她有點嬌嗔的瞧著我，那兩顆非洲藍寶石充滿藍色光輝。「爲什麼不能收？您們作戰這樣辛苦，我難道不能送您一點慰勞品？老實說，村子裡許多青年，三番五次，親自求我編織點東西，送他們，我可從沒有答應過呢！這回，是我自動編織了，送給您的。」她美麗的胸脯子抨動起來，似有點喘息。

我咬咬牙齒，嘆了口氣。「好，我收，我收。您眞是太客氣了。」停了停，「不過，我要問您一句話，這些東西，您既然送給我，那麼，它們便完全屬於我了，是不是？」

「當然。」她點點頭。

「那行。」我把衣包取過來，打開裡面的毛織品，一件件欣賞著，不斷讚美：「眞是編織得美極了。」

「這村鎭裡，誰都誇我針線好。我可從沒有送過一件給村子裡任何青年。這次送給您，是我有生以來第一次。除了給爸爸媽媽與哥哥編織過衣物，我從沒有給第四個人繡過，編過，織過。」

閒談了十幾分鐘，我突然對幾個同志道：

「來，老張！這雙手套送給您。這是娜達霞小姐慰勞我們的。」

其他同志，一見這情形，都擠過來。

「指揮官，也得慰勞我呀！」

「我要一雙襪子。」

「我要一條手帕。」

「這位俄國少女，看見這一切，那兩顆非洲藍寶石，立刻變成紅寶石，不，直是印度紅瑪瑙。」

「對不起，娜達霞小姐，您允許過我，說我完全可以隨意支配這些禮品。現在，我就照您的意思做。作戰辛苦的，不止我一個。我的同志們，比我更艱苦，也得慰勞慰勞他們，是不是？」

正說著，幾件東西，已被同志們分搶一空，只留了一條刺繡的手帕給我。娜達霞滿臉眼淚，雙手遮面，一聲不響，母狼樣衝到門口。

「砰！」

門狠狠關上了。這雙非洲藍寶石的藍色光輝，也永遠被關上了。它們以後再沒出現過。

知道這件事的同志們，都為我惋惜，說我太傻。

「咳，這座村鎮的頭牌美女，如花似玉，一朵好花送上門，自動牽就你，你卻推開了，多傻呀！」

聽見這些，我只苦笑，把一雙眼睛轉到牆上一幅軍用掛圖上。

然而，在記憶裡，我卻永遠忘不了這一雙非洲藍寶石，特別是她最後一剎間的母狼似的影子——越是年歲大了，這隻母狼的牙齒，越是凶猛的嚙我。

說完這段故事，這位韓國軍人加了一段按語，他幾乎是喃喃自語：

「二十年後今天，我才徹底同意那幾位同志的話：當時我確實很『傻』。可年輕時代，這也並不是我惟一的傻事，還有些另外類似的揷曲。……眞奇怪，青年時，我像遭遇一種巫術，被它絕對支配，除了鮮血海洋，我再不願在別的海上泛舟。除了祖國三千萬人的痛苦，我再不想別的。更不相信，地球上還有眞正的幸福。連每一夜做夢，都夢見自己在滴血，流淚，在祖國太白山頂吼叫。除了祖國的杜鵑花和槿花，我不相信人間還有別的花朵。『青春』這兩個字，對我是什麼呢？一堆火炬的燃料，一粒子彈的靶子，或者，一顆開花炮彈的大花盆罷了。就像那樣兩顆美麗的非洲藍寶石，在我當時眼裡，也不過像古董店玻璃櫥窗中的展覽品而已。我不以爲它眞會與我發生什麼瓜葛。那時候，所有玫瑰與月光，小夜曲與夜鶯歌，幾乎全部與我無緣。

而且，革命的鐵的紀律，像一根鐵鎖緊緊綁著我，一動也不能動。自然我心甘情願接受，這一綁縛。那時候，我自認自己是個鐵人，一切事情與我無緣。

以後，漸漸的，等我看清這些藍寶石光色時，我已不太適宜扮演任何角色，與它們發生什麼糾葛了。就這樣，它們像一條藍色溪流，偶然從我生命水道中流過去，不再流回來。我這一生，也幾乎永遠沒有在它們底層眞沉沒過，游泳過。」

說完這些，他不響了，陷入一種少有的沉思中。

聽完故事和按語，笪雅歌睜大那雙又天眞又火熱的柳葉形大眼睛，深深凝望他。突然她微微顫聲道：

「韓，假如今天眞有另一個娜達霞在你面前，沒有她那樣美，卻和她一樣年輕，你將怎樣接待她呢？——是不是依舊用你的皺眉加上軍用地圖？」

「在我生活裡，現在不可能出現任何娜達霞了。那只是『過去』的幻影，任何幻影再不可能化成眞形。」

「假如眞有呢？」

「那她只不過把我看成一個可尊敬的長者，一個革命的前輩，或者，一個傳奇式英雄人物罷了。」

「假如她不把你看成長輩呢？」

「那是不可能的事。」她深思道。

「讓我們再假定一次：『假定』這是可能的，或者說，這是一種奇蹟？」

「那麼，除了背叛祖國，我將爲她做一切——我將把我所有殘餘生命獻給她。」他毫不躊的說。他那雙鞭屍味的眼睛，突然充滿火花。也可以說，它們流著血，像傳說中的石獅子眼睛會流血。

驀然，像一陣旋風，她撲到他懷裡，兩手圍住他的脖子，那長長的沒有捲燙的黑髮披散在他嘴邊。

「把我當做你的娜達霞吧！二個或第三個娜達霞吧！我沒有非洲藍寶石，可我有印度紅瑪瑙——這是我的青春，青春的心！……在我眼裡，你仍是那個勇敢的指揮官，你佔領過里克維茨，你攻克雙城子，你指揮過著名的青山里戰役，以及其他許多戰役。是韓國革命史上的卓越英雄人物。你是我們英雄的參謀長！幾年前，當我第一次看見你時，我就崇拜你了。」她幾乎喘息著說。她狂熱的猛吻他的嘴唇。

起先，他有點驚異，旋即豁悟一切。其實，他早就有點預感了。他知道，她不只擁抱他，也擁抱她和自己記憶裡所有的那些『他』，那些英雄故事中的『他』。她把自己獻給這些死去的和還活著的形像，這使她忘他的年齡。其實，他一點不像中年人，他身上依舊充滿著青春活力。他的胸膛，仍是大帆蓬樣飽滿，巖石樣結實。他的兩臂兩腿，仍像兩根鐵柱子。他深棕色的膚色，仍像個非洲熱帶人。他的整個熱帶中心：他那雙紅炯炯的眼睛，依然洋溢著火與劍，噴泉與奔流。這個充滿安那其狂想的朝鮮娜達霞，把自己投入這片噴泉與奔流中——他整個英雄歷史的奔流中。

她給他帶來的，不只是鮮奶，乳酪和繡花手帕。她把比鮮奶更新鮮的青春與肉體奉獻他，像原始人把自己獻給圖騰柱或祭壇。

這一夜，在他懷裡，她幾乎像一團火球，不時翻滾著。她夢囈式的道：

「……記住：我的名字，就是聖經上最美的詩篇。爲我背下面一段吧：『我的妹子，我的新婦，你的愛情何其美。你的愛比酒更美。你的膏油的香氣，勝過一切香品。我的新婦，你的嘴唇滴蜜，好像蜂房滴蜜，你的舌下有蜜有奶。你的衣服的香氣如利巴嫩的香氣。……』啊！韓，讓我們沉沒在這些蜜與奶的香氣中吧！讓我代替那個美麗的娜達霞，來彌補你生命中唯一的遺憾吧！」

三

夜，又是夜，重複了千千萬萬次的夜，永遠重複不倦的夜。那片永恆象牙黑的時空，再版，三版，千千萬萬版。

莊隱躺在黑暗中，仰著頭，凝望司徒玉螭客廳的天花板，但什麼也瞧不見。夜能看見他，他卻看不清夜。黑色其實不是夜，無聲也不是夜。夜不是任何顏色，它是一種超色超形的幻象，一種神秘的靈體，是天地間最接近具體的一種抽象。正是這種抽象，才給人一份深刻的刺激與喚醒。

白晝，人們緊張。夜黑，人們更緊張。白晝的緊張是被動的，夜裡的緊張，卻是自動的。

在最黑最黑的夜裡，最朦朧最瀰漫的大霧中，最可怕的冰凍裡，最瘋狂的大風中，最野蠻的暴風裡，一個人——假如僅僅是孤孤單單一個人，常會產生一種奇異衝動，它與外界宇宙的大衝動彷彿相配合。這對於一個正受折磨孤獨者，特別是如此。十幾年前，當他在大革命南方，在東北烽火中，以後，在黃海渤海上，在西北荒漠層，都出現過這類衝經驗。那時，可能由於青春的火燄或者中年的徬徨，他才產生這類大衝動。今夜，他躺在這間幽雅客廳內，假如也有衝動，那不是由於希望，也不只因爲絕望，那是由於一種非希望、非絕望的游離體，像非大氣層與大氣層之間的同溫層——那常是一種徹底的心靈空白。它蒼白得近於無色，卻又極需要塡點什麼，無論什麼色彩都好，只要是顏色。這種衝動將帶給這片空白以任何顏色。

破滅了，一切破滅了，連沙漠上虛構的最後海市蜃樓——華達貿易行，也紛碎了。這幾年來的全部心血——即使是原始游牧人式的心血，僅僅由於一片最偶然的風，也化爲一片空白。別人——他的某些朋友們，沉船以後，至少還可以抓住最後碎片，或幾根海藻，圍繞他的前前後後，卻只是一大片海水的泡沫，空虛的蒸汽。即使他想以一個玩世者或漁樵式的隱士終世，也不可能了。這個時代，不只是抓住世界難，連從它逃走也難。學釋迦牟尼難，連自私自利也難。與離人相處，雖然難，與友人相處，也難。在最親密的朋友中，他也看出他們的弱點與限度，每個人不得不打出最後一張王牌，露了底，攤了牌。他們只能給予他一些聊等於無的聲音，有時，甚至是無窮無盡的聲音——那是他在沙龍咖啡甜重複聽到過的。此外，他不可能再得到更具體的了。特別是，具體得如黃金美鈔之類。

這樣的時候，一個並不衰老的女人，不僅自願對他獻出全部生命，以及生命內層最後的青春餘瀝，而且，還捧出那火燄式的靈魂，特別是，她把她的整個財產——她多年積蓄，統通捧到他腳下，他再一次享受可珍貴的自由——靈魂的肉體的物質的高度自由，這一切，怎能不是一大誘惑？

超於一切的，是那份方便，取得這幾種自由的方便。並不是每個人都能輕易得到這種方便。只有最幸運者才能如此。當一人在地獄邊緣彳亍時，肉體的和物質的天堂卻開了門，給予他隨時進出方便。這實在是一個很難抵抗的誘惑。至少，這件事本身，就大部分平衡了他的破滅感。這個冰凍的霧封的世界，只有女人懷中藏有永不涸竭的火焰與無限天空感。

然而——

走路雖然不算犯罪，但在某種情形下卻是。只要你多走一步，結果比犯罪還可怕。這可怕的一步，二年半前，他總算硬逼自己停住了。因爲，那時候，喻綠影的魅影雖新鮮，管曉菡的眼淚更新鮮，它們像剛摘下的花，撂到他身上，打濕他的手指、衣襟。然而，現在是一九四五年春天，日曆已換過三本，那些最新鮮的花枝花葉，及襟上露珠，早已枯萎、乾掉。在他這一步與下一步之間，再沒有什麼可怕的柵欄，也沒有任何用鮮花編成的阻礙。唯一的柵欄，是他自己——他血管壁最深處流動的血液。

不，那不過是一個名詞。

人們可以用各式各樣言語、文字，來形容這個名詞，然而，最後眞能給它以決定性定義的，還是他自己的血液。

爲什麼一個人不多走這一步，就符合它的眞定義，走了，就不符合？爲什麼他自己對它有最後裁判權，卻又把它拱手讓給別人？與他漠不相關的人？他爲什麼不能多走一步，誰攔住他？誰拒絕他？

唯一有權攔阻他的人——司徒玉螭自己，現在不正向他招呼？給他最大鼓勵，邁出這最決定性的一步？

多走這一步，下面眞是萬丈懸崖麼？

三年半或三年半前，也許如此。現在，正相反，它也許是一座幸福花園，一玫瑰花壇，上面鋪得比一百床錦氈還厚，他儘管跳下去，不會損傷一根毫髮。

他已是一個再無可損傷的人了，一切都破滅了，連最簡單或最渺茫的希望，都遺棄他。說得客氣些，現在，他不過是一個披著紳士小禮服的叫化子罷了。

關鍵正在這裡。這個充滿經驗的女人。她從不正式逼他再多走一步，卻又千方百計，用千姿萬態與含蓄的話語誘惑他，自動衝過這一步。她給予他一切物質方便。對於一個破產者，每一場豐富筵席，每一杯高貴的酒，都是迷人的。至少，它會提高你的自信：「雖然我已經是一個叫化子，但還有人讓我過皇帝生活。」誘惑不只是這盞酒，這個筵席，而是隱藏於它們後面的舉杯者的自尊心。自尊心是不能被給予的，但實際上，它卻又活在給予中。它的水源，不只來自自己，也來自別人，至少，它是一個二重奏，或三重奏，假如不是交響曲的話。除了你自己還得有一個合奏者，這個二重奏或三重奏才能演奏。這些華筵和酒杯，只是一部分合奏樂器。彈奏者是她。她如此表演，爲了恢復他的高度自尊心。說到究竟，不管他怎樣自尊，他自己總不能永遠唱獨腳戲。

即損失了這麼多，他發現自己依舊還具有那麼大的權利感，單這一感覺，就足夠叫他對伴奏者心軟了。更何況樂器還不只是酒、筵席、服裝、用具、舶來奢侈品，更多的是她的言語、思想、觀念，特別是——靈魂，那是天地間最可貴的珍品。

她幾乎用一切方式包圍他——他這個破產者，無可被圍者。

她永遠不說出那最後一個字，卻永遠讓他看見這個字在她心裡跳，沿她血管壁滾，彷彿隔了層玻璃皮肉與透明衣衫。

夜，可怕的是這些夜，對於他這樣中年獨身者，夜幾乎演盡一切挑逗的角色。它使他想起一件事。它使他僅僅只能想起一件事。

這是人們比生命還寶貴的事，但人們不願看見它。人常常不願目睹自己最心愛的。它是被人們當做最美的，比一千本詩集還美，但人們不願瞥見它。人們曾從它取得萬千歡樂，但人不願看到它。人不願透視——那最最沉迷的。於是，夜演盡一切刺激性的角色，幫助它加強那些奇麗的色彩及線條。

「你在女人肉體作一次沐浴，等於作一次噴泉淋浴。浴個一次，又有什麼不可以呢？——這是如此方便、輕鬆，而又如此需要。」

這樣的思想，不只一次，浮萍樣漂聚於他腦池子，聚了又散，散了又聚。

對於他這樣一個從大風大浪中來的角色，肉體的誘惑，永遠是他俊麗的白帆，藍色的海水，赤道午夜瑰奇的風。最炎熱的夏夜，每一個喝過島上清涼泉水的大海舟子，都不會忘記它驚人的甘美。這不只是詩，也是科學——本能的科學實踐。奇渴者永遠不會拒絕任一杯水，假如是一杯檸檬汁、或橘子露，那將更無法抵抗。他能抵抗世界，抵抗人類，但不能抵抗大自然本身。不是他響應大自然那個神秘召喚，是大自然響應自己。

假如他是一個基教徒或佛教徒，或者，一個或多或少的信仰者，他將有抵抗武器，而且，可能是堅強的武器。但他什麼也不是。對於一個完全失掉信仰的人，任何酒杯都是危險。

滿天的山城大霧，和這個孤獨黑夜，更削弱他的抵抗力。兩星期前，當他把唯一行李捲與箱子搬到司徒玉蝺家中時，他連最後的抵抗工具——空間，也失掉了。

現在，他躺在客廳內一隻白色彈簧鋼床上，陷入她的空間中，不，他直陷入她的空間重圍。雖然她說：這只是一種友誼的邀請，好讓他有一份更舒適更輕鬆的旅居生活，實際上，卻毫不輕鬆。每一扇牆壁，每一片木板，每一塊窗玻璃，甚至連一片地氈、一張沙發，一盞檯燈、一隻花瓶，都在聯合向他進攻，儘管此刻，他睡在黑暗裡，絲毫看不見它們。它們的女元帥，就睡在他頭上，只隔一層樓板。每次樓梯響聲，全引起他的恐怖，以及恐怖中的特異甜蜜。他恐怖，是因爲那個神秘的字仍重壓他的心靈。他甜蜜，因爲這是一朶隨手可摘的尙有餘鮮的花。

「這個女人是一隻狐狸，卻是一隻可愛的狐狸。她運用每一句話、每一個姿勢、每一個空間、每一條光線、每一杯茶、每一支煙、每一盞酒、每一粒滋補丸藥、每一塊美金，來包圍我，纏裹我，使我一步步投入她的陷阱。究竟，我有什麼可包圍的呢？——一個破產者罷了。」

想到這些，他不禁要狂笑一遍，嘲笑人類命運的怪誕。但也正因爲這一些，他才覺得她的魅力。當他站在高峰時，喩綠影才找他的，當他尙沐浴於午後陽光時，管曉菡和他結合；只有這個女人，平生第一次，是當他完全潰滅時，才向他衝過來的，他想起一本俄國小說，描寫這類已婚女人的小說。他想，他究竟比那位男主角幸運多了，後者獻出全部青春，最後的收穫是一片唾沫，他卻用一份殘餘的中年，換得一份永恆的青春。

他在床上翻了個身，讓臉側過去。他不願再面對天花板了。那上面，雖然一片黑暗，卻又呈顯一些奇異的圖案花紋，刺激他的視覺。他睇望對面那張肉紅色長沙發，卻什麼也看不見。他諦聽樓梯，它也一片靜寂，鑾正沉睡得像一堆木頭。

就在對面這張肉紅色長沙發上，兩個星期前，晚飯後，帶半醉，她第一次穿過一堆姿態和光影，向他顯示一部分靈魂壁——那是一片半閃爍著火山熔巖的聲音：

「十年前，我第一次看見你時，你的形體就鑽入我的血肉，像個鑽子一樣。一個男人看年青女人，像吸血蟲，恨不得穿過表皮層，立刻叮入她的肝臟。一個女人看男人，也許不這麼窮兇極惡，卻細緻得多。連每一片顴骨的高低，每一座下顎的凸凹，每一條眉毛的深淺，每一根頭髮是否梳平，甚至連兩個眼球是否一樣大，或者是否生過肋膜炎，以致兩邊肩膀是否一樣平，都看得清清楚楚。過去，每當我看見一個男人，就像一片葉子從水面掠過，從不留痕跡。然而，十年前那個春夜，一次友人宴會上，突然看見你後，你的形象卻像一株植物，在我記憶裡生了根。那一夜，我改變一般女人端相男人的方式，不是斷斷續續、偷偷摸摸、一眉一眼、一髮一耳的看你，一剎那間，我整個看見你。我第一次感到，這是一個不可以拆開來看的男人。

「那時候，我新寡。我的婚姻共不幸福，但也不太不幸福，那是一種很平凡的結合。你知道，我的丈夫是一個高級軍官，他總算沒有一般軍人的粗獷，用鞭子或拳頭付我，但他的靈魂觸鬚，卻從沒有眞正撫觸過我的靈魂。也許，他根本沒有這種觸鬚。三年平凡生活後，他陣亡了，留給我一個男孩子，和一堆存款，我領到一筆巨大恤金。

「這以後，我看見你。我知道，你是個未婚者。也聽說，你正過著不規律的生活。

但我很能體諒你。我認爲：是由於你沒有遇到一個眞正能了解你的女人。只要有一個眞正的溫柔窠巢，一隻餐風宿露的鳥，自然會飛回來的。使我失望的是：你選擇了管曉菡。憑直覺，我就奇怪，以你這樣一個飽經大江大海的舟子，竟選小池塘裡一隻採菱船做最後歸宿？三年半前，這片詫異的冰凍，才自溶化了。這一切神秘，原來是由於一種極度偶然。你把一生命運隨隨便便寄托在兩根紙鬮上。我與管曉菡平分著被拈到的權利。假如當時你拈到的是我，不是她，天知道我和你會產生怎樣一種關係？自然，你的家族關係，是一個更大壓力。在他們眼裡，我的份量當然比管小姐輕得多了。可是，好好歹歹，你總算想用拈鬮決定的。……我失敗了，我只好自安自慰，世界上原有許多不可思議的事。在一個寡婦和一個少女之間，人們選擇少女，並非絕不可思議。我很忌妒她。你們訂婚後，我藉口尋人，偷偷到她家裡，去看她一次，和她談過幾句話。這更加強我當初的直覺，這不是一個眞正能爲你造窠造巢的女人——特別是，你的靈魂窠巢。」

「失望中，我與一個五金商人結了婚，和他同到重慶，生了兩個男孩子。四年前，一場肺炎帶走他，也帶走我生活裡唯一合奏者，雖然我們從未眞正調的合奏過一支樂曲。又一次，我變成沒有男人的女人，一個有錢的寡婦。他的五金店，我盤出去，取得很大一筆財產，加上第一個丈夫留給我的巨大家私，單靠拆息，夠我極富裕的吃一輩子。一個還算年輕的人，死過兩個丈夫，有過一次純感情悼亡經驗，等於經歷三次災難，又有三個孤兒站在面前。想想吧，這不是一個愉快的經驗。我悲觀極了，終於變成基督徒，我的三個孩子也受了洗。」

「上帝只能平靜我的靈魂，（而且只是半個靈魂），不能安慰我的軀殼，和那另外半個靈魂。我總算還有幾個錢，我也沒有變成老祖母，由男人組成的社會壓力，當然不會放鬆我。這一切，教堂鐘聲並不能替我解決。

「我本以爲，我這一生完了，即使不進修道院，也得做個塵世尼姑，再不，讓第三個平凡的合奏者，耗盡我最後的演奏精力。想不到，皈依基督教半年後，在重慶大霧中，我又看見你。在朋友宴席上與你重逢的那一晚，和以後幾晚，我一直不能入睡，一切禱告也沒用。我的生命中又出現奇蹟。上帝終算沒有拋棄我。我又遇見我十年前的朋友——一個從沒有眞拿我當過朋友的朋友。當然，你明白，我只需要純粹友誼，純人與純人之間的同情，此外，我並不奢求。

「你當時對我保持高度警戒。這一點，我很同情你。我們都是有孩子的人，我們全不希望、天眞的孩子有一個隱在陰影中的父親或母親。經過一場痛苦掙扎，也許是上帝的幫助，我終於放走你，至少，形式上放走你，讓你再回到西北荒漠。我在上帝面前，爲你的事業與你的家庭祈禱，盼望主保佑你們。

「想不到你失敗了，而且垮得這樣慘重。

「現在，不管是怎樣的理由，包括主的光輝在內，都不能阻止我幫助一個困難的老朋友，更何況這是我生命中唯一的眞朋友。目前，你需要醫治創傷。只要對你發炎的傷口。有任何裨益，我毫不吝惜的力量，即使所需要的，是極珍貴的藥劑或秘方。只有一個在發炎狀態中長期打滾的女人，才能眞正了解一個被類似炎症折磨的男人。反過來說，也一樣。

「我希望，我們永遠沐浴在永恆友誼中，純人與純人之間的純粹同情中。這一次，並不與我們的塵凡約束相衝突，是不是？我的老朋友？」

半節制半開放的說這些時，在杏紅傘燈光下，他清晰看見她捲曲成扇形的黑髮，像日本貴族女人頭髮一樣穠密、整潔。她盛粧的艷臉，肌膚雖沒有十年前光鮮、喬煌，卻仍熠熠著最後光輝，那是中年情熱烘染它的。她的長長黑眉毛彎曲得很嫵媚，她充滿風情的眼睛，燒灼著帶黑色的硝火，可能是地獄之火。她的紅唇，依然紅得那麼怕人，像兩片紅色鐵砧，從鐵砧中，不僅噴出，也濺射毒熱的燄花，可又巧妙的隱蔽於一片安全鐵絲網後面。她是在一份極安全的距離下，讓一些火燄靜靜顫吐。這些火燄，僅出現於一個絕望女人最痛苦的時辰，她痛苦的從地獄邊緣爬向淨土，想在最後青春沒有凋謝前，昇入短暫的幸福天堂。

這次談話後，翌日，他接受她的規勸，把行李與箱子從旅館搬到她家。他這次來山城，旅囊原不寬裕，他尙未決定：究竟是繼續經商，還是找個工作。幾個相識友人，住寓不最寬敞。從前來渝，他寧愛住旅舍。目前，由於經濟拮据，無力作長期賦閑旅客了。她的邀請，正好解決他此時的現實困難。何況她的慇懃款待，使他相當心滿意足？

可是，不管他們怎樣朝夕相處，直到此時止，他們還沒有比禮貌更久的握一次手，也沒有密切的肩貼肩過。她是在平靜的甚至是冷靜的灶膛中，靜靜燃燒她的靈火。

「我不相信，這裡面會有什麼衝突。萬一有衝突，我們都是成熟的人了，我們自己可以負責，是不是？」有一天，他又提到她前面說的話，簡單而含蓄的回答她。

「不，負責的應該是我，不是你。十幾年來，我早已失去一切，再多負點責任，或少負點責任，對我都是一樣。」她苦笑著說。他也苦笑著。

「不，還是我們共同負責吧，那樣合理些。」

她睜大那雙充滿風情的眼睛，久久凝望他。

從這一夜起，他預感，一幅新的白帆，將坦顯在他的海上。這片飽滿帆蓬，可能將帶給他嶄新的岸與港口，也可能帶給他一次可怕的風暴，或永恆劫數。他所以如此分析，是因爲：他不能不聯想起管曉菡。

從這一夜起，躺在黑暗中，有意無意的，他開始注意樓梯上的響聲。他的耳鼓，連每一根枝椏磨擦式的細微聲都不放過。這時，她的三個孩子早睡熟，四川娘姨周嫂、也在下房發出巨大鼾聲。初春的窗子，關得緊緊的，窗內不可能有風聲、吹動聲，或另外的聲音。窗外風聲及雜音，也不可能與曲折樓梯聲混在一起。假如有什麼聲音，鋼琴似地高高從樓梯第一層響到末一級，它將象徵一種特殊標誌。可是，他相信，不可能有鋼琴式的腳步聲。

他躺在網絲床上，彈簧不時發出響聲，說明他睡得不好。他很不安。這是她發表聲明後的第三夜了。也許，今夜和昨夜前夜一樣，什麼也沒有。漸漸的，也將沉入睡湖，夢遊西北荒漠，或別的地方。可是——爲什麼他這樣不安呢？爲什麼他對樓梯上的任一滴聲音，甚至是無聲的聲音，都懷著恐懼呢？肉體，他見過，摸過，享受過，各式各樣的。他是個精明鑑賞家，各式各樣女體，像各式各樣水果，無論是南方的、北方的，或者異國的，他都細緻欣賞過，品味過。現在，他爲什麼還恐懼呢？不，這不是一條簡簡單單肉體，它還包括一大套另外事物的意義。一個含有無數思想情感夢幻的肉體，與純純粹粹一堆肉（哪怕是最美麗的肉）。它涵蘊十年的時間，奇異的插曲，不可知的節奏。他比太陽還清楚，這一肉體和成千成萬其他肉體不同的是：當他一和它纏在一起後，永不可能再解開。這不是一個可以隨便擺脫的肉體。也正因爲這一點，他預感到一場較新鮮的經驗。同時，也產生一種對它的抵抗。爲了那永恆劫數，也爲了管曉菡。

一個聲音似乎在他耳邊響。

「要麼，我不給你。要麼，我整個給你。……我絕不零星出售，今天一隻蛋捲，明天一塊奶油點心，後天一片英國布丁。不，我將一次整個批發給你。」

他聽見這聲音，他呼吸到它，甚至摸到它，但當他想把它抓緊時，它消失了。

他翻了個身子。他輕嘆了口氣。他想燃起一支煙，才摸出來，又把它放到枕邊聽子裡。他怕任一點紅火會破壞這片黑暗。黑暗是完整的，不許破壞。有許多幸福，必須倚靠黑暗。他不能破壞它。

他張大眼睛，凝視四周夜暗。

黑暗是一座永不謝幕的舞臺。這裡，多式多樣幻景浮顯著。有時，是一幕幕的。有時，許多幕分開出現，彷彿一齣未來派戲劇，每一刻鐘演一齣戲，每十分鐘換個佈景。睜開眼，他看清這一切，閉上眼，它們更突出。一切戲劇暫時停歇後，那片沙漠的沉靜，特別可怖，好像一座陡然乾涸的海底，把一些意想不到的醜陋雜物、暴露在平時是那樣美麗的海景下面。這種無可忍耐的單調中，人只想一件事，一個東西，一種存在——一種最最溫柔的。特別是一個結過婚的獨身者，黑夜，他最熟諳的一朶觀念，就是有關那「最最溫柔的」觀念。他所有意識形態，都圍繞這個核心。好像一切沉沒了，整個世界也陷落了，只有它分外凸出，不斷脹大，似腹內一個大肉瘤，經過手術從肚皮內取出後，遇空氣，就很快膨脹得極大，大得要壓住他。一個人的最熟諗的友人，是自己慾念，即使社會全離開他，這個友人依然頑固守住他。這個頑固者，此刻正與這隻肉瘤結成一片，包圍他、懾伏他。他又一次睜大眼睛，張開耳朵，室內仍一片闃寂，樓梯沉默如死海。他伸出手，轉過身子，摸摸地板，板上是一層地氈，溫柔極了，給他一種奇怪觸感。地氈——即使看不見的地氈，也給他一種沉靜感，使他聯想起那些無聲腳步。啊，無聲腳步！多誘惑人的步子！他豎起耳朵，似乎聽見什麼了，他的眼睛，又望著朝樓梯處的黑暗中。他的心沉下去了。幾秒鐘後，他嘆了口氣。他想，這只是我的幻覺，什麼也沒有。即使一根針落下來，樓梯也會發出響聲，不可能這麼沉靜。不，也許有點聲音，這不是腳步聲，可能是隔壁老鼠聲。睡吧！他看看枕下夜明錶，已經十二點了。這是說，他已失眠兩小時了，他應該睡了。睡在最黑最黑的夜裡，最重最重的大霧下。睡吧！像夜一樣睡吧！像霧一樣睡吧！

他打了個呵欠，翻了個身，掖掖被子，準備跳入那黑黯空間深處。突然有什麼東西掠到他臉上。他睜開眼，它正在他眼睛上面。他伸出手，幾乎吃了一驚，一隻手，是的，一隻溫暖的滑潤的芬芳的手，在撫摸他的臉，他的頭髮，他的手。接著，一個比手更暖熱、更滑潤、更芬芳的身體貼住他，很快的，被子被輕輕揭開了，又被再蓋上。他聽見一件睡衣被卸脫的聲音。他不再驚異了。他在等待一個最成熟的果子自自然然被輕風搖落到地上。

一片豐滿的滾熱的肉體緊緊擁抱他，像世界末日最末一次的人類擁抱。

三天後，在同樣夜裡，他低低問懷裡的她：

「那一夜，你怎樣下樓的？怎麼一點聲也沒有？」

「我是穿著厚襪子下樓的。在樓梯上，每走一步，腳下都墊一方織錦墊子。」

她狡獪的輕笑著，低低向他耳語。

四

當莊隱起初極困難的，終於又很容易的，跨出他那一步時，楊易也在同一型步態中掙扎。看樣子，他是很難邁出那一步了。不是他沒有力量踏出那一步，是他的星球軌道與莊隱的不同。

莊隱這隻沉船旁邊，漂浮著的是一隻救生氣圈，而他也有勇氣游泳過去，抓住它。即使不是它，哪怕是任何一塊木片，甚至一根海草，他也會不顧一切的捉住它。可是，對於一個黑格爾或哈特曼的弟子，卻很難有這樣靈活而壯麗的泅泳技術與衝力。

在他的僅僅「一牆之隔」的危險空間中，在他（她）們那樣一種慘淡的靈魂背景下，男女的感應，像葡萄球狀細菌群似地，以極大速度繁殖著、反映著。在城市裡，人不太容易孤獨的活，特別是在同一個屋頂下的男女，很難叫女的變成女尼，叫男的扮演高僧。

人什麼都能抵抗，就是不容易抵抗寂寞。沒有一個人肯放棄他（她）三步外的抵抗工具，甘願去走三里或三十里，找尋另外的工具。

靈魂寂寞本身，就是強烈的地心力，把兩顆不同樹上的蘋果，吸引到同一地面。即使談話不多，單單臉與臉逼近，眼球與眼球的視線相互撞擊，腳步聲與腳步聲的不斷共鳴，日積月久，就足夠構成生活裡的熱鬧節目。早晨、黃昏，看熟了的一張臉，一旦不見了，便有點感到不習慣。在這個房間聽慣了那個房間的腳步聲，有一天，聽不見了，也覺得自己屋子分外空虛。事實上，還遠不只這些。每頓晚餐，他們一道吃。每一夜，他們常共消磨到每天最後的時辰。每個星期日，他們一同出去散步、看電影，或者，在家裡製作兩色別緻小菜，小小享受一次。學校裡的一些事，她也免不了和他談談，在家裡製作兩色別緻小菜，小小享受一次。學校裡的一些事，她也免不了和他談談，傾聽他懇切的意見。家中的瑣務，他也處處請教她，謙虛的接受她的判斷。

這是一些平凡節目，卻是深沉的節目，它們透入人的心脾，滾入生命的血管，使他們感到，他們經常共同消磨生命中最必須消磨的一部分。

感情就是這樣緩緩建立的。起先，是一團泥土，兩塊石頭，慢慢的，一塊磚頭，兩塊瓦片，接著，是一筐水泥，半擔石灰，紙筋。漸漸的，又是幾根木材，一些磚頭。隨著出現一扇門窗，幾片玻璃。這樣不斷下去，有一天，當他們正式凝視這磚頭。隨著出現一扇門窗，幾片玻璃。這樣不斷下去，有一天，當他們正式凝視這一切，想弄明白它們究竟是什麼意思時，一幢小小的卻是結實的青磚實疊的建築，已經屹立了。對於已經豎立的建築，沒有人肯一拳頭把它打翻，（實際上，也打不翻），或者，突然放一把火，燒它精光。事實上，除非發生十二級颱風，它是不容易傾倒的。

任何一闋緊張的交響曲，就是這樣開始序曲的。

星期天，他們偶爾在黃家埂口或都郵街一帶散步，滿街是人波人浪人潮，不少全是一對一對的。大部分中年人，挾著他（她）的妻子和丈夫的胳膊，形式上似匆忙，實質上卻很悠閑的蹓躂著。這一雙雙形體，分外給他們壓力，叫他們肩膀不由挨近點，彷彿如果不這樣，就與四周不調和似地。不是他們自己感到在靠攏，而是人們的感覺傳染他們，那秘密的觀念電流，從別人身上傳導到他們肉體上。很少人會認爲，他們僅僅是普通朋友或鄰居。所有一對對路人，都以爲他們是這無數一對對男女中的一對。一般東方神經纖維，絕不能理解楊易的西方思想習慣：一個有丈夫的妻子，和一個結過婚的丈夫有權這樣閑情逸志，在街頭逛馬路。即使他們本不自覺，他們之間曾「發生」了什麼，終於也被千萬電流所壓迫，漸漸自覺，他們似乎已「發生」過什麼，爲了塡補他們之中的空虛。重慶高高低低柏油路上，有那麼多女人穿得花花綠綠，五色繽紛，好像一片時裝公司或印染廠，爲做廣告，專叫她們這樣打扮的。那簡直是一尾尾「彩色水泡眼」金魚。這些金魚群中，一向裝束樸素，只穿一襲藍布旗袍的羅眉茵，慢慢的，也穿起花衣服了。

一個禮六傍晚，她帶給他一個長長紙盒。打開來，是一條大紅洒金花領帶。不等他開口，她就微笑道——露出那排白貝齒：

「這是我送你的。」

「你要我再扮演阿芒。阿韋銳特麼？」他帶點調皮的笑著道。

「不，我看你那些領帶，沒有一條是新的。你年紀不算很大，不妨沾染一點艷色彩。」她純眞的有點凹陷的黑眼睛裡，閃射一片明亮雲彩。

「你是說，現在眞開始春天了，我身上也該掛點彩色，與這個季節相配合？」他望著窗外廣場四周的綠色棗樹，笑著問。

她黑孜孜的面頰，微微泛了陣紅。她沉思了一會，低低道：「每個在春天大街上散步的人，都有權利要求自己身上帶點新鮮顏色，是不是？」

他不開口，只默默凝視那些綠色的棗樹葉子。

他們最喜歡穿過教會中學，在嘉陵江濱散步。那時，他們似乎什麼全忘了，整個心靈沉浸於那一片藍色的夢之流中。

就在這條帶夢味的天藍色流水邊，有一次，她彷彿做夢似地回憶道：

「楊，你知道，我和歐陽結婚的經過麼？」

他搖搖頭。「他到這裡，沒有幾天，就突然失去自由了。他還沒有時間和我細談這一切。」

「說來你也許不相信。那與其說是一場男女感情的結晶，不如說是一隻人類同情的果子。」這個樸素的三十歲的女人，第一次擺脫平日靦腆，裸露她那種年齡應有的坦白，深靜與精鍊。特別是，屬於嶺南女人慣有的那種豪邁。她安詳的說下去，黑眸子俯矚藍色流水。「那時候，你知道，他在報館工作，和我是同一層樓的鄰居。我在一個小學教書。我的老家在廣州。我是個孤兒，從小被親戚撫養大。爲了謀生，我來到S市。得到工作後，我一直孤獨生活著。而他也是一個獨身漢。就像我們現在一樣，那時，我和他經常有碰頭機會。我歡喜屠格涅夫的小說，特別是裡面的女主角。我羨慕那些少女的本能的熱情。我常常聽他談過去革命經歷，與他的苦難遭遇。他在我眼裡，漸漸變成一個英雄，一個失去眼睛折了腿的普洛米修斯，『八、一三』抗戰爆發，我們的血液燃燒得旺旺的。晚上，他到報社，左一篇、右一篇的，寫那些慷慨激昂宣傳抗戰、報導八·一三戰爭的文章。白天，他犧牲一部分睡眠時間，自動到一家傷兵醫院，擔任護士工作。我也放棄教師職位，投入一個戰地救護隊，參加抗戰。那一段時期，我們幾乎都瘋了。每星期天，偶然見面時，大家全蓬頭散髮，衣冠不整，彷彿是剛從牢裡釋放的囚徒。有兩個月，他連理髮和刮臉時間都沒有，鬍鬚滿滿的，長長的，像野生蔓草。這一年十一月，大場撤退，上海淪陷，我們還天天到蘇州河畔，對死守四行倉庫的八百壯士表示敬意，最後，硬是流著眼淚，看國旗降落。這時，由於三個月積勞，我病了，又是感冒、發燒，又是肺炎，足足鬧了半個多月。他日夜看護我。直到我痊癒，他臉上才開笑顏。這幾個月的生活經歷，使我們更接近了。在那樣一個驚天動地的時辰，個人婚姻，特別像我這樣一個崇拜屠格涅夫筆下女人的婚姻，很少令人太冷靜的作種種考慮。我欣賞他的勇敢、正直、與善良。我感激他對我病中的照顧。我更無條件的深深同情他的殘疾。於是，我認爲，像他這樣的人，應該得到女人的深深同情。我們結婚了。在S市同居三年多。南京武漢相繼淪陷，國軍不斷西撤，S市租界處境，一天天惡化。我們終於決定，他先來內地，一俟有適當工作，我再來。想不到——從黃先生信上，我知道一切。我等了他幾年。太平洋戰爭爆發後，S市的黑暗環境，實在叫我再憋不下去了。我籌足旅費，不顧一切，先搭船到香港，再隨一批走私販子到廣州，又經湘西輾轉到這裡。虧我是廣州人，一口流利粵語，給我不少方便。我終於抵目的地方。我原以爲他很快可以出獄，想不到——。」

「假如他過去需要你的同情，今後更需要你的同情。是麼？」

「但是——」她的純眞小眼睛，第一次離開藍色嘉陵江水，空空凝望他：「我自己現在的處境，不也需要同情麼？」她的黧黑臉上，突然閃爍一片美麗光輝。「我是一個孤兒。也是一個女人。一個女人也是人。……你知道，幾年來，我在孤島上過的是什麼日子？！……經過那樣艱苦的長途旅行，等待我的，依然是一片黑暗，渺茫，你想想……天知道，我終究只是一個女人呵！」

他發現，她的眼睛漸濕了。這個一向輕言低語的樸素女人，第一次坦露她心月球那半個黑暗面。

是的，同情！這是一柄又美麗又尖銳的寶劍，能刺透任何一顆大理石一樣堅硬的心靈，也能砍碎所有黑格爾的「大邏輯」與斯賓諾莎的「倫理學」。更重要的是，這柄寶劍的美麗部分，叫他想起自己的一生，特別是他這幾年黝暗遭遇。假如這個星球上眞有一個需要同情和溫暖的人，那就是他。他比任何人都需要這些，渴望這些。現在，假如僅僅只要求佈施這些，而不許從佈施上吸取同樣溫暖的反應，未免太苛刻了。

從這天起，我們的哲學家便用一份更溫和而憐惜的心情，來體貼這個受盡折磨的女人。從她極節制極含蓄的話語裡，他呼吸到從她那半個黑暗月球面所流出的血腥味。

一神秘的緊張，也就從溫柔中產生。最初是一月又一月，接著是一週又一週，最後是一天又一天，他們漸漸意識到這份緊張。由於那種神妙的閃爍光輝，有些粉紅菊花，遠看比近看美。但對於一個帶點鮮花味的女人，卻越是接近，才越眞感到她的魅力。必須有血有肉的接觸，或者，互相聽見對方血液在流，肉體在發熱，這才似乎嚼味到那種比任何蘭花還永恆的美。正是這種美，增長了男女之的緊張，特別是那些無盡無休的話，永遠說不完的話，分外加添他們之間的緊張。畢竟，有聲的言語，比無聲的文學、更能直接刺激人類的血液，挑逗他們的性靈，正像有聲音樂，比無聲的樂譜更能叫一個人暈眩。

那是一個拜六之夜，一場豐富的晚餐後，——這一晚，他們都喝了點大麯酒，——他們到新都電影院看一張美國片子：「寒夜琴挑」。這是一張瑞典影片的複製品，男主角卻換過了，由李斯理，霍華扮演。這位男明星，英國莎翁舞臺劇的名演員，在好萊塢曾以羅密歐而馳名。據說他的道白最能深刻表現莎翁詩的神韻及瑰美。在這張片子裡，他飾一個音樂家，他如詩如畫的表情，給予觀衆極深刻的印象。但最震動人們心弦的，卻是女主角英格寶曼的演技。她的魔術式的表演藝術，幾乎叫有識的觀者發痴著迷。他們看完後，非常激動。但感情上反應，卻與原片所要求的正相反；並不是片子結尾那份倫理觀念深深感動他們，而是瀰漫於大部分場面的那種美麗詩情，淪肌浹髓的支配他們，滲透他們。一路上，他們不斷談著它。回家後，他們全不想睡。

這是一個月夜，也是一個雨夜，起先是月光，後來是小雨。接著又是月光，再是微雨。他們坐在窗前，月光正影影綽綽射進來。使他詫異的是，她把電燈扭熄，讓室內只剩一片朧朦月色。她坐在他旁邊，雲縫中的月光，糢糊映入窗子，照見她的臉，是黑暗中閃蕩著神秘光輝的臉，只有光與輪廓，眼鼻與嘴很突出，其他部分，都掩蔽於黯淡裡。朧朦中，這些凸出的臉部造型，表現一種奇異的生動。說不出的，他被它們所吸引，彷彿那是哲學空間一種眞理之光，他找尋許多年，卻未找到，今夜，它竟陡然出現了。很久很久，他沒有經驗這種吸引了。也許，平生他很少這樣又安靜又強烈的被吸引過。他曾遭遇過一些女人肉體，可它們與這種吸引是兩碼事。他過去生命中，幾乎從未邂逅過這類經驗。此刻，窗邊這條生命，是那樣樸素、純粹、誠懇。即使她有一部分已浴入黑暗，她的整體依然是純粹的，誠懇的。這並不是她身上那件花身服——一襲紫地碎紅小花旗袍，吸引他，也不是她那兩片菱唇磁吸他，而是一種純人與純人之間的簡潔、樸素醇吸他。他從未這麼更少說話過，也從未這樣不需畏聲音過。

不知何時起，上帝知道是怎麼一回事，這片黑暗中的糢糊發光體靠近他，一副柔軟的溫暖的肩膀貼住他，他的手臂像應和宇宙萬有引力，圍繞住她，婀娜，微顫的腰肢。一刹那間，整個房子彷彿旋轉起來。他們的嘴唇膠黏在一起，熱火火的。什麼都沒有了，只有一股炎熱的血流，在肉體內奔瀉，他們都沉沒在血流最深處。四面牆壁，好像著火，熊熊燃燒著。

月光，悄悄暗下去了，雨再一次滴落，霏霏的纏綿細雨。他們發現自己坐在黑暗中。

「你知道麼？好幾年來，我就渴望望著，渴望著。……」她在他懷裡喃喃。

「我也是。」

「你知道麼，昨天午夜，我聽見你的夢囈，你大聲喊著：『我寂寞死了，我寂寞死了！』……」

「我知道。」

「你知道麼？經歷好幾個黑暗年頭，越幾千里的山山水水，我是來找一個能安慰我，溫暖我的生命的。不是尋找冷冰冰牆壁的。我不能忍受太久的絕望，它磨碎了我的心。」

「我知道。可是——」他驀然遲疑起來。

「不許多想？！讓我也眞正做一次女人吧！」她又一次用嘴唇堵塞他嘴唇上的聲音。她帶南國情調的熱烈動作，使他聯想起一片千古曠旱的沙漠，它是怎樣渴望聲音。她帶南國情調的熱烈動作，使他聯想起一片千古曠旱的沙漠，它是怎樣渴望一陣大雨，比窗外夜雨更猛的沙漠大雨。

整整一個多小時，他們沉浸於一種夢囈與昏眩中，可這種境界卻又帶給他們一種星星樣的美麗感覺。當日光又射進來時，突然，她驚醒似地，從他懷裡站起來。她看看腕錶：

「啊，十一點三十分了！」她的聲調表現一份異樣色彩。「我應該睡了，是不是？」

她低下頭，吻吻他的額頭。「明天是拜日，我們到南溫泉去划船，好麼？」

他點點頭，放鬆她。

月光輝耀中，他看見她走進自己房間。他聽見她脫鞋子的聲音。在想像裡，他也聽出她的脫衣聲，卸去她那件紫地碎紅小花袍子。她大約正鬆開長長髮捲，把那純潔而多情的頭放到那隻白色大枕頭上。她是珍惜這片月光，回房後，一直不開電燈。然而，不一會，月亮又暗了，雨又落了，現在稍稍猛些了，幾近一陣陣密扎扎的線條較豪爽的兩腳。她床頭立櫃上的彩色臺燈扭亮了，一線暈黃光芒射出來。他睜眼望去，吃了一驚，大半年來，第一次，她沒有關房門。（那個斯匹靈鎖一關上，等於鎖緊）。那扇樟木門，微啓一條光帶，恰好從門縫內透入他這邊，印在他室內地板面。「這是什麼意思？」他的心卜卜跳著。他坐不住。他站起來。不，他輕輕走著。他來回慢踱。漸漸的，聽著窗外雨聲，他有點害怕了，怕自己房間的黑暗，和從她室內射過來的那條燈光帶。他拉開電燈，讓一片光明巨流沖掉那線可怕的光帶。正像那天的藍色嘉陵江水，也有點像她旗袍的紫色。不，像她的眼波。不是煙浪繚繞他，是她的眼睛包圍他，追隨他。他沉思。他仔細咀嚼她剛才臨走時的話語、聲調、神態、動作。他的視線不斷瞭望那條門縫中射出來的燈光帶，只要輕輕一推，他跨進去了——那決定性的一步。她已扭開燈，在光亮中等待他這一步。她怕他走在黑暗裡，想用燈光照亮他的步子。這樣想著，一陣更可怕的奔流，不禁疾馳他血管內。天知道有多少年多少月，他沒有感覺這種奔流了。他也是個人，不是石頭，他需要這片奔流，也需要另一片奔流對它的反應。是這樣迷人的雨夜！溫柔的春夜！雨越落，越暖和，整個空中似氤氳一種魔魅的香味，有點像印度旃壇香，那樣麻醉他，刺激他。不只一次，他的腳步已走到這扇棕色樟木門邊，又踅回去。有兩次，他的右手已經舉起，準備推門了，卻又頹然落下。似有一隻秘密手臂拉住他的手，扭轉他的腳跟。他踱著，慢慢的，不停的踱步，聲很輕，怕驚了她。一支煙吸完。又燃第二支。他不知吸了幾支煙了，總有三四支吧。終於，這一次，他決定推開這扇命定的門了，他勇敢的走到門邊，舉起手，輕輕推門，他似乎看見她的形體整個展開來，在等待他——

突然，一個在他心裡吼起來：

「不行！不行！……說什麼也不行！」

他吃了一驚。右手立刻從門上掉下來。這不是別人的聲音，是他內心深處的聲音。不，它既不是他自己的，也不是她的，是另外一個人的。它從幾十里外土橋那邊響來，越南溫泉，飛渡長江，直入山城，震動這間地下室。是那個瞎了一隻的人在喊，是那個瘸了一條腿的人在叫。不只他呼喊，那一扇扇牢獄牆壁也幫他喊，每一堵牆壁都是一陣呼喊，不只陰慘的高高獄牆喊，所有同獄的囚徒都在喊。喊聲是那樣可怖，他已經聽不清它們的詳細字句，只知道這片怒吼之潮正向他捲來。

他渾身不禁抖顫了。一片片強烈喊聲，刺破黑夜，穿過雨滴，彷彿把所有睡的人都喊醒了。喊聲又如流星群閃耀著，疾駛著，越聚越多。最後，他彷彿聽到一整個山城的聲音。可能，旋轉的地球，這一剎也停止運動，暫時變換一種機能，從疾旋的機能轉爲咆哮的機能，他聽見全地球在向他喊。

「不行，不能走這一步！……這扇門絕不能推開！」

受苦的歐陽孚不是孤立的，他有整個地球和他在一起。這個地球命令他：必須停止這一步，放下他那隻要推開這扇棕色樟木門的手。除了接受命令，他沒有第三條路好選擇。

窗外，雨滴小下去，體育場上，路燈光仍閃灼著。一片死屍肉身式的慘白光芒中，他看見流滿眼淚的歐陽孚的臉，這消瘦的端整的臉上，那隻唯一發亮的南國型凹陷眼睛，正苦痛的凝視他。那不是眼睛，是一顆絕望的光球體。他瘸著腿，向他蹣跚走來，幾乎要跌倒。不，他已跌下去了，卻向他爬過來。終於，他的臉與全部身形都消失於黑暗中，只剩下那顆孤獨的絕望的光球體，閃熠著，幽靈似地。

啊，不行！他全身強烈打了個猛顫。他再沒有勇氣推開這扇樟木門。他腦海裡，又一次浮現那隻瞎眼睛。現在，他記憶清楚了，這是一個大理石一樣純潔的人，曾經是他同志，後來是他好友，他在陰暗的四扇牆壁間度過三年多——一千多個日子。他睡在冷硬木板上。他嚼著冷硬的飯團。除了放風，再沒有陽光下散步的機會。現在，他連看見一切親友臉孔的機會，全失去了。今夜，或許，他正在那些小偷與強盜中間翻著身子，翻轉他那大理石一樣純潔的身子。可能，他在最黑的黑暗中，正看見那雙秀雅的眉毛，和那一排潔白牙齒，他已經知道她來了。他等待著那一天，……

不知何時起，楊易發現自己臉上滾下兩行熱淚。

「楊，你還沒有睡麼？」一個溫柔的聲音從隔壁響起來。

「我這就睡。」他的心又一次「卜卜」跳著。「你還沒有睡麼？」

「我睡不著。」

「你把燈熄了，就睡著了。」他咬咬牙齒，冷靜而堅定的說。

「好吧！我熄燈了。」

「明天見！」一個像刀子一樣殘忍的聲音。

「明天見！」

他聽見電燈開關聲，「撲」的一聲，從那扇微開的樟木門的細縫中射出的暈黃燈光帶，突然熄滅了。他也扭熄燈，裝做已經脫衣上床。這樣，他坐在床上，凝望窗外。雨早小下去，幾乎快停歇了。他不想睡，也不可能睡。他又輕輕爬下床，躡手躡腳，悄悄推開房門，又躡著足步，走到大門口，賊樣的，極輕的，他打開大門。他帶了門上鑰匙。

五

他走在山城大街上，雨已全止了。

漸漸的，月亮又出現了。他這才記起，今夜是舊曆三月十五，滿月之夜。他信步向前逛去。深夜的重慶街頭，仍有不少行人，他一直向北邁步，半小時後，踏進C教會中學，穿過校園，便是嘉陵江畔。這一帶，是他平日最愛觀賞的重慶風景之一，也是他與羅眉茵常常散步遊覽之處。白晝，藍色的天，藍色江水，冬季藍得格外迷人，現在卻是一片銀色，水流滿溢月光。

啊！月光。月光。他坐在岸邊，默默俯視它。他似乎有多少年，未好好看它了。他好像有點不大認識它了。「啊！月光！月光」一個和月光一樣亮的聲音兜他心底響：「這是多少年前的事呢？它對我竟如此陌生。簡直像另一個星球的光輝。」他望著，望著，陡然明白來，月亮本是另一個星球啊！

這些年來，他的感覺，本已凍結。一層冷冷殼子包裹它。可能，他自己是製殼者，但連他自己也弄不清楚，殼裡感覺究竟是些什麼？究竟它還有沒有感覺？裹了一層殼子後，一切是不是完全變了？

感覺，這似乎是一件太容易的事。這份「容易」中，包涵一種固定，一份僵硬。他感覺了幾十年，一切依舊如此。大地上彷彿沒有一件是新鮮的。他看了四十年月光，聽了四十年流水，他厭倦了，他再不想認識它們了。生活中，詩已變成這樣一種可厭的東西，不管它怎樣美麗、動人，卻一點也不眞實。

他坐在江邊石級上，幾年來，他第一次有這麼一個「三月十五」，有圓圓圓的一輪光亮，嵌在他視覺內。他似乎早已忘記，十五的月亮是最美的。面前，江水呈一片銀灰色。它流著，沒有希望的流著。一盞燈，在岸上是那樣一點點紅火，水中倒影卻是那麼長長長長一大條紅色，像一掛又一掛的長長紅色鞭炮。它們會在水裡爆炸麼？不，它們如此搖曳，蛇尾式的顫動，卻又一片神奇的靜，紅色的靜，金色的靜，它們絕不會爆炸，叫他心子沉下去。在每一掛紅鞭炮與另一掛之間，浮幌岸上樓房建築的倒影。倒影永遠比它的主人富於詩意。主人是一個果戈理，影子卻是一個馬拉梅，眞樓眞屋本身唯一動人處，是那份眞。此外，毫無可取。水中倒影朦朧惚恍，卻表現得無限姦麗、魔人。

風起處，月亮在水中跳，像一隻白色皮球，一上一下，忽而拖成一大串，像孩子玩的紙皮球，拉長了，忽而又壓縮成扁扁的。它跳著，蹦著，是龍戲珠，龍吞不下珠，珠卻不停止躍動。其實，這不是月亮跳，是風吹水動，浪頭叫月亮走浪木。有時，因爲魚兒戲月，月亮也跳了。魚群總覺月亮是一團無比大食物，巨大的誘惑，它們一尾尾游過來，衝入月亮，使浪紋漩轉，月圓衝破，碎裂了，又被拉曳長了。魚入月，月纏魚，月膨脹，魚出月，月又縮小。這場魚月相對，不知哪是魚！哪是月。

他望得呆了。

他覺得己正是這一尾魚，他隨群魚補月，咬嚙它，到頭來，什麼也沒有吃到。可魚兒至少還有一個眼前月亮好捕捉，有一片身前的水好追逐。他的前面，或前面的前面，卻連那最虛幻的假月亮，和最靠不住的空幻水波也沒有。是的，在他面前，一切眞正綺麗的形相，永遠沒有。這種空虛感覺，今夜分外明顯。當他走出大門時，血管還沸騰一片火燄，現在，卻是一片幻滅感。

驟然間，他覺得自己衰頹了，像一棵老樹，樹心全空，馬上就要折斷了。眞怪，一小時前，他內心還洋溢這麼多綠葉鮮花，現在，竟這樣快的隨水上月亮陡然枯萎了。他摸摸臉頰，上面又出現淚水。他未流過淚。即使一年前，他發現錢素煙出走，也未流淚。甚至在神經病院裡，大約也未流過淚。但今夜，——漸漸的，他四十幾年的一生，像一座荒山破廟，屹立眼前。廟內到處是塵封，蛛網，殘破的菩薩，開裂的羅漢，燒剩的燭淚。這一切形像，多淒涼。這個春夜，這燠熱的盆地山城，這嘉陵江濱，爲什麼忽然有一股奇異凜冽的冬風吹過，直冷到他骨髓？他可能完了，徹徹底底完了。他的老婆早已跟別人睡在一起。他那本五萬字的小册子「黑格爾哲學綱要」，依然只是一個沒有正文的題目，空空留在一張霉的稿紙上。也連一篇序文也沒有寫好。他總以為自己有哲學天才，能做一個創造性的天才哲學家，可目前連任何大學的哲學課程表上、或任何書店的哲學書目上，都沒有他的名字。他完了，早像一座無人問津的破舊古廟，被拋棄在荒山幾年來，他精神中那些「懶惰」的白蟻，吃空了廟的棟樑、板壁。他是一個赤裸裸的無業遊民，靠父親救濟米餵飽肚子……

這一夜，他不知道什麼時候離開嘉陵江岸的。他只知道，當他站起來，再返大街上時，月亮已沒有了。他滿身是露水，和空中潮濕氣的印跡。街面空空，像水面一樣。連最後的夜人都魚樣消失了。最初的晨游人已開始出現。他是最後一個夜遊神，又是第一個晨遊者。他回到地下室時，娘姨程嫂還未起床。借第一線曙光，他匆匆寫了一張紙條，放在飯桌中央，用煙灰缸一角鎮住，好讓第一個發現它的人、很容易注意它。接著，他再度悄悄走出大門，帶了個帆布拎包，裡面裝著盥洗用具，換洗衣服，與抽屜內最後幾張鈔票。

這一夜，羅眉茵也未睡好。我們無法詳細解釋，她為什麼不能順利走進那座黑暗王國，我們只知道，天剛亮不亮時，也就是楊易再度溜回家時的前一刻鐘，由於一夜神經劇烈震盪後的疲倦反應，她開始到這片永恆靜寂的王國兜了一圈，大約一小時左右。於是，她猛然從夢中驚醒。那是一個又美麗又可怕的夢。她睜開失眠眼睛，深鎖兩條秀雅眉毛，從床上爬下來。那扇曾把「人類」分割成兩半的樟木門，仍微微開著。帶了點好奇，她從門縫內張了張。幾個月裡，她是第一次懷著這樣好奇心情。平常，她起床後，從寢室另一座門出來，直接到廚房內盥洗，用早餐，絕不驚動楊易。在半亮的曙光中，她幾乎直覺的突然發現一份驚人景象，正像那個偉大亡命者（註③）站在美洲地峽，第一次發現太平洋，楊易床上的被子，居然疊得四四方方，整整齊齊，一動也未動過。她楞了楞，推開門，走進去：

「楊！」

「……」

「楊……」

她才準備喊第三聲，或者，打算走進下房，詢問程嫂時，她看見白磁煙灰缸下面的一張紙條。

眉茵：

在一個學哲學的人的一生中，難得遇見眞閃電。除了青春時代，我曾和同時代許多年輕生命一樣，追逐過那最歷史性的閃電外，我幾乎從未遭遇眞正的天空電光。就我純粹的私人時間說，我也從未有過眞正的閃電時辰。

昨夜十點到十一點，我「自己的園地」裡，（註④）第一次出現眞正閃電的時辰。這條閃光，是那樣強烈，幾乎震眩我整個靈魂。然而——你知道，我是學哲學的，從閃電的極度光亮裡，很快我看見自己的眞正命運，你的命運，以及另外一個人的命運。你知道，我多麼願意把閃電留在身邊。沒有一個像我樣處境的人，不願留住它。我又多麼珍貴這條閃電的光色。然而，不幸的是我的命運。我永遠無法推開我自己的眞正命運。它像一個「永恆」，牢牢守在我秘密的心底。雖然我早已成爲一片徹底破碎的木塊，但我仍然愛我的「永恆」命運，而我必須爲它付出代價。就目前說來，這代價當然很大。

在一個人一生中，雖然極難邂逅一次眞閃電，卻極易遭遇一次眞正黑暗的時辰。昨夜十點到十一點，可能是我一生中最閃電的一點鐘，也可能是我生命中最黑暗的泡沫，永遠沉入黑暗海底。爲了我的命運，爲了你的命運，更重要的，爲了另一個人的命運，我虔誠祈求你忘卻這一切。我不是宗教徒，我平生很厭惡談宗教，但我現在願以一個教徒的虔誠，再一次重複向你籲求，讓我們把一切忘記吧！

我暫回故鄉，大約逗留兩三星期，不久，我還會回來。希望那時候，充滿風暴的海面，將重新恢復平靜。祝你

平靜，愉快。

楊易

晨五時

羅眉茵看完信，究竟是怎樣一種反應，我們沒有那麼多時間仔細研究了。我們只知道一點：過去，每星期日，她本來很輕鬆，幾乎是極愉快的消磨著。現在，每逢這一天，她把自己關閉在寢室內，整整一天，不願出來。她凝視窗外廣場，深深陷入深思。有一天，大約是黃昏時分，她忽然高高興興離開寢室，走上大街。幾乎帶了她箱底大部分的錢，決定好好買點東西，包括吃的、喝的、穿的、用的。因爲，下星期是例行探監日子，她必須到土橋去看那個獨眼人——她的丈夫。

儘管到現在止，她還未和他見過一面，今後還不知何時才能見面，但在規定的日子，她總把他需用的東西帶給他。

德國投降的消息，像愛特納火山般地、在重慶爆炸開了。好幾年來，全世界第一次，從巨大黑暗中看見人類的眞正光明。聽到這個消息，沒有一個人不感到心卸下一塊大石頭。雖然東境還有另一塊石頭壓在人們肩上，但比起柏林那一塊，顯然輕鬆多了。人們已可屈指數出全球大勝利的日期了。從現在起，我們千千萬萬英勇將士們所流的血，每一滴是眞正開始收穫光輝的果實了。在五大洲太陽光下面，不遠的未來，人們將會看見，到處開放著燦爛的勝利花朵。

即使在這樣一片光明的勝利狂流中，楊易心中仍籠罩陰霾。他不知道如何再回到棗子嵐埡，再推開那座地下室大門。經過這一切後，她能原諒他麼？他們還能重新共同過那「一牆之隔」式的生活麼？假如不，他又該怎樣？主要是：他將怎樣去忍受那第一剎的沉默或聲音？——她那純眞的眼睛？她那黑孜孜臉上羔羊式的姿容？她那隱藏兩排潔白牙齒的菱唇？在他一生中，這可能是他最難挨的時辰。不只那一剎，還有那第一點鐘、第一天、第一週。——

下午四點多鐘，他重新站在家門口。心子忐忑著，「撲撲」蹦著，心臟彷彿是個開花彈，要爆炸。他那花旦型的蒼白臉孔，泛出血液紅潮。他眞是好不容易，才拿起鑰匙，對準門上鎖眼的。

出於意外，一進門，看見的不是她，是娘姨程嫂。

更出於意料的是，她的房間內，居然有談笑聲——兩個人的聲音。

他還沒有來得及用新的意識形態適應這一切，兩個人已經從室內跑出來。羅眉茵極歡快的搶著大聲道：

「楊！歐陽已經出來了！他回來了！多叫人高興呀！」她那黑孜孜臉孔，簡直像陽光中最飽滿的一朵芍藥花，泛溢紅光一片沉醉的喜悅。

「什麼時候回來的？」，楊易急忙問。

「大前天下午。」歐陽孚笑著道：「是老林，老黃，和眉茵去把我接回來的。當局把釋放的消息，通知他（她）們，也通知我。」

「啊！太好了！太好了！恭喜，恭喜！這眞是天字第一號大喜事，像納粹投降好消息一樣。」楊易笑著，和他緊緊握手。

「是呀，你眞要恭喜我們！德國法西斯已經無條件投降了，歐陽也終於回來了。看樣子，日本鬼子不久也要投降了。」她一面笑著說，一面搶著和他熱烈握手。「明天晚上，我們要好好慶祝，請林先生，莊先生、黃先生夫婦，和韓先生一起來。——我請客！大家痛醉一次。」她大笑著加了一句：「楊！明晚我一定要和喝一斤大麴，跟你拚一拚，其他客人也要叫他們喝醉。」

「好極了！我們一定要大醉一場，好好慶祝歐陽回來。這次先偏你的，改天我和幾個朋友再聯合請你們夫婦，隆重慶祝歐陽重獲自由。」

他們談笑著。一走到羅的室內，那個獨眼男人，突然又一次緊緊抓住楊易的手，簡直是緊握不放。眞怪，這一刻，他似乎不大像離牢獄才三天的人，他那白瘦臉上，洋溢一種奇異光輝，宛若一個剛從大海底打撈上來的基督徒，用一種向上帝作謝恩禱告時的情感，定定凝視他。楊易看得很清楚，那唯一的眼睛強烈沸騰著對他的感激。

「楊！我眞不知道怎樣感激你才好。我眞不知道怎樣感激你才好。我眞不知道——」

話語是低沉的，他說不下去了，一顆顆大而圓的淚珠、從那隻明亮的眼眸與另一隻不眞明亮的眼睛同時流下來。

他雙手握住楊易的手，有點發瘧疾似地不斷抖顫。

楊易讓他緊緊握著，說不出話，所有幾天來的內心陰霾，一掃而空，他激動的想：

「他明白了！……一切他全明白了。」

楊易仔細端詳歐陽孚。闊別近四年，這位老朋友，確實瘦多了，這種清癯，不只表現在他蒼白臉上，（由於幾年少見陽光，他原先的黧黑面孔，轉爲蒼白了），而是透顯於全身。凡是經歷幾年鐵窗生涯的人，因爲生活大受限制，那種精神上的，也反映於肉體風格。無論他談話，動作、甚至大笑，形式上雖放縱，但仍顯得牽強，不自然，甚至做作。他本來瘦削的臉龐兒，幾乎形成倒掛三角形。渾身儘管被一套黑色新毛料中山服包裹，不用詳察，就知內層是一把皮包骨頭，走起路來，有點虛軟。他那隻失明的眼睛，仍是水汪汪的，卻缺少光澤，那隻原先煥發的獨眼，只要他一沉默，便露出一片陰沉沉黑氣。所好是：他精神倒極振作。這多半是才出獄後的興奮，激動。不過，自從羅來山城、獲得工作後，能定期送給他較豐富的食物，這就使他增加不少營養。肉體獲得燃料後，靈魂火燄也旺盛多了。

「還好！你沒有大變。精神倒不錯。」

「這要謝謝你們大家。」

幾天後，楊和幾個友人，才逐漸明白他被捕眞相，原來他由林鬱介紹在S室大商報工作時，編輯部同事B與他私人有嫌隙，主要是，歐陽看不慣B的又自私又無聊作風，一些小磨擦形成深刻夙怨。想不到B竟是國民黨調查統計局暗派出來的。林鬱棄艮婭，出走遠方後，歐陽失了靠山，乃更是興風作浪，老叫他過不去。太平洋戰事前半年，他離開S市，回重慶述職。不久，月後，歐陽也投奔大後方。那時，香港尚未陷入日軍摩掌，通重慶的路是不大困難的。歷經一些艱困，他終於抵達山城。一個月後，想不到在售珠市路上遇見B。他本不想理睬這個僞君子，後者卻假惺惺招呼他，與他寒喧一陣，暗地卻跟蹤他。半個月後，B對他下毒手，他被捕了，罪名是奸諜。到了土橋，怎麼解釋，也洗刷不清，更何況歷史上，他本是個C、P。他吃虧處是太鯁直，剛強，每次審訊，他總理直氣壯，振振有詞，說明他是一片丹心，爲了抗戰，才到重慶，絕不承認自己有分毫過過錯，甚至怒斥審訊者是陷害忠良。這樣，事情越鬧越僵，案件一直拖下去，弄得外界親友都無法探望他。幸而天無絕人之路，由於林鬱不斷托人疏通，搭救，這次德國投降，赦了一大批犯人，他總算重見天日。像他這種情形，獄中並不只他一個。舉個例子，像天津著名者汪公敢，過去是最著名的主戰派和反日健將，抵達這裡後，卻被扣上敵諜帽子，關入土橋監獄。汪這個人，桀驁倔強，每審必大罵法官，結果，幾乎囚禁七年，這次才獲釋，眞是苦頭吃足，比起汪來，他還是幸運的，只坐了三年多班房。

在慶祝筵席上，聽完歐陽的陰暗故事、林鬱諷刺的笑道：

「七七抗戰前，汪公敢不知道寫了多少精采報導，揭發日本人在華北的罪惡活動，平素主戰最烈，想不到抗戰眞正爆發後。他卻在土橋鐵窗畔生活了近七年，這倒是一個最大諷刺。過去，日本人炙手可熱，欲得之而甘心，想不到，對方沒有做到對他的懲罰，我們自己卻做到了。這眞是達抗戰後方的奇怪悲劇。確實，比起他來，你是幸運多了。來，我們爲你乾一杯，好好歹歹，抗戰總算快勝利了。」

一個影子蕩、蕩、蕩、——蕩過模糊的窗玻璃，輕掠窗前橢圓形紫砂盆內黃色水仙花瓣，映入白色粉牆上，畫在牆上一幅油畫的金色框子中，顯示於屋角紅木書櫥的玻璃門上。慢慢的，它近了，小了，黑得黝深，可怕，又遠了、大了、大得怪誕。她的梳兩條長辮子的頭，像水缸一樣大。站在粉壁前，定定凝望白牆壁面黑影，那是一種折磨。面對那片搖搖幌幌的荒幻的黑色，望久了，簡直會叫人恐怖。一副什麼也沒有的黑色人臉，即使缺少眼睛鼻子嘴，也仍然如此像她。——一個無眉無眼無鼻無嘴的，卻像一個有眉有眼有鼻有嘴的。——這是她。——一條影子——一個頭，——一片黑。——一個比虛空稍微多一點的圓圓的黑——兩條長辮子晃著，晃著，正似壁上那張油畫，喬君野送他（她）們的，畫面對立著兩條人影子，一個墨黑，一個杏黃，臉對臉，不知究竟誰是誰的影子，駭人得很。那黑色人形與黃色人形，彷彿比幽靈更幽靈。

她也正和這個黑影子黃影子一樣？

三四年前聽過紀紅尼獨唱的人，假如現在看見她，幾乎不認識她了。那張一向透露褐紅色的圓圓茶色臉，變成一副骷白色瘦猴形，那雙烏黑眼球，也死沉沉的，似帶點炭白色，彷彿一盆烏炭燒光，化爲白色灰燼；她那苗條身子，只剩下一個骨骼架子；她那流水型的體態，也冰結成一座小冰山。特別是她整個臉孔，正像此刻幌動於粉壁的影子的黑臉，又空虛、又模糊、又陰森的，叫人有點感到悸怖。

她蕩著，蕩著，影子似地，在客堂內蕩來蕩去。偶然，也停一兩分鐘，站定了，側耳傾聽隔壁寢室，她的三歲女孩小妮妮睡得正熟，一點聲音沒有。另一間下房中，女傭秦嫂大約也睡熟了。這個深冬午夜，只有她一個——她的一條黑影——她的淒滄的腳步聲，在蕩。

結婚以後，這三年來，她也正像她此時的影子——不，不是一條影子，是一大串影子，掠過這虛廓空間，漸漸的，擴大了，大得驚人，又慢慢縮小，縮成一團深刻的陰暗、陰得叫人毛骨竦然，於是再擴大。從這一大串變化的影子裡，她只簡單看見一件事：三年來，不管她千方百計學凌霄、紫藤、拼命往牆上爬，而終於爬不上去，他那扇牆壁太高，牆底又太多荆棘。

眞正最「南方玫瑰華爾茲」的時辰，不過短短一個多月。這以後，她就嘔吐，反胃，腰酸，頭昏，四肢無力。這一切臨床症象，才漸次消退，接著就是難堪的沉默。因爲他沉默得像一塊石頭，她的任一支小夜曲撞上去，激不起一點柔和聲音，漸漸的，她也沉默了。她在沉默中希望著，期待著。可不久又是嘔吐，反胃，腰酸，頭昏，疲憊，不想吃，也不想喝，好像全世界妊娠女人的一切痛苦，都集中在她一個人身上。

他總算克盡一個丈夫應盡的力量，給她治好一切併發症。但回答她的痊癒，既不是新的小夜曲，也不是新的沉默——卻是一個長期旅行。他藉口搜集學術資料，到重慶了。即使才出肚子的嬰兒的哭聲，也不能把他馬上召回來。她是以一個尼姑姿態在醫院裡生下他們第一個孩子的。其實，幾個月來，即使在她身邊，他也以一個行腳頭陀的姿勢，扮演丈夫的角色，彷彿也從未結過婚，生活中也沒有多出任一個人，在結婚證書上簽過字的他，依舊過著未簽字前的生活。他是一有妻子的獨身主義者。他陪他朋友們的時間，遠比陪她的時間多得多。起先，她還發嗔、撒嬌、半器半笑的和他鬥爭，希望在他身上佔有她應該佔有的陣地。但慢慢的她感到：他們雖有共同語言，卻沒有共同的語言定義，一個是按照紀元一世紀的解釋，一個卻以紀元廿五世紀的涵意來運用。影影綽綽的，永遠有一座山峰橫陳他們中間，一座她無力爬過去的山。他有力能翻過山去，卻不願。他們是隔著一座山講話，動作，談愛情。她的千百種少女溫柔、熱烈，也不能淹沒這座山。

她記得，有一回，和鄭天漫談話時，他偶然以諷刺語調、談到古代侮辱女性的故事。他說，那時候，男人把女人當飯桌，當屏風，當火爐、燭臺、賭具，甚至當痰盂，而最刻毒的是，當做款客的一道菜（註⑤）。他說這些時，充滿悲憤情緒，算是同情這些古代女性受難者。然而，經過三年辛酸，恍恍惚惚的，她才明白一件事：這個西安數一數二的文化人，其實並不比那些古代女性侮辱者高明多少。他們是屬於一個家譜的。他一直是拿她當一次捉迷藏遊戲的同伴，現在，遊戲早結束，她的同伴身份也結束了。什麼「旅行年」，「求道年」，「讀書年」，那不過是他的新遊戲的藉口罷了。

「是的，舊遊戲結束了。……，結束了，……」

她囁嚅著，望著粉牆上自己影子。一個陰慘的苦笑畫在她顛倒三角形的臉上。她的腳步仍在蕩，蕩，蕩。

她瞅著牆上黑影子，瞅著瞅著，一連串驚訝出現於心頭。

她驚訝，一年輕女人的機體、近來竟會發生這樣強烈的變化。（從前也變化，那是往好裡變。）以前，她那雙烏黑晶亮的眼珠，閃耀得像一面鏡子，連空氣內每一種元素——門德利夫元素表上的元素，都能徹底映照；現在，有時，連一隻飛過的麻雀，她似乎都看不清楚，像一個患青光眼病症的女人，她眼睛前面。經常有一團黑影子晃動，蜘蛛網樣纏繞她的視覺。醫生說，那是飛蚊症。過去。她玲瓏的鼻子，嗅覺本與獵狗一樣靈敏，連室內多一立方公分二氧化碳，也能呼吸出。此時，卻常像患慢性鼻炎，鼻觸幾乎相當麻痺，即使秦嫂把刷過的馬桶晾在窗下，她也不覺臭。她的長長黑髮，每一次梳辮子時，每根髮絲本如一根最尖銳的神經，手腳稍重一點，它們全感到疼痛，此刻，即使猛力施勁絞扭，也不一定感痛。這是怎麼回事。她並沒有老。她才二十四歲。怎麼竟有一種崩潰感覺？她的胸膛，彷彿是一堵頹牆，她的手臂、像兩片要坍塌的飛簷，她的秀麗的頭，竟像一個破敗的屋頂，她的兩腿，似乎是兩根被白蟻蛀空的柱子，這一切是怎麼回事？

漸漸的，一個人的頭腦，竟發生一種像怪誕變形，宛似變成一尾埃及「球魚」，當大鯊魚襲來後，它便迅速吸取海水，藉特殊分泌作用，把自己變成一隻充滿氣體的巨大圓球，可她四周並沒有大鯊魚，她自己更絲毫沒有想到防衛自己，她竟也扮演這種球魚，腦袋膨脹得巨大極了，充滿氣體。獻人退去後，球魚還可以叫自己恢復原狀，她的腦子膨脹以後，卻永遠不會還原。這些日子，她不知道自己想什麼、夢什麼、幻覺什麼，腦內不斷充滿氣、氣、氣。這正是太鹹的海水分解成的氣體。這一切，她做少女時，從未夢想過。——她把未婚前，當少女時代，現在，絕對不是了。——一個女人，和男人捲在一起，居然發生這樣奇妙的物理結果——一個膨脹得太大的充滿氣體的腦袋，一個深不可測的深淵，在她簡直不可思議，僅僅三年前，她還唱「玫瑰瑪麗」，唱西班牙「白鴿曲」，唱「藍色多腦河舞曲」，沉醉在印第安人戀歌裡，維也納森林與聖瑪利亞懷抱裡。那時候，她渴望幸福，把每一支歌曲裡的天堂翻譯成現實，這不是她的錯。這算是她的錯麼？她是因爲他的聲音，那些風趣的聲音，機智的話語，瀟洒的風度，坦白的笑容，誠懇的諾言，以及他的社會地位，名望，才投入他懷中的。她渴望做一個永恆愛人，一個好妻子，她並沒有錯。當一個渴望幸福的少女，難道這就是錯誤的生命，因而受到巨大懲罰？

然而，腦子竟會變成球魚，那些帶苦味的海水，糾纏的海藻，荒誕的分泌與分解，這一切究竟是怎麼一回事？怎麼我的手臂有點失常了？我的步子有點變態了？我的眼睛——雖然我看不見自己眼睛，這個深沉午夜，卻分明感覺到它們閃射出奇異光輝。突出的是：我的腦子裡，一些從未妖顯過的條紋、電光、雲彩，陡然閃爍著，這是怎麼一回事？恍恍惚惚的，天不是藍的，不是灰的，也不是黑的，開始呈現一片從未見過的詭異色彩。她說不清它是什麼顏色。地也不是地，不是平的，不是方的，也不是圓的，很畢迦索的雙面人的怪畫，一個人有兩重臉，地也有兩重地。空氣、燈光、街道、星星、窗子、屋瓦、牆壁，也不對了，全轉形了，轉成光怪陸離的樣子，她從不認識的樣子，也說不出是什麼樣的樣子。是她看錯，想錯，還是空氣，燈光、街道、星星、窗子、屋瓦自己錯？她是站大地上麼？她是走在自己客堂裡麼？她是紀紅尼麼？她是她麼？眞怪，什麼時候起，我問起這類怪誕問題的？也許，假如她眞是一尾埃及球魚，倒也好。不管任何大鯊魚都怕她。她會和任何吞噬她的大海魚同歸於盡。當她被它們吞到肚腹內時，又用自己腹部尖銳的刺，把那吞吃她的胃壁刺穿。然而，她不是埃及球魚，她只是一個膨脹得大大的腦子的主人，在她腦子內——那些尖銳的刺扎的是她自己。

任何一個女學生，不會想到這種埃及球魚，任何一個未婚少女，也不會想到。但一個結過婚的——特別是一個已經做母親的女人，有時卻必須把自己腦子與這種魚聯在一起。

「嗯，埃及球魚！……球魚！……球魚！……埃及！……埃及！……埃及！……球魚！……球魚！……」

她喃喃著，囁嚅著，像做禱告。不知何時起，她的步子蕩到范惟實書桌前，她的眼睛又一次掠過桌面，那兒有一封信，今天下午，鄭天漫送來的。這封信出現前，寫信人已經有兩夜沒有回來了。

「紅尼：

經過長期協商失敗後，我只好不經你同意，獨自貫徹我的「旅行年」計劃了。當你看見這封信時，我已坐在往新疆的軍車上了。請原諒我不辭而別，事先沒有通知你。這是你的固執、逼我採取這樣行動的。生活費我會按時寄你。明年這時快樂！爲我抱吻小妮妮！

惟實」

哼，「快樂！」——「快樂！」——「快樂！」——多刻毒的句子！多殘忍的字眼！這兩個字比一切非洲大猩猩的利爪更能把她撕成粉碎！

「哈哈哈哈……！哈哈哈哈……！……快樂！……快樂！……我是世界上最快樂的女人……我是世界上最快樂的女人！哈哈哈哈……！……快樂……快樂！……哈哈哈哈……！哈哈哈哈！……」

一陣絕頂陰慘的笑聲，猛然越過四周靜寂空間。狂笑者像和一個生死敵人扭打，她用盡全身力氣，拼氣撕扯這封信，把它撕得粉碎，不僅她的腦子，她的眼睛也像埃及球魚一樣，膨脹得大大的，充滿一種恐怖光燄，每一個瘋人院院長或神經病院院長，都熟悉這第一種笑聲，更熟諳這樣一種眼睛。

一個女孩子的哭聲、陡然在隔壁寢室響起來。

這是一個最冷的冬季午夜，窗外沒有星星。

……………………

同樣午夜，范惟實兀立華家嶺的高峰頂，向極西北方眺望——那是玉門關外滾滾荒沙睡覺的地方。

這是一個雪夜。到處是雪，華家嶺已裝扮成一座雪嶺。這天傍晚，軍車與公路汽車剛到，很快就下雪了。落雪毫無聲音，假如眞有聲，世界上再沒有比雪更靜的聲音了，它那麼瘋狂，卻又如此安靜，一種靜的瘋狂。晚飯時，他在中國旅行社招待所喝了許多汾酒，酒後，他拄杖漫步戶外，爬到嶺巓上。這時，雪已暫止了。

大雪天，人的感情分外強烈，即使晚飯時沒有酒，也會像喝過酒一樣。雪夜有一種美，一種偉大的靜美、純美、白美。這種時候，他眞正體驗透那些來自冰天雪地的斯拉夫小說的深度，時別是陀斯退益夫斯的小說，比如「白痴」或「惡魔」之類。那是冰深處的火，與熱帶的火不同。這樣的夜。他很想訪友，找一個人夜談、共醉，但這個山嶺上卻沒有酒家，也沒有妓寮，更沒有眞正友人，他只能讓自己暫時沉浸於孤獨雪景中。

黃昏或黑夜，雪景表現一種略帶昏暗的空靈美。夜是黑的，雪把它烘染白了。這是白色的夜，模糊的白夜，不是黑夜。一些山間茅舍，瓦屋，隱於風雪中，特別顯得低矮、親切，從它們室內偶然閃射的那一盞盞淒迷燈光，極吸引人，因爲它們象徵溫暖、溫柔。其實，即使四周一片寒冷，他仍覺有一片偉大的華麗，這片華麗彷彿是暖孜孜的，解除他心中所有冰凍感，叫他靈魂分外熱烘烘的。這是一種宇宙性的華麗，緩和了他的冬季的殘忍感。大雪中，一切單純，他的思想也單純了，彷彿千千萬萬個複雜的世界問題或家庭糾葛，一下子，全簡簡單單解決了。再沒有鬥爭和血淚。也再沒有苦痛和失敗。他記憶內，再也沒有西安、紀紅尼與他的女孩子小妮妮，他已經完全忘記他寫給她的那封信了。

然而，此刻他卻深深想起印蒂，那個生活在另一個星球上的現代人。在這同樣午夜，他也許和他一樣，獨自漫步華山五千仞上吧！

他再一次舉眼向玉門關外方向的遠方瞭望。他似乎看見那些充溢古典意味的名字，武威、張掖、酒泉、灌木、戈壁、嘉峪關，漢代的「五船地」，「大唐西域記」中的莫賀延蹟，白龍堆大沙漠，塔克拉馬干大沙漠……。

他點起一支煙，深深吸起來。這樣冰天雪地，連一支煙也會噴冒出一些熱氣。他嘴巴裡噴出煙，不僅是煙，是一片熱熱的藍色氣體。他輕哼著「雪擁藍關馬不前」的詩句。他希望，明天這時，已躺在蘭州一個熱烘烘的房間內，一條熱烘烘的肉體旁邊。

註① 重慶是山城，有的樓是「無梯樓」，樓下是店面房屋，樓上租給別人住家。房客上樓，不從店面內樓梯走上去，（樓梯已截斷），卻從後面一個山坡上繞進去。樓上房子在半山坡上另立門戶。這樣、從街頭望上去，這樓房便成爲無梯樓。

註②　有些豪富人家大出喪，專門僱人哭泣，以壯聲勢。

註③　雞傳染瘟病，頭就不斷搖動，而搖頭一個時期後，即死去。

註④　雞冠如發烏黑色，表明這雞的血淚已中毒，是一隻病雞。

註⑤　一個亡命者，叫紐尼茲 Nunez 一五一三年九月廿五日，他在美洲一個地峽區域發現太平洋。

註⑥　法國伏爾泰名著，「贛第德」，主角遊遍世界後，最後，仍以爲「自己的園地」最好。

註⑦　魏晉南北朝時代南朝某顯貴大宴賓客，進食時，以一巨大蒸籠饗客，揭開籠蓋，內坐一盛裝美好少女，已被蒸熟，渾身上下尚完好無恙，乃請眾客舉箸嚐之。

第九章

一

盛夏夜，印蒂站在五千仞上，一整夜，讓自己沉醉於一場透明的星光浴。華山不再是石山、草山，是星光山，每一棵樹不再是絲樹，是星光樹，每一塊石頭不再是石頭，是星光石，是璀璨發光體。無窮無盡的光，形成的幻美、大霧樣籠罩四周，虹彩般熠爍在他頭上，露天鑽石礦似地、閃耀在他腳下，使他整個肉體溶成星光肉體。

光，無極無限的光，單純的光，複合的光，連續的光，透過稀薄蒸氣與氣體發射的光，明線的光，暗線的光，帶光譜和吸收光譜，從一毫米的一千萬分之一的波長，相距一百六十萬光年的大熊座漩渦星雲M81號，一光，一色，一斑，一粒，都通過他的眼球屈折體，投映入他腦視神經中。有生以來第一次，他深深淹沒於這樣洶湧澎湃的星光海洋。喞筒座，寶瓶座，天壇座，御夫座，鹿豹座，大犬座，小犬座，船底座，圓規座，烏鴉座，巨爵座，一座坐不是星星，是最光艷的夜明魚，無始無終，游泳於空間深海。

他不是仰視星斗，是狂吻一尾尾矞麗的魚，他的水晶體是明皎的唇瓣，水樣液是舌液，一顆一顆的，一座一座的，浸吻著，溶吻著，才吻上去，又滑落了。非星光體與星光體的抱吻，是非夢體與夢體的抱吻，是無量數的接觸，又無量數的滑落。可不管怎樣，他仍感到，北斗七星的旋轉，是轂轉在他嘴裡，他的舌尖可以幻舐星等變化曲線的彎曲痕跡，空間的球心及圓心，是在他心底感應著，溶混視覺的嘴唇與舌尖的感味。正如電影是一種綜合的立體藝術：色彩、聲音、氣息、線條、詩歌、建築、動作、戲劇、人物、技術，一剎那間，閃電樣形成一片動的整體，他現在的感受，也是一種綜合的立體觀照，只不過把前者那份運動感化爲一片靜觀而已。他的視覺、聽覺、嗅覺、味覺、四肢感覺，他的意識奔流，思唯的反芻，運動在血液循環中的自動神經系，與萬有引力、星光的折光及返光、星群的體積與運動的連變、光的電離原子與中和原子，一秒鐘內，全織成一片。他被織入星光中，星光也織入他靈魂裡——一顆又永恆又明亮的星光靈魂。

心如紙，紙平，紙坦，紙白，紙有空間，紙上有聲。它有無聲，無聲中仍顯音。不管把這張紙怎樣揉，撕碎，扯作虀粉，微塵，每一撮紙屑仍彈巨聲，每一米紙粒仍發大音。它永遠顯示不碎不滅者在——有最完整者在。越扯成稀爛，越是渾圓，越污以奇臭，越氤氳穠郁芳香。今夜，站在峰巔，他從這片平凡白紙上，聽見奇妙的星球旋轉聲，看見一整個銀河系的星光投影。它的折光、返光能力，彷彿超越地球上一切口徑的望遠鏡。

從相距幾十萬光年，或幾百萬光年的空間深處，躝透這一片圓形碧玲瓏天幕，各式各樣星光投映下來：水晶的光，玉髓的光，蛋白石的光，石英岩的光，寶石的光，玻璃的光，一串串，一珠珠，描畫在上述白紙上，投聲於它透明空間，使他在空靈的醒覺中，洞見且觀照這銀河系內的宇宙，和它以外的幾萬萬個宇宙。

這是怎樣狂艷的無量數宇宙。

在那最遼遠的空間四方，今夜，有一萬萬座以上的銀河宇宙在燦爛發光，構成一幅超越一切地球畫筆和字句的仙妙奇景。他自己所隸屬的銀河系內，那無窮數的星城與星城間，有一千萬萬朵太陽正燃燒、放彩。漩渦星雲，以兩條幻美的漩渦繞著核旋轉；扁橢的、滾圓的、橢圓星雲，在銀河系外煒煒閃爍；不規則的星雲，由各式各樣形狀浮漂，游蕩，瀰漫，飄閃出一條條鮮麗的薄紗；行星狀星雲，焴爚明亮的圓盤；暗星雲則炫射深邃的幽秘光輝。在這一切磅礴萬萬萬年的偉大星雲光華中，我們自己的太陽，狂醉的噴射熱氣雲峰，燃燒著氫氣與鈣氣強烈日珥，光燄從每秒鐘幾百公里的猛速度奔突飛馳。在這不可想像的七色火的遙遠四周，巨大的木星帶著十一個月亮轉旋，呈顯極美麗的色。土星則伴著魂艷的光環，與九個月轉。天王星與海王星灼灑翡翠綠的幻光。火星閃耀橘黃色和暗綠色。沒有空氣、沒有月亮的嬌小水星，靜靜轂轉。反光率比一切行星都高的金星、跳著最光亮的快華爾茲舞。冥王星卻悄悄隱遁於最神秘的一角在靜靜煒煜。

這是地球人對片壯艷的大千宇宙的明靜觀照。

在這片窔奧自己的思想，以及思想的思想，觀念的觀念。假如思想自己也是人，有眼、有耳、有嘴、有四肢，他就會思想肉體的各式各樣形相，姿態，以及它每一個細胞的震顫。（他堅信，未來的科學發展，一定能使人通過儀器，每分每秒都可看見自己細胞的震顫。這時候，人的所有肉體器官，與它們的各構成單位，都如一座透明建築裡的陳列品，一目瞭然。）有的思想，不是字句，不是筆桿，不是虛寂，那是一種永恆準備的運動姿態，預備游泳，競走，賽跑，打球，擲鉛球，投鐵餅。它是一個充滿活力的運動者。另一種思想，卻是一片玲瓏透剔的水晶，一件鮮麗精緻的磁器，像四周星光一樣，從寧靜到寧靜，從燦爛到燦爛，從光華到光華。一個人，上昇到智慧最高峰，除了思想的肉體，再沒有別的肉體，正是這樣，他才渴望有更多更多的觀念肉體，一百個一千個意識肉體。藝術家希望把每一顆沙粒變成天上虹彩，沉思者希望把每一塊石頭變成一條眞理。今夜，他希望把每一片星光化成他的思想肉體，好叫他變成一個最純粹的星光人。

正像姬蜂憑藉奇妙嗅覺，特殊氣息，察知深藏樹內的木蜂幼蟲，現在，他也倚仗微妙嗅覺、嗅到萬萬千千個星球的特殊氣息。既然有人從那一幅幅岩石樣的圖片中、能敏銳的測知太陽表面兩端日珥的分光現象，和太陽面任何緯度的氣流動態，今夜，他能從最高幻覺圖片中，從無量數的光的運動中，看見火星上的海灣與湖水，沙漠和森林，雲霧及運河，水蒸氣與氧氣。他頭上並不是一整座星星海洋，那是一座無限深沉的星星礦，一口比剛果金剛石礦更擴大無窮倍的燦麗礦藏。他是一個礦工，每分、每秒，都在挖掘一串串星星。挖掘過程中，他潛入木星的大量濃淡線和橢圓狀，又隨它南半球的大大赤斑而發赤。他也鑽入土星的內隙環，暗環和噶西尼環縫，隨它的時時變幻的傾斜光環而變幻，而傾斜。這不只是挖掘，這是生命大沉酣，幻覺的大酩酊，第八覺，第九覺的最高觀照。

就那麼一點子，極細微的一丁點子，是原子？電子？質子？是露？是風？是水？是鐠？鈷？鋯？是光？閃？影？就那麼一丁點舍利子，從他視覺器的半月皺襞到聽覓器的卵圓窗，從葉狀乳突到美鉤爾氏小體，從卵黃膜到腺，從交感神經結到蛛膜下隙，從他變形的血小板到四周星光，從這矽孔雀石的綠色的或藍綠色的宇宙光輝到那三葉星雲M20號的薄紗星雲，這一丁點子永遠在運動，捕捉尋找出口，高度和終點。它隨一切星光化成幅射。不同是，後者的幅射是冰山在熱海中溶去，它卻是狂熱的蒸氣凝凍成一座座冰山，一尊尊金色的綠色的紅色的雕像。不，一座透明的晶質雕像，雕在星光雨裡，雕在大氣透明度內，雕在蜘蛛游絲中，雕在鱆魚吸盤及鯨魚背峰裡。不管太陽這個月要比上個月少許許多多熱量，不管萬有引力怎樣不斷在削減，所有星球光芒繼續在轉弱，也不管一座座偉大星城將要變成一朵朵肥皀泡，又脆薄，又擴張，飄向不知何方，終於有一天化爲烏有，像倫敦城在空襲時，變成黑暗城市一樣，這一丁點舍利子——這透明的雕像，卻永恆不滅，不暗，不滅，它自己將形成一座永恆的星城，永恆的宇宙。

午夜二時，印蒂坐下來，憩在岩石上，點起一支煙，慢慢吸著。他的整個靈魂，暫時離四周光輝宇宙，沉醉在另一座星城中，宇宙間。

冬季華嶽常沐浴於大雪中，成一座座巨大雪峰。印蒂抵華山的第一個冬天，常常的，一整天，把自己浸沉在這片白色奇景裡。

整個天地似由無窮彗星構成，編組於一片特殊明亮。這片明亮的白，這派白色的美，給他異常刺激，和詼詭惑。世界像披了件最竹的結婚紗衣，是一個艷極了的新娘，卻又冷極了。又美又冷。越美越冷。他愛這片冷到冰點的美，不管它是冷得這樣殘酷，卻依然是萬美之美。正是這高峰上的冷艷宇宙，帶給他白色幻境，一種白色思想，白色觀點，——白色生命觀。不只他現在的觀念形態是白的，他的靈魂也是白色的，而且，他有一個白色的肉體。這種白色意識，也是最純粹的意識，那是大腦皮層中央溝前回區域最不滲透任何雜質的意識。天地這時純粹極了，生命也純粹極了。極度純粹中，有一種絕對單一——一種一元化的本能。在這片純粹白光中，有一種偉大均衡，和諧。它不像太陽那樣複雜錯綜，閃幌刺眼，也不像月亮有不平衡的陰面與光面。這是光，又非光，似色，又非色，有光，無光體，有色，無色體。

全部華山一片白，白色的空間，白色的地球，透明的地球。

假如這是一個雪的地球，作白色的皎明的旋轉，將帶給永恆空間以怎樣透明奇蹟？

他靜觀一株株雪樹，樹如雪龍，白馥馥的龍，蟠曲飛騰。有的樹枝著雪，負擔太重，弓著背，顯駱駝味。有的松樹，掛一樹雪，沉甸甸，白森森，樹卻更靜了，也更樹了。松樹葉上面白，下面綠，一些彎曲的弧形樹幹，則是一長條彎彎曲曲的皦白，陽面一條白，陰面一條黑，又白又黑，黑白分明。一些羅漢柏，一部分著雪，葉尖上，雪停不住，風起處，一片片雪從枝上落下，輕鬆極了，如一片片月光被風從樹上吹下來，有形無聲。這些樹枝頭的積雪，常常是偶然的或突然的落下來，姿態美極，如情人在半夜睡夢中偶一展臂，半有意半無意的，溫柔抱住她身邊愛人。

最瑰麗的，是那一條條虬結樹幹的白色盤曲美，樹身上的雪，要比它自己大兩倍。假如雪是宇宙的抒情語言，這一條條玉白色彎折，就是宇宙最秀緻的抒情詩。印蒂偶然結在兩株松樹之間的細鐵絲，平日為了晾晒衣服的，現在卻變成一條長長的白色雪藕。一些長青灌木叢，葉子輕盈盈的，飄飄的，雪落，就滑下去了，成為萬白叢中一點綠。

雪在樹枝幹為彎為曲，在磚為方，在盆為圓，在瓦上為半圓，在簷上為白色飛翼，在三角尖石為三角，在某些岩石為多角。雪是白色雕刻家，適應萬象萬形。山石凸凸凹凹，凸處有雪，凹處斜處無雪，很多雪上石頭仍作石形石狀。山巒一小部分發黑，是一些山石的橫斷面，不留雪，凸出處有雪，凹陷到裡面的新月形部分不入雪。白色的華山，到處雪龍翔舞。一塊塊巨大白色岩石，異常鮮明。岩石上結冰柱，冰如岩石形，一片晶明，它們像鐘乳石，一根根垂直，似倒吊蠟燭，是冰燭。岩石的外殼一面皎明，內面仍一片灰褐色。

山，樹，石，地，一片皜色，整個天地一片白。他是皓色大空白中一粒黑點子。他四周，飛禽偶在雪上留下爪跡，寂寞，幽遠，神秘，似是另一星球生命留下的痕跡——是火星或水星上的生物留在地球上的痕跡？這整個巨大皤白空間，只有一行長長腳跡——他的孤獨足印。它是如此可愛，象徵惟一的生命活動。雪止風靜，黃昏時那份冷艷，絕頂精美，又無限悱惻。這時，任何一個孤獨者會顧影自憐，對雪如對鏡自照，此鏡又何其冰冷？可是，他卻毫無悽涼感。相反的，在這片瀅明雪鏡四照中，他只覺自己無比沉醉，無限空明。他和雪一樣，玲瓏玉潔。

二十四年大追求後，他所獲得的果實，就是那種透明的偉大靈魂背景，它正像他身前身後雪景：均衡，和諧，純一。當前，這不只是雪景，它也是他靈魂的永恆風景，它閃亮著他精神最核心層。有了這片光輝奇景，他將永遠與黑暗深淵絕緣，他的心靈鈓本色素，不會有夜色，和任何深淵顏色。他的最後最高的我——將與白色地球同作空靈的旋轉，燦爛於萬萬年太空。

人生眞理本體正如雪景，美極了，和諧極了，也純粹極了，精一極了。不久之後，它將化爲空無，無影無跡，只留下一片不朽的光明的和諧、記憶。但在另一片時辰，又從極冷的空無中，再化成雪景，煥照他整個肉體，道體是雪，也是水，太陽一出，水漸無形。當他的意識眞正沉替於它的無形時，它又會成形爲雲爲霧，於視覺內，也有形，也無形，在識覺裡，也在，也不在。它無所不在，卻又無一秒在。道體也如露、如風，風無色無味無香，日照下，露珠則化爲空無。但露珠非眞空，它成雲成霧成風。風也非眞空無，非空非不空，非風非不風，它投身在雲霧雪露中，又超越它們。大雪景中，道體非無，雪化爲水，幻爲氧，氧又成水，水又變雪，循環自轉，是一個偉大行星的自我旋轉——同時，又是依他旋轉。這種純粹運動本身，從原始史境看，雖無形，卻不空。道體如雪上足印，旋有旋無，可有可無，風起則無，足落則有。它又如雪上鳥腳爪印，樹葉落下的印跡，無意中顯出，又無意中消失，隨顯隨消，隨失隨顯，極空靈自然之至。道體正是一片極空靈和諧的雪世界，皜明美幻極了，到處星光，卻摸不到一點光。雪世界的光，只活於視覺，道體世界的光，只活於靈魂醒覺。道體是一大靜境，正如雪景是一大靜境。但這片純粹的白玉靜境中四面八方，卻又有萬千雪白光華照耀他，靈啓他。條條光芒閃電樣穿透他露魂，照亮他極峰式的醒覺。

這片偉大雪景，是一種偉大的靈魂境界，也正是他千捕萬捉的那份摩尼珠式的皞明的白色境界。這裡有成千成萬的光，卻又只有一種光。這片奇異美麗的一切，正好註解他千言萬語所不能註解的。一個人一生中，總有許多次，或至少有最重要的一次，你的生命陷入極深淵的時辰，靈魂面臨黑暗空間。你突然發現，構成你華麗生命，廟堂的、原來是黑暗的楹柱，樑棟，牆壁，礎石。在最危險的時刻，它們會出賣你。假如人經歷無比苦痛的旅程，徹底轉換這最後的深淵場景，把它換成一片永恆的偉大雪景，那這片雪景中，一切空靈，透明，純一，再不滲混纖毫雜質。到處是光，到處是超凡入聖的純潔，純潔從天上來，純潔從地上來，純潔從山川樹木中來，純潔從他心中來，他充滿純潔的感。一切單一，一切「一」了，宇宙間似無形狀，卻又有萬形千狀，顏色似空無，卻又有極深刻的色彩。無形，無色，無聲，無動，卻又有萬形，萬色，萬聲，萬動的種子。生命官能中一切雜質被雪淨化，人雪溶成一片。他是雪景，雪景是他，他在雪景裡，雪在「他」裡。此時此刻，天地如此謐靜，他看不見一條生命，但他又如此沉醉於寧寂，酩酊於無生命，他自己正他爲一宇宙雲霧冰雪。不，他已變成空中一種無色無臭不活動的氣體原質——氬。

人類精神的控制中心，大腦中央溝前回和前回之前的若干地區，它們毀壞後，會引致對側肌肉的麻痺，但經過一段時間仍會恢復。假如說，這就是大腦活動功能的可塑性，那麼，印蒂正是把這一控制中心的最核心的感覺狀態，完全雕塑成一片永恆雪景狀態。

在這片雪景上，他再讓一切生命形跡一幕幕一段段留下來。

他讓他的精神狀態永遠空靈如雪景，透明如雪景。

三

那極幽微，極朦朧，極瀰漫，卻又非洲眼鏡蛇樣緊緊纏繞他的，是那種——太陽的影子從他窗口爬上屋頂，又從瓦楞上泛溢到室外空地中央，終於又消失於牆角——於是月亮把綠樹變成銀色，又化爲黑色——無形無色。但纏繞他的，並不是太陽的蜘蛛長腳，也不是月亮的銀色手掌，那是一片大流轉，從綠到黃，又從黃到綠，從金——黑，又從黑——紅。它的構造色素是綠，是黃，是金，黑，紅。但綠黃金黑紅並不就等於它。這大流轉也不是流水的流，江河的流，瀑布的流。它似光似影，卻又不是星光和樹影。當他腦海裡才浮顯它時，流馬上停止，這是一個起點，立刻又是終點，大流體呈托出它，但幾乎就在呈托時，它自己卻立刻從那片呈托飛走，正如泥沼呈托蓮花，花朵又脫離泥沼，但蓮花與泥沼之間，還有花朵枝梗，在它與大流轉之間，卻沒有枝梗。

這一切，他有一個最可憐最笨拙的字。

是的，在人類字典上，這是一個最笨拙的字。

對他說來，不，對人類說來，這個字是太舊了，太古老了，老得不能適應我們時代的無窮變化了。人類將進化為更其嶄新的生物。未來的新生物，必須有新的字，以及新字後面新的「它」，更純粹更眞實的它。過去幾千年來，生命雖然一直活它的幻影裡，卻從未——或極少抓住過它的眞體，人類是以影子作一切衡量體，永遠衡量，又永遠混亂。今天地球的混亂，一部分正由於這影子作祟，以幻影作測錘，探尋海水深度，所得的永遠是海水幻影，和波面風浪，永遠抓不住海底和平。假如生命能擁抱住它的眞正形體，生命將不再混亂，恐怖，將沉浸於一片眞正永恆的和諧與嘆靜。

一點光斑，一顆日面米粒狀，一條變化曲線，一個紅向立移，一片移動星團，一方面積，一塊空白，一角藍天，從這些物象裡，他的眼睛能抓得住空間，像猿猱抓住樹枝，但它們抓不住這個字。後者不是藍天，不是空白，不是面積，不是大陸或海洋。它不是藍天暗，藍天明，不是海洋乾，大陸沉，不是空白被塡滿，一口滿滿井水又被抽成空虛。他看得見這些魔術變化，但看不見魔術本形。一切繁靜的變化型式，只是化了裝的舞臺形相，不是演員的眞實臉貌。天文學家不能用肉眼看全部太陽，只好把它先投射在望遠鏡的幕上，再觀察幕。這個字的舞臺幻景，也正像這片幕上的投影投形。即使是幕上形影，他仍不能用肉眼擁抱它，只能用心眼觀無形的形，無色的色。它絕不是錶的滴達，滴只是金屬搖動的聲音，一個瑞士工人的機智從一個金屬構造體上傳出的聲音，絕不是它的聲音，它沒有任何聲音。葉子搖了，不是它搖。果子落了，不是它落。雀叫了，不是它叫。鳥聲狂了，不是它狂。泉水濛濛，不是它濛濛。水聲笑了，不是它笑。投在他耳膜鼓室內的不是它，是沒有聲音的它，偶然以另一種聲音化裝自己，又如月光以倒影在水中反射，它在聲音中反射自己倒影。玫瑰紅，玫瑰黃，玫瑰枯，芭蕉綠，芭蕉黃，芭蕉枯，芭蕉爛，這不是它在紅，綠，黃，枯，爛，它們絕不是它的顏色。也許這是它借屍還魂，借玫瑰芭蕉還它色彩的魂，不，色彩的靈魂的記憶。但魂與屍依然兩橛。肉體既不是它的肉體，靈魂的記憶也不是靈魂本身。記憶中的它，不是眞它，正像記憶裡的水中亭臺樓閣，不是眞水中亭臺樓閣。

正如空間有眞空，純粹的空，像電燈泡內的眞空，（當然電燈泡內的眞空不是絕對眞空）牠也有眞牠，不滲雜任何幻覺，記憶，或形相氣體的眞它。但人們從未摸觸過聽過這種眞「它」，人可以看見半人馬座的 a 星光，可它並不是此時、此刻出現在人眼裡的，它是已飛走四個光年，是四個光年前發射出的光，人卻錯覺的當做此時此刻剛投入視覺的最新鮮的光，鮮緻如戀人突然熱烈擁抱的那一剎。是的，人眼睛所擁抱的，不是現在，是過去。不是這一剎與這一剎擁抱，是這一剎與四個光年前的形相擁抱。我們對它的感覺是不是也是這樣一種錯覺？它是多少萬萬萬年前的一種事物，一片閃光，一個存在，此刻此秒又陡然又偶然的與他視覺聽覺結合，與他靈感的幻念擁抱？

他描畫這個字，從他肉體正視日球的那許多刹那，和背對它的那許多瞬息，以他所立大地正對月亮時的那些明亮，和它背牠的那份陰暗，以赤道對恆星的撲奔，和它從它的出奔，以海灣滿了，又淺了，以葉子圓了、又枯。但這些明與暗，滿與淺，圓與枯，撲奔與出奔，並不是眞它，他只不過想從幻覺的亂蠶繭中抽繹出它的幾條絲縷罷了。但幻覺的絲不是眞絲。人們抽了幾千年，從未抽出一根眞絲。人們生活在幻覺的僞絲所繡的它的織綿中。而支撐他生活廟廊的最偉大最重要的一根巨柱，只是一種錯覺、幻覺。他從未見到它，摸到它。有意無意的，生命成爲天賦的幻覺者，神秘主義者，活在最可憐的錯覺的現實低地。

無日無夜，它不是在提醒他，鞭撻他。假如四十年來，他曾找過什麼，其中之一，就是它。他必須抓住它最永恆最眞實的肉體。眞理是與它睡在一起的。假如他捕捉到眞理，他就超越了它，也不再受它的搖撼與鞭撻。他將把整個一座幻海蟬變成一座瀅透雕像，他將發光發香在它以外。

有些事物，像陽光、空氣、水，對人類比珍珠還寶貴。但對另一些生命或存在，它們卻等於垃圾。菌類不需陽光，月亮不需空氣，月亮上的岩石，存在在眞空中。多少萬萬萬萬萬年來，光從不需要空氣與水。生命攀登到偉大高峰後，也將不需要它——我們生活皇冠上的最大寶石。菌類與岩石比人類低能，光卻比人偉大，閃亮了無窮萬萬萬萬年，縱橫疾馳無數萬萬萬萬萬萬萬萬里。它永遠孕育生命，又超越於生命以外。

人類靈魂將進化到純粹光狀態，又突破它，比光還光，比光更偉大。那時，人將超越於它——又飛翔入絕對「眞它」。

當他突破它的幻影時，他才能游泳在「眞它」中。當他衝出它的假面跳舞會後，他才能呼吸在「眞它」裡。在那兒，他是一片純粹的光狀態，如星雲的閃電光明，從無限到無限，從眞空到眞空。

他想起一種胡蜂，它的幼蟲一出母卵，必需新鮮肉汁，才能活命。母蜂擒到蟋蟀後，就在它的運動神經上扎一針，後者立刻全身麻痺，雖不動不食，仍將保持生命，這樣，幼蟲便一塊又一塊咬下去，吃個兩星期，直到最後一天，還是吃新鮮的肉。它先咬無關緊要部分，最後，才食生命要害。

「蟋蟀的運動神經，任何人類肉眼完全看不見，胡蜂卻能對它施行麻醉手術。才出卵的幼蟲，幾乎毫無所知，卻能按照生理解剖學的科學程序吃它的俘虜。生命的本能多不可思議！多奇異！」

我們對絕對「眞它」的敏感，以及對它的超越，是不是正像胡蜂這種神秘的本能敏感？

他現在正像這隻胡蜂，對它眞形看不見，聽不到，抓不著，但他嘗試能一擊即中，深深貫透它。

他又想起，有一個人在夢中，幾乎演出大半本類似莎翁凱撒大將式的戲劇，前後近兩點鐘。但另一個站在他床邊的醒者說：這個人的時間，只是一根竹竿子落在床上的時間，兩秒鐘。

人們在夢裡自覺過了幾十年，醒來時，那不過是十幾分鐘。人在夢中，智慧特別犀利，迅疾如光，一秒鐘似也能繞地球七圈，這時，人對它的敏感、也迥異於甦醒後。夢中的它，正是「眞它」的一部分？或者：它的孿生姊妹？它是更像閃電？更其光化？更其刹那？更又朦朧又皎明？

他此刻是夢醒？是活在夢裡的「它」？是存在醒中的「它」。

舉目四顧、他似乎到處看見它，但到處又不是。

一隻漲裂乾漿果——它。

一片圓的大葉子落了——它。

一隻蝸牛把頭鑽入它的硬殼內了——它。

一隻金甲蟲爬出來了——它。

一陣風掠過——它。

一滴露珠墜落了——它。

他凝望遠處高峰上的白色雲朵——它。

他諦聽山雀的叫聲——它。

天空藍了又灰了——它。

遠遠如帶的黃河，水明了又暗了——它。

造成他肉體顏色的——牠。

構成他整個精神狀態的——它。

給他畫出記憶中的花樹、籬落、流水、小橋的——它。

他眼睛的變幻，頭髮的濃薄，臉頰的光暗，嘴唇的紅枯，耳鼓回聲的清濁——它。一剎那間，它像吉卜賽人的鈴鼓，到處搖響，從天空到大地，黃河濱到高山頂。每秒每分，它像雨點落下來。頭頂，髮叢，眼內，頰邊，胸口，腳尖，無處不是。他是度過一個似無盡期的印緬森林雨季。然而，一剎那間，聲消音歇，雨點全失，他髮上既沒有一滴水，他的肉體也從未濕過。他到處找，到處聽，再沒有那神秘了，再沒有那比星光還繁密的雨點了。

於是，他回憶，深深回憶，讓回憶像蜘蛛網樣織開來，捕拿每一隻飛掠過的小昆蟲。讓它像鱆魚樣游泳著，伸開所有長長吸管，纏繞一切所能纏住的海底生命。他想，他對它的感覺——比流星飛翔於黃道「奔赴點」更迅捷的感覺，是什麼時候起，黏附於他總感覺上，膠著於他腦質上的皺襞中的。剛被地球上的兩隻手投入搖籃時，他並不知道它。

風來了，雨來了，霧來了，與他無關。太陽來了，月亮來了，星星來了，他的視覺卻永遠一片黑暗。以後，太陽眞是太陽了，月亮眞是月亮了，燈火眞是燈火了，黑暗大潮被割裂開，但他仍不知道它。又以後，他聽見談太陽談黑夜了，於是，他知道紅與黑，光與無光，但他仍不眞知道它。直到他——多少個日子了？——第一次聽見，自鳴鐘的鐘擺聲，他才開始發現生活中一個奇異的事物。這隻鐘，他不能吃，不能穿，不能住，不能當皮球拍，當陀螺轉，卻被人們嚴肅的談著，它幾乎統治人們生活。生命的每一節，每一項，都要聽它發號施令，像他所讀的童話上的國王。這樣，漸漸的，他自己也接受它——它的代理人的統治。

同樣的一秒鐘，一小時，一天，一年，在不同布幕下，都有不同的長度，速度。戀愛期的它，特別短，牢獄內的它，特別長。醒覺時的它非常長，睡著時的它，非常短。飲酒時的它，很快，醉酒時的它，很慢。大笑時的它，極速，哭泣時的它，極緩。上山時的它，分外久，下山時的它，分外促。光明中的它，奇異的暫，黑暗裡的它，奇異的恆。他在那些失眠夜，兩小時，三小時，甚至四小時，過去了，相當於一整個上午。假如半天枯坐，靜思，人們幾乎無法消磨那每一秒，但在午夜，只要幾個名詞，幾個人的回憶，一點沉思，翻幾個身，打幾個呵欠，半天就飛過去了，不過，在感受上，有時倒也可能覺得漫長。幕景如此，它是不是附麗於幕布上他的感覺，隨天空色彩而長短？可是，同樣的幕布，也仍有相反的它。有時候，黑色天穹的它，是長的，白色天空的它，是短的，有時候，黑色天廬的它，卻是短的，白色天宇的它，卻是長的。那麼，它超越幕景，只寄生在他感覺上，隨他的思想光影而拉長，縮短，像一條牛皮筋？

那是一種沒有形體的壓力，說不出的，每個人心頭，壓一塊大石頭。這壓力，不一定伴隨錶聲滴噠或鐘面長短針轉動。每一片葉子，每一線日光，每一次月圓月缺，每一陣風，每一股寒氣或暖氣，至連每一隻螞蟻的移動痕跡，都混合著這個神秘壓力。彷彿每一片樹葉子，每一隻螞蟻都在炯炯凝視它，監督它。它是一條河提拉的鞭子，在它鞭影下，他的生命發生極戲劇的變化，好像一條蠶蛹的蛻變過程。彷彿今天就戴起黑色大禮帽，手執象牙柄手杖，出現於人類大客廳中，昨天他還躺在搖籃內，而明天他又頭髮雪白，拄著拐杖，走入墳墓。這一切，只不過好似一秒鐘的事，快得他幾乎來不及換戲裝。那個壓力，也就是神秘化粧室，在這兒，它如風，如電，如閃，如光——一秒鐘繞地球七次。他只是把這陣風凝定了，把這片電流留住了，把這線光變成煤油燈或電燈，把這一秒分割成幾千幾萬個小切片，這樣，他才能活在每一個小碎片上。人就像個電子核，不斷沖擊震蕩，而四周卻是一片可怕的光旋，電旋。

但花崗石不是電子核，水成岩，火成岩，也不是，貝殼與海盤車也不是。一片千年古巖壁，沒有這戲劇式巨變，它幾乎永遠冰冷，堅硬。即使變，速度也極慢，幅度也極小。假如他對它的感覺，是古巖壁感，整個宇宙是不是謐寂如死？萬千年可能只消耗一個小碎片，正如他一分鐘所生活的碎片。在古巖壁的「感覺」裡，一千人只是一分鐘。至少，西藏石窟內自我活埋的喇嘛，就是十年如一天。那麼，在最古最古的古巖壁上，它眞正凝成形？——一片巖石的形體？

有那樣一片東西在走，在飛，形成一股可怕的奔流，日夜馳騁，卻從沒有一雙手摸到它，從沒有一對眼睛見到它，於非摸非視中，卻又每分每秒認識它。奔流奔流於視覺聽覺以外。只當他走、他談、他思、他想時，它才結成偉大的現實果子。然而，一視，一聽，一嚐，一嚼，又無不化奔流內容爲形式，給它的抽象馳騁以利那的肉體形相，可是，他的手指才一接觸這形相時，它又驟然消滅。任何肉體接觸，如傳說中的魔術手指，不同的是：它不是化一切成金，而是化一切肉體的它爲空無。於是，一面化爲如雲的飛翔，馬的衝馳，人的舞蹈，一面又化飛翔衝馳舞蹈爲空無。他從自己的一投手、一舉足、形成它的肉體線條，動作，卻又不能抓住那凝視，那聲音，那動作。一揮手一條弧線，他只能一揮，卻不能抓住那弧線。——這是它永恆的弧線。即使四面八方到處都是這樣的弧線，他仍一根抓不住。有時候，他的船眞正駛入它的海內了，卻沒有一滴水能飲。那是它最眞實的海，最深的海，卻又是毫不能止渴的海。

它究竟是怎麼一回事？它的大流體是液體？氣體？固體——固體也在流？而它的流

轉也就是腦汁髓液的無色的透明的水樣循環？假如不是，它怎麼就和後一循環同時循環？和後一運動同時運動？這個字本身原不固定，是浮動的，未成定型的，直到它與腦皮質細胞結婚，進入大腦皮層，蜷縮在語言中樞，這才形成這個字，以及行星繞日樣圍繞這個字的一簇簇感覺。假如沒有神經纖維豆狀核、杏仁核、帶狀核，這個字依然是一片流沙，一叢原始混沌。可能，葉子仍要綠，要黃，要落，雲彩仍會紅，會藍，會白，會灰，會黑，然而，沒有什麼深刻意義了。

可是，不只在大腦額葉上，扣帶上，胼胝體上，海馬回上，或者豆狀核上，杏仁核上，帶狀核上，他在這五千仞上，在藍天白雲下，在綠色空間上，卻更徹底認識這個字。自從那一夜起，它的一點，一畫，一撇，一捺，就漸漸顯出眞形。彷彿看一幀褪了色的畫，一刹那間，畫上又充滿本然色彩、線條，構圖，形相。他深邃的感到它，它無所不在。這個字的原始混沌，本是一幅極粗簡的單線平圖，轉瞬間，變成立體油畫——綜合電影片——終於，又化爲一塊空靈美玉，玲瓏透剔，光華皓潔，他整個頭部第一頸神經，第一胸神經，第一薦神經，他全部肉體、耳翼、膈膜，肩胛肌，股肌，尾骨，都滲浸在這片美玉的透明與光華中。是流體，非流體，是靜體，非靜體，是液體，非液體，是固體，非固體。它像一種金，一種光亮體，像銀河系大星雲城一樣的光亮體，——一種最純潔最水晶最原始又最智慧的象徵。

在他極峻精邃的思想深處，在這偉大的宇宙空間深處，在這五千仞上，終於他認清這個字，這個「它」——

時間!!

四

肉體是一種符號。這符號在顯影後的柯達軟片上，是一片黑影，在晒映後的布紋紙上，是一簇光與暗，線與方圓的渲染；在東方水墨畫上，主要是表現眞草隸篆幾種書法線條的意趣，加上構圖、著色與渲染的技巧，等等，在米開朗淇羅美是一塊石頭，在主體派畫家，則是一堆積木，一隻提琴，或其他種種器具的象形；在達達派眼裡，則是一些沙粒黑點或其他種種圖案。不管它是從一片黑影變成一堆積木，或從幾種書法意趣化爲一隻提琴，但生命視覺，仍從萬千不同符號透視到它唯一的主人。這符號，從地球旋轉中，從單細胞生物演化中漸漸光顯爬出來。它在沙地上畫橢圓足印，磨擦空氣，發出波動，以它的壁膜與屈析體等等，和樹葉子擁抱而成綠，成黃，和花柔密吻而成紅，成紫，把海浪投擊在它鼓膜上而彈出水聲，以它的頭部在空間佔有一個圓——一個靜的圓，或動的圓，假如僅僅是符號，這是一種最寂寞的符號。一隻吉丁蟲是一估寂寞的符號，無聲的符號，它永遠只在空間畫最小的橢圓，或一連串靜的橢圓運動線。原始猿人也是寂寞的符號，它幾乎不藉聲音表現形象打通同類心靈的崎嶇山路，主要藉最純粹的無聲動作，如演啞劇。原始生命畫幅，常常是一部無聲電影——或者，只是單純配音，而無對話的電影。

要經過多少萬年，這無聲電影才形成眞正有聲電影，電影的製作者和扮演者，第一次意識到，這是它們自己的創作？

假如僅僅是符號，它只能接受光、熱、色彩，不能綜合變化它們，放出嶄新的異樣的光、熱、色彩，符號只能被動的演啞劇，不能主動創作眞正有聲電影。它只能盲目的形成最純粹的原始生命史跡，像柯達軟片未用顯影液電影液以前的一片黑暗，或者是沖洗後的一片黑影，一堆最糊糊的原形，卻不能叫你看清這是蕭邦，那是塞尚納，甲是俾斯麥，乙是愛迪生，丙是一朵蘭花，丁是一株銀杏樹，……。這裡面，靠另一種神秘之素。或彎，或中，你知道它，卻不能感覺它，看見它，摸觸到它。透視它你不能靠肉體的眼睛——無形的眼睛。一切最原始的生命，變成最現代的形相，全靠這種最抽象的視覺元素。

符號不只是符號。生命不只是生命。這裡面還有另一種抽象色素在，線條在，光彩在，不只是符號在地球上橢圓形或立方形跡，卻是那最抽象的在畫，後者本由符號畫成，轉來又完成符號。符號和那最抽象的，不是同時孿生，它們卻同屬那萬千個時間的大流過程。

地球上有三十萬萬多個最神奇的生命符號，表面上主要是：二十萬萬多張臉，它們卻沒有一時完全相同。只靠兩隻眼睛，一個鼻子，一張嘴，一副臉型——僅僅靠這點點最簡單的符號，就發生二十萬萬多次不同的變化，形成二十萬萬多種絕異的模型，彷彿一個音樂家，只憑幾個最簡單的音符，就創造出二十萬萬多種不同樂曲。即使有兩張臉相同，你仍覺不同。形式幾乎完全類以的眼睛，卻射出迥異的光彩，那張十分相像的面頰，卻透顯絕對相反的神色。這裡不只是水漾液，水晶液，透明液，或者口唇緣結合膜，表格厚，鼻架，基底的游離端，還有那最抽象的在。正由於它應在相類似的角膜、鞏膜、虹膜上奏出大同的樂曲，在幾乎完全相近的表皮層上，畫出絕對相反的畫。正兩個畫家要用同一種藍色，效果卻相反，兩個音樂家運用同一個樂曲，和聲、卻絕異。又像兩個樂隊演奏同一個作家的同一闋曲子，——同是一支貝多芬田園交響曲或命運交響曲，反應的風格和意趣卻不同。甚至同一個提琴家，奏同一支拉羅的西班牙交響曲，在不同時期，演奏的音色情調的反射，也不全同。

生命凝視生命。臉凝視臉。眼睛凝視眼睛。眼睛怎麼會流入眼睛？眼睛怎麼會走入眼睛，眼睛怎麼會爬入頭髮，皮膚、頸椎、汗毛、纖維？怎麼會辨出這是這雙眼睛，是那雙眼睛，當它們相互死死糾纏時，眼睛怎麼知道，那是眼睛？水晶體怎麼知道，那是水晶體？光如何知道光？色如何知道色？這個瞳孔裡是怎樣形成一付臉的圓，一張嘴的菱形，一條眉毛的直線？一副鼻子的凸突形？是生命最秘密的內在，空間先有一個圓，一方菱形，一條直線，假如視覺裡沒有圓與線，內在角落裡怎麼有？假如內在空間沒有圓與線，視覺裡怎麼有？圓如何在視覺中形成圓，而且僅僅是赤裸裸的圓，不是方，不是三角或多角？那條直線如何在網膜、虹彩膜、脈絡膜、水晶體之類一大串機體裡站得住？貼得牢？那內在視覺的圓如何與外在視覺的圓相呼應？是不是先有最內在的圓視覺、線視覺，以後才有外在的圓視覺、線視覺？爲什麼內外呼應得那麼迅速猶如閃電？那最內在的圓是怎樣形成的，憑什麼形成的？又憑什麼一形成即知無誤？雖圓就是圓？不是方？又爲什麼內在的視覺與外在的如此和諧？外面投入一個圓，叫您馬上回應一個圓，對面豎立一根線，內在立刻也回應一條線！是非常複雜的萬象，怎麼會在一秒鐘內，就同時投映入水晶體和水狀線，而內在空間又閃電於回應這一片極複雜的萬象；繼至一秒鐘內，一雙瞳孔就可看透另一付瞳孔主人的一生和全部靈魂，這神秘的閃電式的剎那，這奇異的一擊即中它們的整個樞紐，究竟是什麼？一切切開了或或不切開的神經，不能答覆這。那些視神經，動眼神經，滑車神經，三叉神經，外壓神經，面神經，聽神經，並不包含這些圓與線。切開大腦皮層和中樞神經，裡面，也沒有這些圓感覺，線感覺，與萬象感覺，即使能拍攝也不能拍攝出那在中樞部表現出的最高主宰力量，和最後決定力量；更不能拍攝在那最複雜的最內在的觀念流動的形式。——究竟是什麼在主宰？決定？那靜的機體與動的機能和那最後的判決如何聯成一片？

破壞了一切形相的最精緻的結構，瓦解了內在與外在的最後的決定性的聯繫後，剩下的，只是那最粗糙的與最初的。於是，手只是手，腳只是腳，鼻只是鼻，耳只是耳，形成手的是堅硬和實體，形成腳的是實體加上大地空間，氣味成鼻，聲音成耳，光色成眼。暫不搜捕那最後的與最高的，暫穩定於最初的與最低的。

然而生命只是符號。生命能了解那最抽象的，又環繞那最後最高的。可是，當它了解時。它擺脫了舊的符號，又變成新的符號。可能，思想也是符號，靈魂本身也是符號。必須眞正超越於一切符號——外在的，內在的，內體的，非內體的，直達那創造一切符號的最後核心，從一切符號中解脫，從才又一次把符號再化成光彩萬千的神奇的美。

搜查肉體最內在的與外在的機體聯繫，不是印蒂現在的事。他既已洞透生命是一符號，又徹悟另有一片秘密海洋把這片符號浸透，（那片內在的秘密空間擴大了，便形成秘密海洋。）他現在的主要快樂，是沉浸在這片海洋中。他不是海洋學家或水文學式的測量海，化學家式的分析海水元素，他只是一個純粹航海家，架一葉白帆，遨遊於海上，沉醉在最美的海洋風暴中，那個幾萬年的海之謎底，不需要航海者猜透。

最要緊的是，他得突破符號，並突破四周的海洋。他架一葉白帆，悠悠在海上前進，讓他身上充滿一片偉大的海洋味——不，讓他渾身浸透一種偉大的宇宙和星球味，因爲，宇宙星球是一片最後的海洋。

五

早在這年三月，春分左右，鄭天遐躋登大上方訪印蒂，他帶給這位隱士三樣禮物：一盆蘭花，一缸金魚，一包種子。

「這盆蘭花起碼有七八斤重，眞虧你帶上來。」印蒂望著那集褐紅色紫砂盒，非常不安，微微笑著道。

「我是托人拎上山的，腳夫我已打發走了。你知道，我現在已是一個莊稼人了，上山時拎點東西也不算什麼。」鄭天遐一面笑著，一面喘息，好一會，才漸漸透過氣，挪挪那副黑玳瑁眼鏡架子，低低道：「我覺得，只有這盆蘭花，才配得上你。——我想不出更好的禮物送你了。」

「我們是老朋友了，你何必這樣俗套呢？你知道，我住在四千仞上，一無所求。對世界一無所求，對人類一無所求。」

「正因爲你一無所求，我才送你這三樣東西——它們都是一無所求的自在體。」他接過印蒂遞給他的煙捲，慢慢吸著。「每一想起你，我就想起這三樣東西，它們爲我構成你在我記憶裡的整個圖像。」

「那紙包是什麼？」

「是一包蓖麻樹的種子。這種樹，長得很快，也最容易成活。初夏，種在窗前，仲夏，它們就有一人半高了，葉子極綠，也美得很。它是野生植物，又最受得住風吹雨打，日晒霜淋。」停了停，笑著道：「我覺得，對於你這樣的人，窗口沒有一片綠色，似乎不調和的。」

「謝謝你。你眞替我設想週到，其實——」他沉思著。「一個人又何必珍惜窗口綠色。你往遠看看，我四周不到處是綠色？」

「我知道，你目前生活在一片宇宙綠中，不會珍惜窗口綠。」凝思著。「不過，總有一天，你仍會珍惜窗口綠的。人總是人。」

「你希望我再倒退到起點麼？」

「那不是倒退到起點，可能那是進一步開展的終點。」他望著印蒂。「不管你怎樣聰敏，我到底比你痴長十幾歲。我不是憑哲學慧識提出這一論點。我是靠生物學經驗和人類歷史經驗，作這一斷論，你知道，我還在寫中國文化史。」

「唔。」印蒂沉思起來，終於，慢慢道：「這樣，你贈送我蓖麻樹的種子，並非你本意，而是你對我的一種勸告或建議？」他凝思著。「眞正，我隔絕人類很久了。你從人間來。你代表『人』向我上諫言，也許，有點道理。……每個人，特別是智者，總希望自己就是一個圓全的整體，實際上，可能總不能達到眞圓……我是應該聽聽人間聲音的。」

說到這裡，他岔開話題。「我們不談玄學了。你不遠數百里而來，一見面，我們就合作寫『柏拉圖對話集』，總不妥。……」他的眼睛又射到那盆蘭上。「這盆蘭花，很花你一些代價吧？你知道，我對藝蘭事完全外行，恐怕搞不好它。」

「不要緊，等等，我告訴你一點養護它的常識。」

印蒂望著那一叢嫩綠色的葉子。「我雖然不懂蘭花，但從前在杭州時，每年春天，總去看蘭花展覽會，也知道一點關於它的故事。像這種蘭花，桿子細而直，叫燈心桿，算是名貴品種了。」

「你說對了，這盆蘭花是蕙蘭，叫『大陳字』，相當名貴。春蘭開於春分，夏蘭開於穀雨。這幾天，春蘭已經開了，蕙蘭是夏蘭，再過一個月，也要開花了。」

「你怎麼得到它的？」

「是一個老朋友園藝學家送我的。他見我對園藝很感興趣，便送我一盆蘭花。我想，對我這樣一個老農，它是太精緻了，放在你這裡，倒更合適些。」他噴吐一口煙，沉在回憶中。「你別看小小一株植物，長不過一尺，卻是千挑萬選出來的。它的挑選過程，複雜極了。你聽了，可能要吐舌頭。首先，必須看殼，看綠殼，看白殼，看灰白殼，看銀紅殼，看白麻殼，看紅麻殼看烏青麻殼，看淺山青麻殼，殼要薄而硬，原殼要色道青澈，氣色鮮明，其次，還得看架，一字架，門字架，品字架，八字架等等。再要看色，揀最鮮亮的色——青梅是正色，其次是豬肝色，臭肉色。最忌諱的，是牛肝紅。必須看桿，要燈心桿，細而直，此外是筆套，錠子，套桿，錠子桿，射柄桿。再必須看紅，有蝙蝠一點紅，品字紅，雙眞紅，大槐紅，元寶紅。也要看瓣，以梅瓣最高貴，其次是純黃，如果葉，純白，如霜雪，純紅，如朱漆。要看筋，筋紋要細長，透頂要暗而有光。千看百看後，這才選出十全十美的小小一朵。這正像選一個美人：鬢黑而豐茂的頭髮，明亮的眼睛，細而長的峨眉，雕塑式的鼻子，猩紅的玲瓏菱唇，曲條的身材，蓮花出水的姿態——有了這一切，才能算得上一個美人。

「選好了，培植好了，還得把花蕊汰弱留強，不能聽它自然凋謝。澆花，要用天水，泉水，不能用含有礦物質的井水或河水。花房附近，須有新鮮的流通空氣，要有樹蔭氣候涼爽，塵埃要少，空氣的濕度要調節相宜。此外，還要注意它的營養，肥料得用豆殼餅，骨粉或死魚，混合浸爛半年以上，再摻幾成水，在夏秋兩季施用。冬季還要防寒，不但要生火，而且要防煤煙，又要通風。又要防螞蟻、蚯蚓。安置花盆，不能著地，必須放在三——五尺高的花架上。它需要日光，但又不能太強，只能晒早上的新鮮陽光。……」

印蒂笑著道：「你不要說下去了，聽你這一說，我覺得你不是叫我欣賞蘭花芳香，倒是叫我修萬里長城了。」

鄭天遐並不笑，恬靜的道：

「在我印象裡，這幾十年來，你不是正爲了某一點點芳香，正花畢生精力修萬里長城麼？」

主人聽了，低頭不語，過了一會，微笑道：

「算我不怕麻煩，接受這盆珍寶了，但我從哪裡弄來肥料呢？冬天，這裡冷得要死，我是冷水浴鍛鍊過的人，不怕冷，這盆寶貝禁得起高峰嚴寒麼？爲了牠，天天烘一盆炭火，也感忒費事。」

「你不必發愁。肥料我已經給你弄來了，夠你用半年了。花架子也捎來了。秋深時分，我會看你，順便把牠接回去，過冬。明年這時候，你如果還在這裡修道，我將再度來訪，那時候，我再把它獻給你，好陪伴你。爲了調劑你的生活，我麻煩點，也沒什麼。」

印蒂笑道：「虧你想得周到，我只有謝謝，謝謝。」

他轉目望望那隻玻璃金魚缸。「這盆金魚，會不會這麼麻煩？」

「金魚很簡單，只要換換水，餵它一點掛麵，就行了。我已經給你帶來一斤掛麵，足夠你用一年了。從前在杭州，你不也養過金魚麼？照你老辦法就行。不需要想什麼新花樣。」他瞧著桌上玻璃金魚缸。「這金魚叫元寶紅，也是名貴品種之一，代價卻不算貴，我是從一個金魚飼養者那裡買來的。」

談到這裡，客人開始把話題轉開。

和范惟實，莊隱一樣，鄭天遐也來一些酒來。多半是罐頭，醃貨與滷味。其中一部分，是送給印蒂以後慢慢享用的。中午，他們在大上方吃了一頓豐盛午餐。

飯後，休息一會，印蒂陪他游北峰、中峰、南峰。

坐在仰天池邊，他們看一片片灰白色雲氣飄浮四周。客人終於說明他的來意，談出他心頭話——他對印蒂命運的深切關懷。

正像十四年前，印蒂那最後的命定時辰一樣，他們開始一次嚴肅的卻極其和平的辯論。反覆說明自己意見後，來客莊嚴的問主人道：

「你以爲你找到人生眞理了麼？」

「我以爲我大致找到了。」

「自以爲？」

「一切的『自』，總是『自然』的一部分。」

「但我在你肉體上看不到驚天動地變化。」

「人生眞理不是神話，它也不是我的眼睛，我的頭髮，我的嘴唇，我的胸膛，我的四肢。它甚至也不是一句話或十句話，一本書或十本書。」

「那麼──」

「人生眞理整體──人生眞諦──道體，極難用精確言語文字或色彩芳香表顯或再現，但每一言，每一字，每一片葉子，每一朵花，每一線陽光，每一條河水，又無不是它的靈魂表現爲肉體狀態時的一髮，一眼，一眉，一指，一線，一紋，一色，一香。雖然這只是一些碎片，而把碎片拼湊起來，不就等於整體。但我們仍能從這一斑、一點、一線裡，覷見它的光度，色度。正像我們從漢磚唐瓦的殘片中，偷窺到當時華麗宮殿的一點點影像輪廓。點、線、圓、直或平角，不就等於全部幾何眞理，然而，它們卻是幾何學鉅構的建築材料。」

「你能用最簡單的幾根線、幾個點，幾條弧，爲我畫出你的人生眞理──道體的最粗糙的素描麼？」

「幾乎各宗各派都在談道。老子『道德經』一開首就說：『道可道，非常道』。儒家也談道『夫子之道，忠恕而已矣』。莊子回答東郭子的問題：『所謂道，惡乎在？』

他說：『無所不在』，又說：『在螻蟻』，甚至說：『在屎溺』。宋代的一些哲學家，乾脆稱爲道學家。基督教，常談『道成』『肉身』禪。宗精義則在參禪悟道。如按莊子所說『無所不在』，則各宗各流所說的道，都有點道理。不過，我所謂人生眞理整體——道體，還有些出入，說『有些』，因爲不完全不同，而我所謂道體，包含萬有萬象。各宗各派之道，既在萬有萬象之內，且是它構成的一部分，那就不會完全不同。但又因爲包含萬有萬象，其大無邊，其小無內，那麼，傳統各宗各派之道還不夠如此廣大，所以還『有些出入』。基督教的神或上帝，算是極廣大了，但那只是擬人化，一超越類似人的性質範圍，那極度形而上的部分，『聖經』上就不加描繪了，因此還不能算廣泛。

「哲學家常指體爲本體，也就是形而上學家探索的宇宙本體，在認識論範圍，代表大陸唯理論派的斯賓諾莎，和代表英國經驗論的祖師培根，有人卻把他們稱爲玄學方面的唯物派。這一類哲學官司打了幾百年，現代人也有些折衷解決和較合理的解釋，我不打算滾入它的泥沼。作爲一個東方人，我覺得東方人對道體——本體的態度，與西方稍有不同。在西方，即使是唯心派如巴克萊等，他們都是用科學式的剖析精微的態度，想巴本體條分縷析，東方人卻是用詩的態度，對本體作整體觀照，沉潛其中，因而渾然一體的描畫，（不是分析），帶抒情味的欣賞。我對道體，也採這種態度。悟道前，還不能對道體作深刻觀照，洞透，更談不上描畫與欣賞。悟道後，卻能了。道體是神秘，又不神秘。神秘，因爲它內涵是廣大無邊，其小在內。不神秘，因爲它外態是一種形象境界。這種形象境界，不妨以山峰姿態暫比擬（雖說這種比擬並不貼切）。東有兩句詩很好。他說：『不識廬山眞面目，只緣身在此山中。』科學家身入廬山，研究山上一草一木一石；哲學家（或詩人）則遙立廬山之外，眺望並認識山峰雄姿秀態，詩人更加以欣賞。西方哲人大多也學科學家，入山鑽研一草一木一石，東方人——傳統的中國人，則站在山外，遠望，欣賞。前者希望從個體——一木一石中知整體，後者則直觀整體——從整體見整體。前者特點是精明，後者，特點是高明。」

「由於道體無所不在——從宇宙自然，銀河系各個星座，直至人類各個細節，想了悟人生眞理整體，不不探本究源，先求悟道體。悟道後，直透道體的偉大宇宙境界，再以此境界返觀人生——包括各個細節，則不少人生痛苦即可不了自了，說高明點，是解脫或超脫。人生中多少糾紛，都由於糾紛者毫無解說識見與境界。從這一角度者，悟道雖是玄妙的，帶形而上氣息的，但對於解決形而下的現實難題和困境，仍大有裨益。因爲，世界上確實有不少極難解決的人生問題，但如有崇高的人生境界整體，則不少事可不了自了。說解脫，不是指一個人完全生活於眞空，而是指以較超脫的境界來處理現實。舉個例子，當年王陽明平定宸濠，一手替正德挽乾坤，功高於天，假如他想（他當然不會）位登九五，只要揮戈北上，帝位垂手可得，但他卻一丁點此念也無。相反的，小人才進讒言，反噬他有謀反意，他立即解甲，交出軍權，放棄一切，入荒山破廟趺坐參禪，與世絕緣。這種敝屣尊榮視皇冕如草芥的超脫態度，即由於他的崇高人生境界能解脫一切。

「現在，再回到本題。

「首先要說明，悟道後，在解脫方面，雖然一了百了，但在道德磨練上，在處理人間實際事務上，仍須下功夫，求精進，不能說一了百了。

「其次，對人生眞理整體——道體的徹悟，是一套靈魂狀態，一種精神機能，它是人性經過巨大艱苦鍛鍊後的一種新的精神本能。（千萬不要誤會做原始本能。）如果說得更精確點，那是一種新的精神能力。一本書或十本書，只是這套靈魂狀態的一部分結晶體。當精神機能變成思想——再形成具體文字語言，佔有固定空間後，它就凝結了。但靈魂狀態本身卻是河流，仍在演進，不斷有新的結晶體，甚至是新的流瀉體，它不佔據任何固定空間與形式，卻又是一切空間和形式的統馭者。

「一個人只有看清楚自己所住的屋子後，他才眞能安心住下來。假如一開始就住在一間充滿大霧的屋子裡，什麼也看不見，他的心情就不能平安，會發生茫茫無所歸的惶懼。一個人只有徹底照明自己的靈魂狀態後，他的靈魂才能平安，他的精神才能眞正穩定，像一個人定心居住在他看得清清楚楚的屋子裡。沒有這種穩定，我們的精神生活不能眞幸福。」

「你以爲你眞正徹底弄清楚你的靈魂狀態麼？」

「兩百年以後，我不敢說。在目前，我想我藉以弄清楚我的靈魂的那條路徑和終點，至少，就我個人說，那可能是最可能的路徑和暫時終點之一，也許它還是其中極重要的。」

「根據？」

「幾千年來，極少數東方先知者，就走過相彷的路，達到類似的終點。不同的是：他們從不肯徹底公開他們的秘密。此外，他們缺少一種現代化的複雜語言工具，來傳達他們秘密。當然，他們也缺乏一片現代幕景，在更廣泛的天空和陽光下釐定他們的途徑與終點的地理緯度。在這一方面，我稍稍佔了點便宜。」他停了停緩緩道：「就西方說，他們歷史上的偉大智者——那些哲人們，雖然不走東方古典的路，但他們通過另外途徑，也達到東方古典智慧點——那種道體的圓全。不過，他們的科學推理態度，不能安於、或不願僅僅享受這種圓全。他們更歡喜舉起科學解剖刀，不斷解剖圓全，因而產生各種形而上學。再一方面，他們從道體的圓全境界獲得智慧——那種偉大思惟能力後，進而很實際的用於探索其他哲學領域，獨獨不願用它建立一種超越而解脫的人生境界，這樣，古典東方的那種與宇宙相化一的自然境界，在他們實人生中極少發揮作用。他們中不少人寧乞靈於宗教——基督教與神，他們忽視了自己精神寶庫裡的瑰寶。就這方面說，東方古典面貌對他們是一種提醒，也可說是一種『開示』。」

「這樣說來，你是不是準備把我們又帶回中古神秘主義？」

「假如神秘主義本來存在，有它自己的曄曄光華，並不因少我一個而減其光華。假如它本已凋謝，奄奄一息，並不因多我一個而增加其光華。神秘主義的命運，能要比冥王星的命運好得多。後者未被任何人類肉眼看見以前，只有一兩個人，根據天體運動的數學而獲悉，但神秘主義卻已經是許多東方智者的普遍經驗。神秘主義並不可怕。可怕的是：在今天天空下，仍使它掩隱於朦朧大霧中，而且，左一層，右一層，穿上許多件神話衣裳。我的初步試驗是：把一切最神秘的變成最自然的，把一切最神話的，化爲最人性的，把一片瀰天大霧，蒸餾成一片光明皎潔。」

「在現代海洋中，你的道體的船究竟能爲人類帶來些什麼呢？是印度的象牙？迦太基的忘憂草？埃及金字塔裡的黑蝙蝠？耶路撒冷的白鴿子？還是西天瑤池內的瓊漿，叫人一醉一千年？或者是包班克花房中的黑玫瑰，專爲簪插在黑色晚禮服上作裝飾的？」

「你所說的，一樣也不是。人生眞理整體不是魔術，我也不想做魔術師。（過去曾有許多人要這套魔術。）我所能說的是，人生眞理整體——道體——悟道，能使我們精神沉浸於永恆透明的智慧與詩情中，使我們靈魂永遠極度光明皎潔，如萬里晴空，毫無纖雲微翳。它更能大大改造人類心理機能本身，使它產生一種更深刻更犀利能力。就這點說，可能它有生物學上的某種意義。達爾文帶給我們的眞理，使人豁悟生物進化過程，最後，是由類人猿到人。尼采希望人繼續進化下去，他提出超人。但超人只是一種理想，純粹植根於哲學思想，沒有很眞實的生物學基礎。現在我們提出「悟道人」這個名詞。作爲人進化到一個新階段的標誌，它完全有心理學的基礎。當人類心理眞眞實實經過改變後，形成一種新的心理狀態，那麼，作爲生物說，他與過去的人類就有差異，不管這差異是大是小，（我以爲不小），總是差異。而這種差異，可說是生物心理或精神的一種進步，那麼，這就標誌出入這一生物的新的進化。因此，至少在神經變化的眞實性上，「悟道人」比「超人」要眞實得多，也現實得多。這已經不是新鮮事了，不少人悟道，會瘋狂，或得神經病，這至少說明，悟道本身，確對人生神經感應起巨大作用。」

「你是說：人類將由此進化成更高一級的人權？」

「大體上可以這麼說。」

「理由？」

「你不要忘記：今天絕大部分人類、仍在神的掌握中，地球上二十五萬萬人，倒有十八萬萬人，信仰上帝，天主，阿拉，佛，菩薩，觀音，玉皇大帝，或其他神祇。現代的無神論者是淺薄的，他們只能重複一些極簡單的科學常識，一些智識碎片，經驗泡沫，他們從不能建立一種更嶄新更深刻的靈魂背景，使人們不倚傍任何神祇，而能眞正擁抱永恆；不借助任何神祇，而能徹底觀照萬象——包括自我。我經過嘗試與探索後，現在初步帶來的正是這個，和古典傳統不合的是，它是現代化的，又是未來的：它可能經得起任何現實的考驗。」

「這樣說：你的嘗試探索途徑及終點完全屬於科學地理緯度上的一部分？」

「我不是大學授，我現在也不想扮哲學講師，將來總有一天，我會向你澄清這一切的機會。現在，我只能極簡略的告訴你：在性質上，人生眞理哲學——道體的探索，和自然科學不合，但在方式上，它們大體卻同型，同是合乎邏輯的，又是接受經驗事實的。現代科學給人類帶來一片嶄新的宇宙與自然，其結果，並不是宇宙自然更單純了，而是更複雜了，錯綜複雜得幾乎叫人不可思議，啓發人以無窮神秘想像。任一個現代天文學的故事，要比任何古代最偉大的神話還神秘幾十倍。試想想，就在我們頭上，有一千萬萬顆太陽環繞銀河系中心而旋轉，每顆太陽的旋轉速度，一秒鐘要走二百多公里，繞銀河中心一圈，大約要二萬萬年。我們現在每天所看見的太陽，不過是這一千萬萬顆太陽裡面的一顆，而我們的所謂宇宙，主要只不過是指銀河系的宇宙。在這一宇宙以外，還有另外的宇宙。要發現這一千萬萬顆太陽和整個銀河系宇宙的秘密，是怎樣一種偉大的圖景！而全部宇宙，又大得怎樣不可想像。這不只是科學，簡直是最神奇的詩。」

停了停，印蒂沉思道：

「我在人文科學裡所探求的生命眞理，產生在這片神奇的詩情與美感中，智慧與徹悟中。我從眞理整體中所捕捉所攀登的靈魂高峰，那片永恆光明皎潔，無窮啓示與感應，正好與天文台折光鏡中所映顯的銀河系宇宙的光明皎潔相和諧，共呼應。」

「你的道體是天文台折光鏡的產物？」

「不是。但天文學常或多或少給予我如此啓示，天文知識背景，本是我目前靈魂狀態的泉源之一。」

「你將用你的道體，你的新靈魂狀態的背景，來代替任何神祇？」

「只要有一天，人類還渴望精神的永恆光明，潔淨，幸福，恬愉，並希望永生不死。在一剎那擁抱永恆。那麼，道體將比一切宗教玄學的回答更深刻，更透明，更合理，也更健全。某些無神論者是庸俗的，膚淺的，既沒有深沉的美感，也沒有偉大的智慧。他們只能在神像上抹白粉，卻永遠找不到什麼新的永恆存在代替神。也們所玩的，最多不過是法國大革命時那套把戲，用象徵理智的希臘女神阿典娜雕像來代替基督。這個失敗，已被後來歷史寫過了。現在，他們可能舉起『科學』大纛旗。但科學本身也不能完全代表神祇的永恆存在。我所捕捉到的人生眞理整體——道體，並不想毀滅任何一種或多或少合理或合情的存在。（任何眞實信仰存在，從不可能被人完全毀滅，最多只能改裝。）

再說，它本身總具有無限潛力，活力，不可能僅僅由一種學科代替它。」

「你眞以爲全世界幾十萬萬人，將來都可以接受你所謂的人生眞理整體——道體，或悟道的思想麼？」

「目前當然不可能，因爲，你在愚夫愚婦面前，十分鐘就可以把神的優點和特點講得明明白白，但要洞透道體，那是一件艱難的工程。然而，人類中的優秀者，智者，都有可能可以接受道體。實際上，歷史證明，他們早已有過許多接受的先例，只是沒有把這種接受與全人類一部分命運結合起來罷了。到目前止，不少人正從各方面的宇宙觀照中，獲得一些有關人生眞理整體的碎片，甚至看見它的側影。他們接受這些碎片的鍛鍊，這些側影的啓示。假如有幾個人先衝出這堆碎片，抓住整體，穿越側影，瞥見整體眞形，經過嘗試與探索，試著描畫出他們所經歷的探索過，以及暫時終點，那麼，這將如月映萬川，每一個看見河流中月光倒影的人，只要誠懇探求，他總會覺得，我所提倡的悟道生活，和禪修靜境，以及從這中間產生的人生態度，可能是一種拯救，至少，也大沖淡現實精神危機的威脅與危險。未來，西方世界肯定會泛濫本能與人慾的狂流和熱流——這是極度自由的後果。（這次戰爭之前已顯徵兆）。對於它，我們所提供的人生觀念，也是一帖清涼散。我現在言語裡，沒有正式提儒家，但儒家精神，那種與天人合一的精神，道德修持及中庸風格，卻貫徹我個人全部精神生活。這一點，你只要細思，就會恍悟了。」

鄭天遐聽到這裡，陷入一片沉思，終於，定定瞅著印蒂，緩緩道：

「那麼，你二十多年的找尋，現在完全告一終結了？」

印蒂也定定的瞅他，以藹翛然的態度道：

「有一半已經終結，這是有關靈智方面的，有一半還未終結，這就是：可能，我還得把我所發現的觀念更現代化，更人間化，說誇大點，是更地球化，此刻，我是一個絕對自然人，宇宙人。但我預見，可能將來還得做人間人。前者像東半球，後者像西半球，兩半球相合，才是一個完全星球——一個完整的靈魂。」說到這裡，他的視射再一次凝望身前身後的片片雲氣，以及四周山光嵐色。「不過，那極重要的一半，我總算爲自己找到了。找來找去，主要還是先找尋一種新的靈魂背景，一種新的生命境界，一種新的宇宙觀，獲得它以後，正面的人物肖像，就容易描畫了。」

「我只希望，凡是渴望和追求永恆者，能得到一個更深刻更合理更透明的永恆。當然，目前它還不可能發生廣泛效果。不過，它至少給予走頭無路的知識份子們以一條較能走的通道，或者，至少可作爲他們『走』的參考。從某種角度看，這在我們東方，其實，並不是最新奇的。我們過去兩千多年的人生眞理傳統——上溯老莊，本就如此。自從佛教廣泛傳佈後，特別是宋明理學大盛後，近一千多年，尤其如此。只在近一兩百年中，才漸漸衰落。從這一點說，我個人的人生眞理腳步，走的仍是傳統道路，可以說，它的終點，是傳統的結晶，不過，這只是一個方向。我們究竟是現代人，不是古代人。我們究竟是生在牛頓、瓦特、達爾文和愛因斯坦之後，不是在他們之前。最重要的是，我們正生活在東西文化大匯合大激盪的時代。從前，佛教文化幾乎霸占中國文化領域後，中國知識分子有能力吸取它的精粹，培植滋生出燦爛的宋明文化。現在，另一股類似古代佛教的西方文化大旋風，正吹遍中國（我把克里姆林大旋風，看作是西方大旋風的一部分，）即使它會像古代佛教一樣，暫時佔領中國，但勇敢而聰穎的中國知識分子，總會吸取它的精華，唾棄它的糟粕，從而產生完全創新的中國文化。有勇氣，有魄力，有智慧，接受一切偉大文化實驗，這是中國民族的驕傲。我們不必爲暫時的混沌悲觀。三十年，五十年不過是歷史的瞬息。現在，關於道體，我還要說明，它只是一種類似酒精元素的人生元素。要把酒精元素變成各式各樣不同的酒，還有賴我們進一步的努力與發展。此外，當然還有一些現實問題，需要我們解決。不過後者比較容易，因爲它們不需要追求永恆，而一時一地，能解決多少，是多少，能解決到什麼程度，就是什麼程度，對他們說來，永無一勞永逸途徑。」

漸漸的，印蒂的眼睛，向極遠處望去。鄭天遐看出來，他是在向西方的天空凝視。不久，他又聽見印蒂的深沉聲音：

「這一百年來，我們吃了西方那麼多東西，也應該給它一個回報。現在，是時候了，東方應該暫借一個人或幾個人、或若干人的嘴唇，試著給予西方第一個回答了。可能，這是東方送給西方的一個小小贈禮，也可能，這是東方給予世界的一個最初小小餽贈。

「在不最久的將來，當自然科學更可怕的衝破一切，眞正把地球造成一個人間天堂，叫信仰者不再迷戀於神的天堂時，東方這一餽贈，就更顯出它的分量了。什麼西方瑤池，西方極樂世界，四時八節常春之樹、不謝的花，到處是黃金，象牙，大理石，瑪瑙，翡翠，寶石，到處是花園，宮殿，每天排著節日盛筵，……這一切，將來都不成問題。將來，西方男人幾乎可以活得像皇帝王子，每一個女人都幾乎活得像皇后公主。在這種無比幸福中，人將只剩下最後一個結子：死與永生。那時，人類已受過高度智慧訓練，不再能忍受一個愚蠢行爲：用愚蠢而怯懦的上帝式的神祇的剪子硬剪開這個結子，他們需要一雙靈敏而勇敢的手，細緻的一層層把這個結子解開。那時候，東方的人生眞理會給他們提供這雙手。人類要從死亡徹底解脫，獲得永生，將不再求助於有神論，只要走東方人生的眞理大道就行，只要參與人生眞理整體——道體，悟道人就可以再無死感，從從死解脫，同時，他會獲得一片光明潔淨美麗智慧的圓全境界，永恆境界。在未來的末來，物質的過度豐富，將使一切人有閑暇有可能變成哲學家，詩人，藝術家，科學家，以及其他專家。那時，我們現在用孤獨和苦行捕捉住的人生眞理，將成爲大衆哲學和群衆性的常識，像過去三字經，千字文對每一個學童一樣，也像聖經對每一個基督徒一樣。此外，過度完美的物質生活，肯定會給人類帶來各種各樣新的威脅和危險。（這個，我暫時不作分析）。而我所找到的人生眞理，或可幫助解除這些威脅與危險。

「最後我還要說明一點。我的註釋悟道及禪修，與傳統佛家禪宗的最大歧異是，他們仍把悟道與有神論結成一體，我卻把它置於較符合自然科學的位置上，而超越有神論。（自然，也不能完全說是符合無神論，因爲我對神這個大題目有我個人詮釋。）」

第十章

一

我第一次呼吸這樣奇異的香味。它是幻？是眞？是月亮花的夢？是月亮的夢？是月亮內酒神和柏拉圖山的夢？是星星的夢？是沒有一滴水不苦的星星峽的夢？還是我睜開眼睛看見的——一個醒覺的、完全由香味編織的夢？我的眸子是蜘蛛？我的鼻翅是蜘蛛？在織一幅芳馥的羅網？不斷呼吸、編織，讓每一縷香味、誕化每一條又纖又細的絲，梭織成一傘無始無終的美麗香網。網中，一次又一次，我捕捉那尾透明的魚——生命——那最原始的時間第一秒。

這香是空？是靈？空？不空？它促空間由無情慾化爲有情慾，又從有情慾回歸無情慾。一派神秘的輪迴。一只蘋果是空間的情慾結晶。它卻無果，沒有結晶。它是一片純空間，一個縹緲芬芳的空間，可又是絕無綿延的空間。一剎那間，空間彷彿移化爲膠片上反映的太陽內的米粒狀，又小，又具無限膨脹性。這香味確有空間，卻無鏈鎖反應，它是印象派的音樂，德比西的鋼琴曲：「水波蕩漾」那種特殊的和聲，古希臘的和聲，一瞬息間，十朵百朵音符雨點樣落下。稍稍不同是，德比西的雨點似同時洒落，蘭香則偶落一個雨點，迅又一點化十點，百點，彷彿滿室皆香，這十點百點速又煞止，消失，只剩餘音裊裊。過一會，又是一陣新雨點……

是蓼香，少女眸子香，雲彩香，蝴蝶香，終是地球香。

一個字在我腦海響，一個音在思想亮。是一個最古的字，極平凡的字形，被無數「重複」磨破意象，這一秒，它卻突顯大紅大綠的新鮮，宛若一片華麗色彩，忽然衝破初春綿綿陰雨。從前，我一聽此字就煩，一見它就膩，現在，它乍與眞形結合，似一穹薄暮天空驟飄鮮麗綢彩，眩目之至。我看見的不再是字，而是一個無限瑰麗的植物肉體——花的肉體。

不該說肉體。它不是與任何肉體起糾葛的生命。它是一種絕對空靈的香存在。它無葉無色無形無體無綠無紅。它只有一個生命符號——

香。

它的眞形，活於無形。它的眞生命，栖息在一種超越任何骸體的氤氳，而且絕不是重複的氤，有閃電回應的氳。它厭惡太迅速的鏈鎖重複。它的靈魂不是綿延體，是遠遠看去，點點桃花，一點點的，一斑斑的，每一點與另一斑之間，無連無繫。它不是固體，不是液體，是一種氣體——氣體物質。不管怎樣，我捉不住它。捉不住它的香。盡管苦心尋覓，也不能主動呼吸到這香。這是捉迷藏。你眞找，它沒有了。你疲於追覓，它卻突然撲入鼻翼、懷內、髮上、思想中。可你才醒覺的意識它，它倏又閃開了。正似夢體，你有意尋，它的船從不靠岸——你，但港口沉入失望時，船卻來了——夢來。

啊，蘭香！我眞是偶爾得之。我靜觀這朵蘭花，婷婷舒展於紫砂花盆內。

這是正式開花首日。

這是它的梗，燈心杆的細長梗。那是它的瓣，帶黃水仙韻味的花瓣。這是它的色，鮮色。那是它的紅點，蝙蝠一點紅。上面是它軟蚕蛾的棒，中間是它的小小鼻，下面是嬌媚的舌，左右是平平一肩，但哪裡是它生命的生命的生命？那永遠不能捕捉或靜觀的靈性？

這個，我望不見、聽不著、摸不到，甚至有時也呼吸不到。只能用靈呼吸它的靈。不，用我的韻翕吸它的韻。這不是綠色植物，是音樂植物，是鋼琴植物，而且必然是蕭邦型的植物，或德比西式的植物。它的靈苗正是蕭邦或德比西的那些夜曲。可是，它又比夜曲更氤夜曲味，蕭邦和德比西的，還太綿延，太倚賴形式。它的香不是綿延的，翛然而來，翻然而去，倏然閃爍，儵然逝去，比薔薇花瓣輕。比霍甫特曼的「沉鐘」重。常常的，即使它縹然消失，餘香——香的無形尾巴，卻風箏樣、向你靈犀天空上升，形成不倚賴任何香味的韻，沒有任何形象的眞綿綿，那種阿賴耶識似地、綿續不絕如縷。

就這一朵！從千萬朵挑選出的。藝蘭者經過怎樣的苦工？看草素、看草蟲、看筋、看殼、看架、看色、看暈、看瓣（看荷花瓣）、看梗、看舌、看蕊、看蕙蘭蕊、再論品。千看百望，千論百品，才栽培出這千嬌百媚的一朵。

它有那麼雅致的兄弟姊妹：汪字，審荷，萬字，綠雲，老文團素，天興梅，翠蓋，白珮、翠一品、雀梅、關頂、程梅、金奧素、溫州素、丁小荷、大陳字……這些兄弟姊妹，沒有一個不是百看千看，百論千品出來的。

我凝坐蘭室，靜觀這朵蘭花，如古代道士夜觀天象，雖然滿室只這顆美麗星星，卻如置身滿天星斗。

我靜觀著、沉思。

我記憶：杭州過去一些春天，有一次蘭花展覽會，曾見一盆「綠雲」，所有蘭花中最名貴的。在嬌媚的綠色翠雲草簇擁中，只寥寥數莖，僅三四寸長，比一切蘭葉都短，據說三四年才偶爾開花一次。每開只一朵。平日培植，卻費盡千辛萬苦，稍一不愼，迅即夭折。就這一盆，這一朵，當時曾有人出三十兩黃金，主人還不肯賣哩！

我總覺得，這是玩物喪志。

現在，我第一次徹悟，從它香韻，可以恍悟眞正的東方靈體。

假如它的葉子再長三四寸，或再多開兩三朵，或每年開花一次，或花瓣稍少幾瓣，或壽命再長點，不那麼容易夭折——假如有了這些「假如」和「或」中的一個或幾個，那麼，它就不會那樣特殊名貴，當作奇珍異品了。

我想起埃及女王克理奧帕屈的故事。有一個歷史家說：假如她的鼻子短個兩分，古羅馬史就要重寫了。

地球上少有比這更小的一朵花，更沒有比這更高貴更幽香的花。

這小小一朵，三四年偶開一次，卻賜我一瓣瓣永恆高貴的奇香異韻。

這小小一朵，有人視它比生命還珍貴。

藝蘭者含辛茹苦，選成培就這一朵，卻三四年只綻一次，花開時，須麗日薰風，才香。陰天、雨天、寒天，不香。賞花時，人太多、太囂雜、人體汗水氣味重，礙香。蘭室不宜煙、酒、不能滲雜味，嘈聲。須窗明几淨，光潔無塵，觀賞時，最好先齋戒沐浴，毫無酒肉氣、汗氣、體氣，這才相得益彰。

這天下午，湊巧天朗氣清，風和日麗，西冷印社蘭室闃無一人。我獨享一室空靜。坐在鑲山水大理石的紅木太師椅上，欣賞黑漆紅木茶几上一盆蘭花，雖不是「綠雲」，也算名品，好像是「翠一品」。賞著賞著，漸漸闔目，覺一縷幽魂，隨一縷縷幽香，忽顯忽靈，終於縹縹緲緲，不知羽化入太虛何境。

選花、植花、賞花，功夫幾如造萬里長城，清規幾如摩西十誡。

人們辛苦了，等待一千或一千四百四十日後，才偶然遇一陣江南春晴、南風，享受這麼半小時或一小時。

江南春，分只偶有幾天薰風拂面，煦陽宜人，接著，天氣大變，轉陰雨奇寒，活埋了那片名貴芳香。

辛辛苦苦，人們等候了這麼長久後，究竟等待些什麼？

只爲這片偶由薰風送來的飄忽的芳香？

千香萬香不要，爲什麼專等這一掬？

它究竟帶來什麼？人究竟珍惜它什麼？

是那麼一點韻？閃光？一芽智慧？一瓣象徵？生命中最神秘最倏忽的？

生命是不是需要一點眞崇高的香？比一切香更高貴？

用它滋養宇宙靈性？地球韻致？

一切神祇能不能給我們這點香？韻？

是這樣純粹，潔淨，雅致，眞醇，似乎比一切神祇更香。它浣滌我們，創造我們。

生命萬流，彷彿從中找到最高源頭。

我深深靜觀，呼吸，沉思。整個生命，此刻全集中於這盆蘭花。它的花、葉、梗、瓣、捧、肩、鼻、舌，似化爲我自己的四肢、胸膛、肩膀、鼻與舌。

不知不覺，漸漸的，我恍悟二十幾年來，我所找尋的永恆，不幻成我的無窮無盡的生命大海？

一切正從這一滴來。

正是找那找不到的，抓那抓不住的，看那看不見的，聽那聽不著的。總有那一剎，一陣清麗南風，我的靈翅偶然呼吸到它——是永恆、是銀河系最高色、最強者。

一千次中，九百九十九次沒有了，終有一次，它出現。那一剎……

我默觀、潛思、欣賞，沉入它舌苔的紅點。那掩映於透綠嬌嫩的翠雲草的蝙蝠一點紅，紅得這樣幽雅，沉潛，像個隱士。漸漸的，我又一次聽見了，（不是呼吸到）——它的異香，那是芬芳天籟。

不，是道體香味。它忽明忽靈，忽浮忽沉。像含羞草，我才用呼吸接觸，它倏然闔閉。

比朝露鮮，比電光蝶輕。是一滴淡淡口紅？一星芬馥珠粉？一顆綠葉搖墜雨滴？是一柱綠？一芽蛾翅，一斑夢痕？我在醉？醒？坐？走？我是露水？蝴蝶？口紅？珠粉？雨滴？夢痕？我是綠？非綠？

龍井茶香在口。薔薇花香在鼻。幽蘭花香在——

恍恍惚惚撲來，如一葉葉花瓣墜臉、肩、身。不是花香，是芙蓉鳥語，不，是蘭花妙籟，是蘭語。

望著，彷彿變成一個有眼卻無視覺的存在。不，我是一盆靜物，那盆蘭花倒張著兩隻粉紅眼睛，以粉紅視覺深深注視我，賞我，深深的、深深的……

二

初夏偶然洒下的蓖麻種子，仲夏卻變成一株美麗的生命，兀立窗前。生命是如此迅速成長，他還沒有來得及澆水、培植，它已站在他面前。儘管秋冬山風、甚至夏季的風，將吹折它，這時，它可婷婷款擺著。

當群山繡滿陽光的那些日子，不只一次，他把自己整個靈魂與肉體，交給這棵綠色蓖麻子樹，它幾乎完全支配他的生命、視覺，而又給予他另一種簇新感覺。

他靜坐。他靜觀這株瑰麗的蓖麻子樹。

一手掌一手掌的綠。這綠流入他的眼球壁膜，屈折體，溢滿他的交感神經，他的血管壁，他的肉體纖維組織。是綠流進來？是光溢進來？是圓滲透他？他的植物黃色素，不只是生命質素，也是哲學元素，它吸收光，又緩和光，現在，是否在吸收他的視覺？緩和他的思想？這片明綠究竟從哪裡來？它綠得這樣熱烈，綠得如此情慾，卻又綠得極透明，智慧，像一本又一本綠色無字天書。這綠從它的柵狀柔組織來？自太陽的虹彩中來？由月球的陰影裡來？從大地的核心處來？還是從空間深處來？這綠是葉子的？他的視覺的？陽光的？時間的？綠是液體？固體？氣體？是聲音？是線條？是流水？是山岳？

這一分鐘前，他從不知道這一手掌一手掌的綠。不，他腦子裡沒有綠色的手掌。不，記憶是綠的，思想不綠，感覺不綠。在記憶與現實感覺思想之間本隔了一座乾涸大海。這一會，卻又突然大海洶湧，泛濫著綠。這樣狂猘的綠波綠浪，而且這樣渾圓的綠色肉體，這樣細緻的綠線條，葉紋葉脈。他怎麼知道這是綠？不是紅？不是黃？不是紫？爲什麼這是綠？不是紅？不是黃，不是紫？不是無色？他不能叫他水晶？綠色的水晶？它不是移動星團？一座昴星團？一片氦？一幢海市蜃樓？一個夢？一個綠色的夢？一個最綠最綠的夢？一秒鐘後，會色消光滅？綠沒有了，夢綠沒有了。當他躺在搖籃內時，他看見一片綠葉，爲什麼不知道是綠？後來，他知道了，但他只知道，這是柳葉的綠，或萆麻葉子的綠。綠究竟是什麼？是有綠？是無綠？暫時的感覺綠？永恆的思想綠？是一個短暫的色彩舞臺？一場視覺與光幻的露水戀愛。一個和天鵝座星雲一樣恆久的元素？一個突然的接觸？一種奇異的麻醉？比鴉片還麻醉的麻醉？他絲毫不知道。他此刻凝視它時，也依然不知道。正像他不知道，爲什麼叫海是海，感覺海是海；稱水是水，感覺水是水，名藍是藍，怠覺藍是藍。爲什麼不感覺一切水是海？不叫一切水是海？不感覺一切顏色是綠？不稱一切顏色是綠？在一隻狗的眼睛裡，這些分歧複雜都沒有了，它永遠只看見一種顏色：灰色。人眼假如是狗眼，那麼，世界將永遠是一種顏色的世界。灰色的樹、灰色葉子、灰色的玫瑰花、灰色的聖誕紅、灰色的海、灰色的太陽。

然而，他是一個人的凝視，不是一隻狗的。他的感覺不只注滿綠，還注滿另一些更深更遠的。

色彩——綠色，一種美，一片幻覺，卻又是一座永恆。他明知太陽走後或他閉上眼後，這片綠色將變成一片黑，或一片紅，但目前，他仍深深沉醉在綠裡，不相信它會黑，會紅。這一分，這一刻，這個宇宙對他只是一片綠。綠是上帝。綠是花樹草石。綠是人類的笑。綠是聲音。他不只看見綠，他還聽見綠，正像他的視覺不只看見綠，還看見綠色的思想，綠色的感覺。他頭顱不是頭，是一片映照萬物的明鏡，他在裡面看見綠色思想正在爬行，展翅，彷彿他眼瞠裡的晶狀體與透明液不是往外凸出，而是向內返射，與肉體內那隻明鏡相擁抱。這片明鏡照見：綠沒有空間，空間卻活在綠裡，綠又像鐘錶，標誌時間，綠色的時間或沒有顏色的時間。這一刻，時間在這一掌掌綠葉上盛開綠色花朵，漸漸的，它將變黃、變枯，終於腐爛。時間不會爛，時間的綠色爛了。他不是看一片片萆麻葉子，是看一隻隻鐘錶，鐘錶指針是正午十二點。那最鮮鮮鮮的，最綠綠綠的，一切都盈溢於這裡。他凝視著，慢慢的，綠變成一隻昆蟲，爬到他頭髮上、眼睛裡、表皮層，又爬入他的喉管、胸膛、心臟跳動處。綠色應和他的血液唧筒，一噴、一收。他有一片綠色的血液。蓖麻樹葉子變成他的思想。思想也像心臟，一隻綠色的唧筒，忽而放散出無限綠色，忽而又收斂漸漸的，一片葉子變成一座海，一幅仙女星雲，他渾身綠化了、海化了、星雲化了。一整個海流過他的肉體。一整個大星雲在他血液裡旋轉。

要明白宇宙，那幾萬萬萬光年流轉，那些開放星團，流動星團，球狀星團，只要一片蓖麻樹葉子就夠了，不，一點綠就夠了。這兒，有那最原始最原始的，那最宇宙最宇宙的。綠是和第一個銀河系的第一個星坐開始存在的。它是與地球上第一個生命細胞同時存在的。它既永恆、又虛幻。你的視覺是永恆的，它永恆，你的眼睛是虛幻的，它虛幻。他只要一閉眼，它就沒有了。月亮一出來，它就變成銀灰色或黑色。月亮一被雲遮住，它就顏消色滅。仍有蓖麻子樹，有葉子，你一伸手就是，你的手掌是一份思想，但沒有綠，沒有圓。不，你可以用手摸到葉圓，但摸不到葉綠。一定要有光，有人眼，狗眼不行，火星上的眼睛或許也不行。綠是風、是燭火，如此易顯，又如此易滅。人如此耽溺於它，卻從未眞抓住它，咀嚼過它，嗅吸過它。他以抓住葉圓，卻抓不住葉綠。畫家的手可以抓 Le Franc Nc 的綠色油膏，但他抓住的只是一種油質，從未抓住那不寄托任何油質或固體的最純粹的綠，正像人手只能抓住圓葉、圓環、圓球，卻永遠抓不住那不寄托於任何葉、環、球的純粹的圓。純粹的圓與綠，那和第一個銀河系一樣古老的圓與綠，只是個記憶。這份記憶活在地球上，也活在人血液裡。這就夠了。他總算看見綠，感覺到綠了。讓它海洋樣變幻，燭影樣有亮有滅，此時此刻此分此秒，它總是一片綠葉，是他眼球水晶體和透明液的客人，綠色的客人。他會風樣消失，這片綠葉卻永遠存在。即使它也風樣消失，但它的錶針曾指出過正午十二點，那一段時間雖入墓了，它卻活著，換一個姿態活著。綠的記憶即使只活過千分之一秒，這一剎就永生了。正像愛人們即使只吻過一秒，那一剎芳香記憶，就永生於宇宙間。肉體的消失，不等於有關肉體曾存過的記憶的消滅。消滅的只是能記憶者，被記憶者，不是記憶那件事本身——那件事本體。沒有風能吹散這點綠記憶，或吻記憶。沒有任何火能燬它。沒有任何海水能沖掉它。它在四分之一秒的佔有，就是無窮萬萬萬年的佔有。即使無窮萬萬萬年後，記憶堆積得高的，從地球一直堆到冥王星上，從這一銀河系宇宙直堆到另一銀河系宇宙，（假如人類記憶能像喜馬拉雅山一樣堆積起來。）這曾經存在過的千分之一秒的綠記憶仍永生，永隨銀河系萬萬千千太陽旋轉而旋轉。

這棵蓖麻子樹，是一尊綠色的千手觀音，頭上是手，肩上是手，背後是手，胸前是手。到處是綠色的手。大氣從它的複葉的氣孔中流瀉。無窮的光透入它的柵狀柔組織。綠色的葉子，多色的日光，葉陽面的亮，葉陰面的暗流，流水樣的風，神秘的運動，它在無限中舞蹈，枝葉明暗與日光契合。每一葉托出一手掌的日光，綠色的陽光，金色的陽光，千變萬化的光。暗處，葉子用手掌托出一片暗綠，它是一種沉醉後的溫柔、沉思。透過葉背面的陽光，是明綠、新綠，特別是朝陽光，它像亞當第一次看見夏娃女體時一樣新鮮。一片萆麻樹大葉子，亮幾處、暗幾處，亮中有暗，暗中有亮。這一剎亮，下一剎暗，這一秒暗，下一秒亮，哪裡有亮，哪裡有暗，暗就是亮，亮就是暗。一切葉子的婀娜美妙，只有從陰處透視，它們才出現於視覺，鋼琴鍵盤樣彈出你的無窮沉思、記憶。一切葉子的綠，只有被光反透到背面，才幻呈眞正綠色夢境。自正面睇視，太多太豐富的光，反而使瞳孔收縮，想像凝滯，葉子浮淺，綠色單調。祇在沒有日光處自日光，於暗裡看暗所反射的光，光才眞深刻，叫人沉沒。這時候，一切綠色全深深深深沉下去，是一杯杯鮮艷的濃濃綠酒。

綠！綠！綠！無窮無盡綠，葉！葉！葉！一掌葉又一掌葉。葉葉是光，綠葉是光，葉背是暗，綠內是影。葉找綠，綠追葉，光覓影，影尋光。綠先葉後？葉先綠後？光？風？葉？不是葉？光？風？綠？是綠色的葉？綠色的光？綠色的風？綠色的綠？是綠動？葉動？光動？風動？時間動？靜體動？人體動？靜動？動動？不靜不動？超靜超動？還是他視覺動？感情動？思想動？還是地球動？雙魚座星雲動？孔雀座星雲在動？麒麟座星雲在動？

他凝望風搖綠葉光暗。是他看綠？是綠看他？他看光？光看他？他搖風？風搖他？

他的肉擁抱葉綠光風，還是它們擁抱他？這美麗綠葉子有向地性、向光性、向日性、向氣性，他也有這些性？他這樣深沉的永恆靜觀，是他的向光性和向日性？他這些性靈本屬於他，還是屬於光明和太陽？他是光明？他是太陽？光明是他？太陽是他？他凝視著，久久凝視著，靜靜凝視著，他的視覺似滲入它們的皮層與維管束。

這棵蓖麻子樹，含蘊一整個鳳凰座大星球的運動，光、熱、色素、美、幻覺。靜觀中，他自己變成一片綠，一片風，一陣明與暗；他是光、他是熱、他是色素、他是美、他是幻覺。他的肉體是那最神秘的星球運動。非洲的「粗豪」，地中海上的崩雪」（註①），正在這片綠葉間運動，隨大氣浸透它的海綿狀柔體組織。諾曼地的「統主」（註②），是它的一片光影，一陣濃綠，以及葉子的無限款舞。他必須從這份光與影的波浪中，透視塞納河水，萊茵河水，第伯河水。這些水正穿越亞洲邊陲，流進他心中，流入這棵蓖麻樹葉子上。他定視光、風、綠、影，無限綠色花朵向他繽紛撲來。他動、他靜、他深、他淺、他醒、他睡，萬千世界正洶湧著他的血管，敲擊他的動脈管。他沒有了他，卻又有了千萬個他，無所不在的他，和上帝一樣萬能的他。他從沒有吸收這麼多光。他的向光力從沒有這麼強過。他的向化力也從沒有這麼豐富過。他從沒有捕捉過這麼多的美——。

有了這片綠、風、光、影、動、靜，他有一切。他的肉體是光它的光。他的靈魂是暗它的暗。他的視覺在綠它的綠。他的心在心它的心。他正是一棵蓖麻子樹——一尊綠色的千手觀音。無窮的思想的手，感覺的手，綺麗的手，它們把全部宇宙光都吸收入內，把所有星球的美都集中於他。他是活？不活？是他？是綠？是思想？是風？是醒覺？是光？是睡？是葉？是明？是暗？他在蓖麻樹前？在樹後？在樹內？在樹外？他是樹？樹是他？五百萬萬年前，他本是樹？五百萬萬年後，樹本是他？這一分！一秒！一剎一五百萬萬年一一滴綠一一羽風一一星幻覺一一個醒覺？

三

我靜坐在透明玻璃金魚缸邊，默默凝視一尾金魚，像天文學家通過返光式望遠鏡，睇視空間深處的南魚星座。

這不是魚，是一朵金紅鬱金香，一只金紅橘子；不，這是一瓶玫瑰精，一片硫化錳，一杯螢光紅鈉；不，這是一個金紅色女人，熟透了的女人，它什麼都是，就不是魚。我此刻眼睛裡，超於一切的，它只是一種元素——構成生命的最重要的元素。正像鈣、鈉、氧、錳、鋅、鐵，造成海水，它創化生命。海水的構成者，永遠作元素循環，生命的元素，也永遠循環。這尾金色鱗介物，正在這口玻璃缸中作生命元素的循環。

假如你是海，會感到海水元素循環。假如你是魚，會意識到生命元素循環。假如你是元素，會覺得你和大海、和生命之間的代謝。這尾小小金魚所以迷我，正因爲它啓示我：深深沉浸於這片美麗循環，那是豪華的花環，奇妙的虹環，我深深浸淫著……

神秘循環中，白天，我看見：這條金魚顯示紅色的靈魂，觀念，一顆永不發炎的靈魂，一片永不崩潰的觀念。黑夜，我聽見紅色的肉體，紅色的喋喋，水從它鰭邊穿過，光從它翅面擦過，色從它鱗眼煉過，月亮從它頭上亮過，早晨從它尾部飛過，黃昏從它嘴尖飄過，它從不惆悵、迷惘。它又冷靜又熱烈的游著，划鰭，撥翅，擺動尾巴，張開那嫵媚的小小紅嘴，呑水，吐水，吸沫，噴沫。有時，它追逐水面氣泡泡；有時，潛入綠色金魚草叢；有時，靜如一葉扁舟；有時，鳥樣掠過水。

它總是安安詳詳，泳於永恆。因爲，它是生命的元素之元素。不管海嘯濤吼，風狂浪獗，海水的元素：鈣、鈉、錳、鋅、鐵，永遠安安靜靜，游泳於它們自己眞理軌跡上。海面有時和平，海底永無和平，（眞正的絕對海底有和平），魚們總是互咬，鯨魚吃鯊魚，鯊魚呑馬林魚，馬林魚咬黃魚，黃魚追帶魚。但這兒只是一口口玻璃金魚缸，恆久栖息和平。和平滲透玻璃，漏漬白色，潤透靜水，潺透它的圓形、透明，沉透它的主人——可這裡只是一尾龍睛金魚。人不互咬時，能咬自己，金魚卻不會咬自己。它永遠是慢慢的，不慌不忙的，悠悠的游，眞是悠哉游哉，這麼嗼靜，靜得能聽見每一個氣泡聲，甚至，魚自己每一個動作聲音。它獨自一個，享受這白色的圓形天地，透明的天地。水透明，光透明，色透明，玻璃透明，圓也透明，它消受一個透明的琉璃宇宙。任我把它看個千百遍，從早看到晚，它絕不理會它的創造主——我。它不聲不響，不急不促，怡然自得，優遊歲月。

看著看著，我越發入迷了，出竅了。是我凝視魚？是魚凝視我？我能看魚，魚能看我？我是看魚？觀紅？視一滴胭脂？還是貫徹一種元素？一種深刻的精義？就那麼一點點——色。就那麼一點點——光。就那麼一點點——動。游動。魚游？缸游？水游？雲游？我游？元素游？思想游？還是什麼X或Y在游？我在魚內，魚在我裡面？我是魚？魚是我？是胭脂？是紅山茶？我是綠水藻？我是水？是玻璃缸？是圓？我是游？我也像這尾小生命一樣，泅泳在另一口大玻璃缸內？無限空間的暫時有限，是那麼一層透明的玻璃，似有，似無，似動，似非動，似隔，似不隔？魚不以為玻璃隔，卻是一片白色的空明的神秘光在隔。這光有硬度，穿不破。我——人類，能不能游穿那口大玻璃缸？缸外是什麼？銀河系那麼一片永恆光芒，銀光萬點，是我暫時的玻璃缸邊緣？缸外還有魚，魚外仍是缸？是缸大魚小？是魚多缸小？這片圓圓玻璃能不能衝破？萬一缸破了。怎麼辦？

我凝思，我整個醒酣於這口玻璃金魚缸內，沉醉於它的透明，圓形。它如佛像前一盞蓮花燈，帶給我無限的光，永生光。它什麼都是，就不是魚。它是一幅畫畫兒，也許是一架俞伯牙的琴。此時此刻，可以說，花是它的心，花是我的思想；月亮是它的眼睛，月亮是我的感覺；水是它的肉體，水是我信仰。花沒有情欲，月亮沒有情欲，水沒有情欲，一尾孤獨的金魚沒有的情欲，而我此際也沒有。至少，這一刻，在這片透明天地，它的欲望達到休止符。只要一點水，一粒挂面，它就逍遙游於永恆，如海水元素游於大海。這金魚缸正是它的海，汪洋浩瀚，無涯無涘，於是，它悠哉游哉，優游歲月。

人的悲劇在於拼湊，一瞬間，人可以叫亞洲一張美麗臉孔出現於紐約或哈瓦那，但這張無線電傳眞臉孔是拼湊的。人把一張臉分成546格，一格一格拼起來。我的一生也正是一幅無線電傳眞，千辛萬苦，只爲了把那546格拼湊成一幅完整的人生理想圖像。鬥爭了二十幾年，現在仍未拼成。有時總算拼湊成一部分，又擔心它又還原成546個單格。然而，金魚的全部生命卻不是由546格拼湊的。從第一秒到最後一秒，它只有一個大格——一個「它」！它不需要那些複雜的玩意兒：電池、透鏡、光管、激勵燈、振蕩器、收像紙、發片滾筒、信號放大器。一句話，它不需要拼湊。它永遠是一片渾然整體。它的吸吸、游泳、凝望、浮沉、感覺，永遠是一個圓全整體，如佛像後面那一圈光輪，亘古一片圓。

這小小金魚，白天我看不厭，黑夜我聽不倦。最深的深夜，那一串串唼喋聲，如夢如幻，水極了，又玫瑰極了，幽蘭極了。那不是聲音，是象牙語言，月光音樂。魚無言語，其夜語是詩，是夜曲。魚無音籟，它黑暗裡的聲響，是美麗天籟，正因爲太黑太暗了，它必須吐出月亮味的聲音。正因爲一切音波都死了，它必須讓魚籟活著。正因爲一切花全沉沒了，它必須教我通過魚籟，夜半觀花，不是教我用聽覺聽花。假如薔薇絮語，正是這片唼喋。如果象牙露妙音，正是這片魚籟。

我靜觀。有時，半個上午兩小時過去了，我仍坐在魚缸畔，靜觀金魚那點紅。

就這點胭脂，映襯小小玻璃圓缸的透明瀅澈水中，紅、鮮、艷、致！水內有光、有明，似有雲影山光，水草碧綠寧謐、盤虯卷曲，舒展，自如。缸口永遠那麼圓圓，圓得逗人靜，催思想靜，啓一切觀念靜。這點胭脂游泳於白色水光，是紅蝴蝶游於水？薔薇瓣泅於水？是星星在游？穿過去，梭過去，剛出水草，又入綠簇。那份新綠，那芽鮮紅，那片透明。它的小小胴體這麼美，溫柔，文氣，眞是一條美人魚。然而，它小小圓頭卻又那樣武氣，且帶點痴傻，不時發怔，正在參魚禪？悟魚道？它兩只凸凸小眼睛常看什麼，卻又常不見什麼，眞是視而不見，聽而不聞，感而不覺。它總是張口，吸水，吐水，吐了又吸，如游龍戲珠，戳那粒無形生命之珠，吸珠又吐珠。若是午夜，這便是一片蝴蝶味的唼喋。

我望著這圓圓玻璃缸，有時，它哈哈鏡似的，奇妙的把它幻變得異樣大，刹那間，似有一雙巨大眼睛，一顆巨大的頭，一條巨大的金色身子，游入缸底時，凸玻璃更不時叫它形象幻變，一搖尾，一條巨大的金色尾巴，一陣金光閃爍，金紅的鰭，淺紅的翅，淡紅的尾巴，壯麗得很，燦爛之致。這是生命的黃金一刹！等它浮上來時，漸漸的，巨大軀體又縮小了。我探過頭，從魚缸一面直接俯視，它更小了，但是那一點胭脂，彷彿一個女人沒有頭，沒有胸，沒有四肢，只一片菱形紅嘴，游泳水上。

這圓圓凸玻璃是魔術箱，能把生命變得那麼巨大，又縮成這樣渺小。啊！僅僅這一點點圓球形的玻璃。

我必須透過這片玻璃看它？

我應該只從玻璃外——缸口看它？

不管我由任何角度看它，魚仍是魚。

玻璃雖有仍無，似有似無。

就這點紅！是金？是紅？是太陽沉？是石榴花開？它比金更金，比一切紅更紅。假如一切紅有共同紅元素，像一大串數字有一個公約數，那麼，金魚紅正是這個「公約紅」。它紅了，它「公約」紅了，又醉了；又亮了，又醒了。魚躍於淵，這一躍多美。但金魚的翛然然然，比這一「躍」更美，比大海鯨魚亮翅也美。這眞是悠哉游哉！可能地球上再沒有一條生命更能如此悠哉游哉。

藍鯨魚比人大好幾百倍，勝利者是人，敗者是魚。

這尾金魚比我小好幾百倍，勝利者是魚，敗者是我。

我被它征服了。

四

人類肉體眼睛，不能像天文台折光鏡，反過來瞄準大腦皮層，拍攝下透越神經纖維的精神狀態。即使就無形的心靈眼睛說，精神也不是一個永恆凝固的單一元素，或一種固體。但在每一剎心眼眨動中，它卻蛻變成單一形相，而且他似乎不是用心眼觀照，倒是眞正用肉眼看。實際上，沒有肉眼配合，心眼很可能會盲瞎。這時候，他看見，有時候，精神是玫瑰，又紅又美，有時候，它是月光，又靜又寂寞，有時候，它是太陽，壯麗而幻化，有時候，它是一隻大鳳蝶，瑰豔而又孤獨的飛翔著。

但更多時候，精神卻變形為聲音，各式各樣的奇異聲音。捕捉它，聽覺比視覺更勝任。只有像印蒂這樣極度走內線的人，才聽見——聽清這些複雜微妙的聲音：從高八度到低八度，從男中音到女低音，從花腔女高音到男低音。有時，它比瀑布在宏亮；有時，它比樹葉子聲音模糊；有時，它比金鈴子或紡織娘聲音還細緻，這是過去許多年的情形。現在，印蒂卻常常詫異，他肉體內這部分聲音，有幾種音符，可能是死了，永不再響。他不再能像從前一樣，聽得見全部音符了。這是指：那幾種最宏亮的音：巴哈式的，貝多芬式的，或者，白里遼斯式的，像他在鋼琴協奏曲，第九交響曲，或幻想交響曲中聽過的。

也許，他內在的那個貝多芬或白里遼斯已經永遠沉默了。乍看起來，這似乎與他目前精神狀態相矛盾；有時候，他竟突然有點恐怖，害怕他肉體裡貝多芬或白里遼斯的質素已經完全毀滅。這些，他過去幾年，是唯恐驅逐不盡的。直到幾個月前那個命定的午夜，才把它們衝擊乾淨。目前，臨到眞正超越它們了，他又有點惋惜。歸根結柢，它們仍是人類精神中最崇高的元素之一。就某種情形說，它們的音符，可能是生命中最重要的音符之一。

經過這樣長時期大超越大飛翔後，此刻他第一次又回到他古舊的固執。他的生命各時期中的主要信念之一，就是必須保存青春時代的一切色素，不管它們怎樣變形、變相、變聲、變色，他不願拿一個完整的青春換一個完整的中年，也不願以一者必須結成一個整體。人假如得到什麼，又失掉什麼，人將永遠得不到一切。在精神領域，人必須永遠獲得，而不喪失。已取得的，可以變形，卻不能再失。生命或信仰，應該是一張畫，他可以不斷畫下去，改下去，但已完成，不該再全部塗掉，只能另加新的色彩與線條。他不該永遠不斷的刪削，（即使他心理上有這樣幻覺），他只該永遠不斷的完成。代替不斷刪削的，是不斷變形與擴充。他從沒有眞刪掉過什麼，他一直是從一種「完成」到達另一種「完成」。

一年多來，這片高峰雨雪衝去他身上的一些火花。人生眞理本體的獲得，彷彿使他內在聲音精緻了，纖細了。貝多芬的第三第九交響曲的樂音漸漸消歇，那片「衝上去！衝上去！」的吼聲，死滅了。他的靈魂的西半球在睡，只剩下那個寧靜的東半球在醒。

「我的肉體並沒有纖細，我的靈魂爲什麼纖細起來呢？」

他疑問著，他沉思著。

偶然，他也歌唱一下，試試他嗓音裡有沒有那種濃厚的抒情味，那種雄壯的聲調。他唱黑人歌曲「我的坎特基老家」，他唱歌劇「瑪爾莎」中的一段獨唱，他也朗誦幾段李爾王或馬克白的獨白。謝謝天，他的聲音依舊表現那份舊日的震顫與波浪；他精神內部那些雄麗色素，依然存在。

也許，只要他心臟一天還強烈跳動，那一兩種極重要的生命精素，依然會黏附於他，如蟬翅黏附捕蟬者的帶黏餌的竿頭。除非他心臟衰弱了，那些精素也就衰老了，漸漸的，它們如蛻變的蛇，只剩下一層薄薄殼子，它是透明的，甚至是是精緻的，卻脆弱不堪一扯。假如他必須做深山古洞窟的蛇，他必須做眞正的有生命的蛇，可不能只做透明的空靈的蛇皮。

如果大海沒有眞正雄流，也就沒有眞正美麗的明靜。正是那種內在的壯麗，使它交織出一片月光下的空靈幻化的海景。

於是，有時候，他又一度回到純粹感覺世界。這個世界，是他當初拚命想衝出去的。他再度讓自己沉溺於各式各樣的精神潮水中。這一切，很像朝陽光的紅色潮水以無窮喬煌的形相出現於他肉體感覺中。

他最沉溺的一次，是在小上方峰頂。

那是陽曆八月上旬一個下午，他很久沒有訪問小上方了，不經意間，他走過海清道人門口，順便問起後者信息。他只知道，海清在西安很忙，也頗得意。

「爸爸有信來，說不久要回家一次。」海清道人大兒子說。

「印先生，你有什麼事嗎？」海清的老妻問。

「沒有什麼事，我路過，順便看看他。」

「噉，他在西安忙得很，我們在這裡也忙。你看，他把方經理和陳副理的太太都送到這兒避暑了。今年西安熱極了，太太們受不了，華清池只能洗洗澡，溫泉熱得很，還是華山涼快。這一晌，南峰與西峰，都住滿客人。方太太陳太太本想住東峰，道觀也客滿，沒有法子，只好暫在我們這裡避避暑。」厲太太指手劃腳的說，她指的是西安C銀行老闆和副老闆的太太。「印先生，你看，這孩子長得多漂亮！這是方太太的獨養子。她怕他受熱，也帶來歇夏。今天下午，落了場雨，涼快些，她們上北峰玩去了，把孩子托給我管。喝！這孩子眞是福相，長大了，一定又是個經理，赫！赫！赫！赫！」

她叨叨絮個不休，印蒂卻大半沒聽進去，他整個感覺，倒被她懷中的嬰兒佔據了。說不清多少時候——一年？兩年，還是五年？他沒有看見嬰兒了。

他不開口，兩隻強烈的大眼眼像被磁石所吸，深深被這個嬰兒吸引住了。

五

這是一片奇異的新鮮，似比地球上第一滴露珠、第一朵花還新鮮。它震蕩我，如猛搖一碗水，所有的水都飛濺出來，磁碗空了。生活於人間，我，第一次電感：自己肉體內似還缺少點什麼。肉體並不缺少肉體，靈魂也不缺靈魂，我所缺的，是這兩者之間的中間物，氣體的或液體的，至少也是固體的，如畫家追求的那種中間色。我本以爲，多年潛思默蘊，自己已相當接近圓全境界了，這個境界有點像佛家大金獅子法輪。現在，這輪光圈卻缺少了一點，或一小粒。這一點，一粒，雖然太微末了，幾乎看不見，可總是那麼空白，一個小微點，或小微粒。這片嬰兒的鮮致光輝，似是一種放大鏡，叫我迅速發覺，所缺的這一小點，或一小粒。

這嬰孩是一尊小玉佛，渾身上下，似一片透明，沒有一絲一毫褶皺，沒有一撇一抹空間陰影，或時間黑影。他是那麼天然，彷佛宇宙一開始存在，他就存在了。他笑著最笑味的笑，笑著笑著，忽然頭一低，倒在「笑」裡面，他「笑著」了。有時，他哭，哭得和笑一樣，笑著哭著，頭一重，他哭「著」了。生命一切最重要的節目，在他身上都表現出雕刻味——最富凸凹性的形相。他不是笑，就是哭、不是睡，就是大動或小動，——或者吃。他在哭、笑、默、吃、睡、尿、屙中輪回扮演。這個卓越的雕刻家，把深刻的悲劇或喜劇、沉睡與醒覺、美與醜、雕刻得如此迅速，分明，呈顯它們的聯繫與分裂，分裂與再結全、於天眞的節奏中，他似浮雕出一種不斷進展的反應。特別是，他笑與哭，那不是聲音，是一種物體，有陽有陰。這會兒給你陽，下一刻給你陰，不，一陣子是靈魂陽面，一陣子是靈魂陰面。他笑夠了，就哭，哭夠了，就笑，再不就是沉默。他沒有文字語言，他唯一的語言，就是這個陽和陰，以及沉默。他接受世界了，就笑：拒絕了，就哭；哭得無結果了，便默。他說話，不是用嘴與舌，而是用整個臉：全部眼睛、眉毛、鼻子、嘴唇和面頰，表現他的神秘語言。

在他身上，生命以鮮明的節奏進行。那是生物進化史的一幅縮影重演。從爬蟲動物到爪哇原人的史劇。今天，他躺著，被這個女人抱著，下個月，他可能坐在搖車中了，明年，他能在地上爬了，漸漸的，他能扶著母親站起來了。接著是眞正的直立——獨立了，（那是生物進化史上直立猿的一幕）他能喊「姆媽」了，終於他能走路了。這一切，他本能扮演著，開展著。這個小小肉體，存在一切不可知數，那偉大的、危險的或渺小的，無量數的「未來」，藏在他身體，像許多蠟燭隱在黑暗，今天亮一支，明日亮一支，無休止亮下去，直至閃亮那最光明的一支，他的眞正醒覺了的思想火炬。這個簡單的立方形體上，埋伏著無窮的複雜變化，海浪波濤。每一個變化，緩緩的、花朵樣的開放，一朵花疊一朵花，一個變化套一個變化。他比一朵蘭花、一棵萆麻樹、一尾魚。更深刻的變化著。他由生命走入生命，從無窮流入無窮。永遠是更深更深的生命化。這是他，是一切生命光華的起源，也是一切地球統治者的原始狀態。

微妙的是他的肉體，一個圓滾滾的肉球，卻充滿那麼多的肉。這些肥肥嫩嫩的肉，在午後陽光中，是如此不像肉的熠耀著。每一個看見他的人，都忍不住想捏他一把，摸他一下，像摸一尾剛從海底釣上來的奇異夜明魚。但這不是魚，也不像肉體，倒似一片透明空氣團，彷彿只要輕輕一彈，一觸，都會戳破。不，只要微微吹一口氣，它似乎就要裂開。我不敢把他抱在胸前，怕抱破他。然而，此刻，我實在無法忍受了，我必須把他抱在懷裡。輕輕的，我從鄰居張太太手中抱過來，溫柔的放入臂彎裡。啊！多光鮮潔美的肌肉，滑極了，嫩極了，這是一些在做夢的肉，它正沉醉於原始星雲生命的光輝，在做夢。當我用手掌將它貼住自己胸膛時，不禁渾身抖顫了，多甜蜜的擁抱！多芳香的呼吸！這不是形體，是光明！

不，我正抱著一個大月亮，一個不是夢的夢。我是抱著生命的起點。

六

十天後，一個上午，當他思想還纏繞著那個嬰兒形象，如海藻之於一朵浪峰時，他突然聽見一個熟悉的聲音，接著，窗外出現一副螃蟹型姿態，一張白淨得有點發青的臉：

「怎麼，老印，你還躲在家裡？日本鬼子已經無條件投降了!!全西安沸騰得像熱水壺。你還躲在家裡，像個蝸牛一樣？」

「什麼時候宣佈的？」他冷靜的問。「我有一個多星期，沒到莎蘿坪清虛觀看報了。」

「大前天下午宣佈的，日本天皇親頒詔書，接受盟國無條件投降的條件。西安報館在晚上才得到消息。哈哈哈哈，全中國全世界都轟動了。」

「大前天——是幾號？」他茫然問。

「怎麼！你連大前天也不知道？」他呵呵大笑，向四壁看了一眼，立刻記起：這個隱者牆上是沒有日曆或任何時間標誌的。他大笑道：「大前天是八月十五號，我正在裘處長裡吃晚飯，替他一家看相，看準他今年秋冬，一定交好運，他要交眼運，他的眼睛是鳳眼。好，才說完，外面馬上就響起號外聲。那聲音差點沒把房子震塌。哈！哈！哈！小日本鬼子垮了！好，你說我是不是天眼通？天耳通？你說靈不靈？裘處長一喜，馬上又灌了我三大杯汾酒，連他十歲小兒子都灌醉了，那一晚，我們都活似醉八仙，差點在地上打滾！哈哈哈哈，八年抗戰，終算勝利了，我們又可以回鄉了。」

「怎麼，你要離開華山，回家鄉了？」

「不回去幹什麼？一輩子死守著小上方幾塊石頭，喝一輩子西北風嗎？」

「你，你，你，你，不是——」

印蒂對這位老鄰——老「山鄰」，仔細端一番。海清穿一襲玄灰色熟羅長衫，裡面是同色熟羅褲子，腳蹬一雙粉底黑緞淺口鞋，頭戴一頂淡黃色軟邊巴拿馬金絲草帽，（黑髮早已剪短），手搖一柄梅花點子的湘妃竹大白摺扇，整個神氣，活似上海灘的時髦白相人。這樣一副神氣，使印蒂不再想多說什麼了。

「你眞是個書呆子！在大上方修道，越修越糊塗了。」他用那隻大手拍拍印蒂肩膀。「你知道，當年我爲什麼隱居華山？那是因爲，天下大亂，是亂世，惟華山頂上一片紫氣祥雲，所以我擺脫紅塵，壁居小上方，修鍊天地間至清至純精氣，頤養中和，保我丹田。現在，天下大平，再逢盛世，我們這些得道成法之人，能丟下芸芸衆生不管麼？出世間相，不離世間相，我們道教始祖李聃騎青年出函谷關前，還念念不忘衆生，留下一部五千言『道德經』，就是這個道理。你當眞以爲我要死守這華山山頭，做一個小上方寨主麼？」

「你究竟打算怎樣呢？」

海清道人兩手一拍，好像用力打死一隻飛來飛去的蚊子。

「我打算普渡世人，爲衆生消災袪難。」

「就回南京去？」

「不，我想先去西安大幹一番事業，打個底子，再衣錦還鄉。這裡，我已紮了根，枝葉也栽培了不少，軍政商學四界，我都吃得開，兜得轉。我準備先成立一個西北宗教協會，把陝甘寧青四省宗教界力量，集中起來，作爲主要『實力』。然後，再以西北宗教界代表的名義，到京滬一帶活動，你說好不好？」

「……」

這隻大螃蟹忽然放低聲音，彷彿開始準備修鍊丹田之氣：

「喂，老印，我們是老鄰居，老朋友，讓我跟你說幾句心腹話吧。你知道，我一向很看重你，因爲，你這人有頭腦，有毅力，能吃苦，而且，你額頭是帝王額，眉毛也不錯，我看準了，你很快就要交額運，和眉運。我的事業，非你襄助不成，就像當年劉伯溫翊贊朱洪武一樣。我就要發起的這個大西北宗教協會，我自己是會長，想請你擔任秘書長，好不好？」

「……」

「我本想請你擔任副會長，但西北除了道教會，還有耶佛回各教，爲了利用他們力量，不得不設三個副會長，由其餘三教擔任。你一向隱居華山，從不在外界活動，大家都不知道你。假如要你做副會長，別人怕要說閒話。不過，雖說是秘書長，其實就等於副會長。這個協會搞出來以後，還不是我們兩個人的天下？我是朱洪武，你就是劉伯溫……」接著，大約他聯想到劉伯溫的悲劇下場，立刻又改口：「不，我是羅斯福，你是杜魯門。你看，羅斯福，得了腦充血，杜魯門馬上就扶正，做大總統。」他抓抓頭。「當然，我一時是不會得腦充血的，你知道，我身體很瘦，又長久素食，不容易害高血壓腦充血……再說，我是個有道之人，可享龜鶴遐齡，少說也要活一百歲。……嗯，這只是個比喻，一個比喻。……怎麼樣？我做羅斯福，你做杜魯門如何？」

印蒂一聲不響，聽他滔滔談著這一套秦始皇滅六國獨霸九州的計劃。聽完了，他睜大那雙強烈的大眼睛，冷靜的望著他的螃蟹姿態——冷靜得叫對方毫不懷疑，他是用極嚴肅的態度，說出下面話的：

「謝謝你的好意，不過——」

「『不過』什麼？你總不會錯過這大好機會吧！」螃蟹聽他口氣有點不對，不等他說完，連忙岔過來。

不過，——我並不想下山。

這六個字，斬釘截鐵，那螃蟹那一對最厲害的螯砍斷了，它說不出心痛。

「什麼？你『不下山』？就一輩子守著大上方這間破瓦房，成年喝空氣混日子？」

他掩飾自己失望，仍故作自然的大聲喊起來，彷彿替印蒂喊冤。

「不下山就是不下山。這沒有什麼好解釋的。」

「你當眞一輩子住在這荒山頂上、」

「嗯。」

「永遠不跟世界打交道？」

「嗯。」

「也不跟任何人來往？」

「嗯。」

「放棄一切機會，社會關係？」

「嗯。」

「啊哈！你眞瘋了！」螃蟹突然又一次大聲嚷起來。「呃，我毫不含糊的對你說：你瘋了。」

看見印蒂默然不語，他很快又放低嗓子，老練的道：

「老弟！也許我決定得太快了，一點考慮都不留給你，這不對。……也許，你心底共不眞是否同意，只是，我催得你太急了。……好吧，讓你考慮兩天。明天中午，請光臨舍下吃便飯，我們再談談。現在，我要去了。一星期內，我準備全家搬到西安。」

「明天吃了午飯，我來看你吧！」印蒂冷冷說。

「也好，隨你便。反正我中午等你。」

臨別時，海清道人突然又一次壓低嗓子，怕四周山川樹木和空氣聽到他的聲音似地，低低道：

「我看你對華山還不死心。我索性告訴你一點傳聞吧！你以爲華山是一塊乾淨土，是世外桃源，可以老死此鄉麼？不見得。山川草木是乾淨的，人未必。別看這些道士們表面一塵不染，肚皮裡盡是機心。我名氣大，他們奈何我不得。你不時孝敬他們一些，塞了他們嘴巴，暫時相安無事。饒這樣，他們還是有人議論你，主要是去年令親鄔小姐上山的事。你雖說只陪她玩一星期，清清白白，可有人說你們鶼鶼鰈鰈，形影不離，倒像有什麼事。後來，風傳到我耳裡，我馬上替你澄清，他們嘴上唯唯，心裡卻不見得平服。目前，你與他們沒有什麼利害衝突，他們掩旗息鼓。將來你住久了，眞出了名，忌妒你的，就會把這件事當把柄，中傷你。我一直不向你提這個，怕打擾你用功修練。一年多來，我們要好一場，今天臨別，我不能不告訴你這個，供你參考。老弟，知人知面不知心，出家人不一定個個眞看破紅塵，六根俱淨。你要三思。」

印蒂聽了，沉思片刻，正想問幾句，海清道人已搖擺著那付螃蟹姿態，螃蟹式的走了。臨出門，又回過頭來，大聲嚷嚷道：

「老弟，機會難得，千萬別錯過哇！」

這天上午與一整個下午，印蒂一直坐在室外峰頂中央那塊巨大岩石上，──他在沉思。他忘記吃午飯和晚飯。直到八點多鐘，他才隨便吃了點東西。

他強烈的大眼睛，不斷凝望天空與山峰。

在山峰中，平常總有那種特殊的感覺：一種奇異的岑靜。怪的是：今天，他卻不敏感四周梵靜突出了。或者說，它不再如一般人想像的，靜得很虛覊很空寂了。它完全不虛不空了。這不是因爲：靜久了，靜寂自己也變得充實了，正如一個病人病久了，也就覺得自己是正常人了。即使在習慣的默靜中，仍有一層虛幻縹緲的煙霧。但此時，他卻感到，連這最一層神異氣氛也煙消霧散了。這個下午，整個華山靜得極飽滿充實，滿山樹木、巖石、道路，甚至連嵐氣霧靄，也都實實在在。巖壁與巖壁間，那海浪樣的山岳，泥土層，巖石層，一波波一浪浪的捲過來，使他幾乎來不及有空虛感。昨天，他覺得自己生活於白雲煙霧中，空靈極致，超越一切，今天，即使他仍在海拔三千七百公尺以上，視覺卻被四周泥土層所鯨吸。它們顏色，似與大地顏色沒有不同，只不過一個黑在高空，一個黑在海拔三千七百尺以下罷了。這個被土層雜揉巖石所捏製的高峰嘆寂，似有一種沉甸甸的分量，像沉鐘。它也許空，但也許有更多更雄壯的聲音。

奇怪，華山頂上住了這麼久，他第一次注意到，這裡有那麼多黑土，鮮烏色的美麗的土壤！

坐在山頂上，以他自己肉體作圓心，不斷向四周畫圓。這圓心也正是路的開始。但從山下望上來，這卻是路的盡頭。他坐在開始，又到達盡頭。他眞想永遠停留這裡。夏季的山峰，特別蔥綠，對山是一大片綠，山路兩側也綠，滿眼是綠色流動體。從綠色高處往綠色下層俯視，多美！好像全部綠色山谷從他身上流瀉出來。他主宰一切綠。他是綠色噴泉的泉源。此刻，沒有另一種生命存在，只有綠陪他，連午後太陽光彷彿也是綠的。他眞該用一千個一萬個綠色字眼說明他的四周景色，可惜字典上並沒有這麼多不同的綠色形容詞，正如一切顏料瓶裡沒有這麼多不同綠色。

又是一個「奇怪」，他隱居華山巔這麼久，卻從沒有像今天下午：把這片綠與那片黑土層相聯繫。

他點起一支煙，在沉思。漸漸的，那個透明的美麗的嬰兒又亮顯了，他轉動在這大片綠裡，他凝望於這大片黑土層上。他似是一個永恆水晶體，比人生眞理更新鮮，比時間更永恆。

他望著，望著，慢慢的，那透明的嬰兒忽然幻變了，變成一條透明的白色影子，一雙像黑玫瑰一樣深沉的眼睛，一副希臘造型的高鼻子，一張猩紅的菱形嘴唇，一個高高的曲條的胴體。……

這片白色影子，彷彿沉睡了十幾年，第一次又從他記憶黑夜深處醒來，睜著那雙大而黑的眼睛，凝視他。

突然，他閉上眼睛，用雙手掩住自己臉孔。

七

人類歷史上，假如眞有一個全地球瘋狂的日子，那就是一九四五年八月十五夜。這一夜，赫克拉大火山在歡笑，阿爾卑斯山巔冰河噴射火燄，珠穆朗瑪峰巔的白雪盛開熱帶花朶，尼加拉瓜大瀑布停止奔流，塔克拉瑪干大沙漠降落傾盆大雨，死海怒吐狂猘的生命，赤道也表現眞正的中國江南秋天。從阿拉斯加到旅順港，從火奴魯魯到呂宋群島，從挪威海峽到英倫海峽，從蘇伊士運河到巴拿馬運河，從好望角到堪察加，沒有一處不爆發瘋狂。「瘋狂」在奔馳。「瘋狂」在嗚吼。「瘋狂」在舞蹈。「瘋狂」的火燄燒紅太平洋水，照亮大西洋浪潮。有史以來第一次，全人類享有一個全球規模的普遍狂歡節——一個癲癇性的狂歡之紅夜。

這是人類正式戰勝野獸群的一夜。這是歷史正式征服毀滅的一夜。這是復活了的石器時代總崩潰的一夜。這是地球眞正鞏固它與太陽關係的一夜。這是不再聽見新孤兒寡婦哭泣的一夜。這是醫院裡不再忙著綁紮新繃帶的一夜。這是生命完全與地獄割斷血緣的一夜。這是春天又眞正回到春天的一夜。這是魔鬼們手持鋼刀集體切腹的一夜。這是天使梳理她美麗頭髮的一夜。

比一切重要的：這是死了一百零三年的中國正式宣佈復活的一夜！

「日本天皇宣佈無條件投降!!」

這十一個字像一支火箭，才放射到黑暗夜空，馬上就照亮全重慶。接著，每一個字又變成一支火箭，從四面八方射出十一支火箭，不！一百支，一千支火箭。每個聽見火箭聲音的人，馬上變成一顆炸彈，一路炸過去。人們奔跑著，嚎嘯著：

「日本鬼子無條件投降了！」

「小鬼子無條件投降了！」

「抗戰勝利萬歲！」

「中華民國獨立自由萬歲！」

口號聲海嘯樣衝上天。劈劈拍拍炮竹聲，組成一闋宏偉的勝利即興曲。千萬朶火花在空中燃燒。人們也化爲一片片火燄，熊熊燃燒起來了。人到哪裡，火到哪裡。人燒人，火燒人，整個山城遭遇一次狂歡大火災。成千成萬吼聲在高空搭成一座座凱旋門，人們瘋馳於門下。正像太平洋西海岸，或巴黎、倫敦一樣，這個山城許多酒店都沸騰著。許多酒店都沸騰著。許多酒客狂歡之餘，喝完酒，連酒杯瓶和碟子都砸個粉碎，地上到處是玻璃碎片與磁片。有的（不太多）老闆們不但不生氣，反而大笑喝采：

「砸吧！砸吧！抗戰勝利了！」

「砸吧！砸吧！戰爭結束了！」

所有的炮竹店都空了，所有酒罈子幾乎也空了。這一夜，人不管做出怎麼荒謬事，絕沒有人見怪。

在全世界狂歡中，我們的林鬱先生，本已準備睡覺了，又被破門而入的龍丹霞小姐拖出去。他們滿街狂奔一陣，終於走進嘉陵舞場，打算跳通宵。歐陽孚夫婦和楊易跑到附近中央日報社門口，擠在人堆中，看那一張又一張貼出來的號外。人們狂歡的等待那更新的好消息。莊隱與司徒玉螭衝到一爿廣東酒店，開始飲酒，準備喝到半夜。彭大衛則忙得團團轉。他已發現客人有砸杯子跡象，立刻吩咐龍夫人及女侍們，盡可能把桌上多餘的磁器（如花瓶之類）和玻璃器皿。「現有的這點粗貨，就讓他們砸吧！反正我們要回下江了。」他想。喬君野與李茶、馬爾提抱著駱香香，在馬的小客廳內跳舞，一行跳，一行聽收音機的廣播。連南岸的藺素子也從黑夜趕進成，證實鄉間聽到的消息是否正確。現在，他正叩馬爾提的門，想和他們同度這勝利之夜。黃幻華夫婦帶孩子兀立七星崗附近看熱鬧，只見街上人山人海，擠得像一籠籠蒸餃子，熱騰騰的冒出熱氣、蒸氣、汗氣。連他的一向守在雞鴨防禦工事後面的鄰居們，也第一次跳出戰壕，互相握手言歡。小公務員丁東先生和丁太太、丁老太太，都向高老太太祝賀：

「恭喜恭喜，抗戰勝利，你們好回鄉了。」丁東心裡想：你們一回去，我們的雞戰也可以結束了。

「好呀！衣錦還鄉，好不光彩呀！」仲老太太笑著道。她想，這批下江人回去，下次租房子，龜兒子才租給養雞的人家。

「托福，托福！你們也好了，這一下天下太平。」

「什麼衣錦還鄉，你看，我們身上全是破布哇！」高老太太笑著說。

「萬歲！抗戰勝利萬歲！」小學教員孟長慶突然大吼起來。

「抗戰勝利萬歲！萬歲！」仲老太太的孫女兒與丁小花也跟著喊。

在較場口，群衆簡直是一個巨大無比的黃蜂窠，狂喊聲和歡笑聲成一大片霧氣、雲朵，飄浮上空。人們在滙集攏來，又不斷朝四面流出去。有一個時候，群衆的海流凝固了，一點也不能動。韓慕韓與笪雅歌本在較場口散步，聽到號外聲後，決定馬上回售珠市韓國臨時政府。可是，不知何時起，他們發現自己被包圍了，而且，很快又被衝散。

韓慕韓想找她時，海流正好暫時凝結。他一動也不能動。他想：「我總會被衝出去的。這些群衆只不過是一些蛆蟲罷了。」一面擠，一面又不想擠，因爲他完全沉醉了，麻痺了。當他從大歡樂的麻痺中眞正醒驚時，他覺得自己已經陷入重圍。

瘋狂的群衆，化爲恆星日面的無數米粒狀，又多，又熱，每一粒的熱度，幾乎夠把一整個地球燒成焦土。他卻像一團日環的噴射，想衝倒這些燃炙的米粒。群衆在燒，他也在燒。四十年來第一次，他覺得自己眞正變成火，他眞正了解火，洞透火。從前他所見的那些火，不算火。可以說，有史以來，人類直到今夜，才發明了火，創造出生命的火燄。他像一個黑子，沉醉於太陽核心萬萬萬萬度高熱中。沒有折光，沒有反光，沒有半影，一切是紅燁燁一片。他眞願自己他爲西西利埃特納火山口的一塊小石頭，隨地底熔火化成灰燼。此刻，他心靈天空，正出顯火山爆發時那一朶奇異的雲，一會兒白，一會兒黑的凶雲。今夜，這座山城會不會成爲紀元七十九年的喀大尼亞城呢（註④）？他擠著，衝著，捱著，眞像當時一個喀大尼亞人，爲了逃避火山熔岩暴雨的追擊而奔逃。不，他不是逃，他是讓自己滾入那個維蘇威火山口的腹心，因爲生命終於又回到生命，自由最後又回到自由。從他聽見「日本天皇宣佈無條件投降」那十一個字的第一秒起，他就眞正變成自由的生命。他要狂醉，比太陽還狂醉，比火山還狂醉，比喀大尼亞人還瘋狂。他要衝！衝！衝向東方——那是他祖國的方向。今夜，他得衝往祖國方向。亡了四十年的祖國，終於獨立了！那頂血腥的「亡國奴」帽子，已被遠遠扔掉，一去不復返了。他是自由人了！

奇怪！他大鯨魚樣衝了好幾分鐘，只不過前進一尺。儘管在他眼裡，面前群衆，只是一團糞蛆蠕動，他卻越不過這些渺小存在。他施展決鬪士的姿態，用他寬大肩膀擠開一切擋住他的蛆蟲。再用眼睛測量自己前進速度，可仍看不出兩隻粗大肩膀的效果。一定要求效果，實際上，它最多只比零多一點點——零點零零零一之類，而且，這個還只能藉心眼看，不能以肉眼測量。推來推去，他幾乎仍是站立原地。他前面仍是那穿灰色官紗長衫的大胖子，他右邊仍是那白番布學生制服的青年，他左側依舊是那藍布工人裝的短頭髮大個子。他憤怒了，死勁往前撞，幾乎是拿膀彎子猛擊那大胖子，但受者毫無反應，被擠昏了，豬樣喘息著，是豬肉店掛著的一扇死豬肉。

「我眞衝不出這蛆蟲樣的群衆麼？」

一片敵愾佔有他。他竭力掙扎，渾身是汗。他把兩臂幻想做翅膀，要飛越一切。他盡力擠、推、撞、碰，用手、用臂、用胸、用腿、用腳，甚至用拳頭打。但他仍打開身前身後的肉城堡。這時，即使他用手鎗射擊，或扔下一串手榴彈，也不能炸出一條路。他的白襯衫與白褲子濕透，似有一條溪流，穿過他的肉體。他恨極了前面那個大胖子，眞想一鎗打死他。然而，即使他拔手鎗，也拔不出，渾身已被一條條肉的纜繩五花大綁，越綁越緊，綁到後來，他連想豎直一根小指頭，似也感困難。他只是這鋼繩綑束下的一個死囚徒。

「天！我將永遠衝不出去麼？我的腳步死了麼？」

與他先前的自尊和狂醉正相反，他開始感到自己無比渺小。他只是蠕動的群蛆中的一條。在他身上，既沒有奇蹟，也沒有特殊突出處。慢慢的，他有點蔑視自己了。他從沒有這樣看不起自己。像他這樣一個人，是不容易輕視自己的。是的，他既不是狂醉者，也不是英雄，也不是超人，他只是群衆大海內的一個小水泡。

鑼鼓聲依然狂囂的響，人們的嗚吼聲，依然衝破夜暗，廣播喇叭聲猛叫著，炮竹聲組織成一片鎗林彈雨聲，一團團一朵朵紅色火花爆炸於天空，但他什麼也看不見，聽不見。他不知道他在哪裡。他不曉得他還存在不？充滿他整個感覺的，是人氣、人味、人聲、人形、人動、人響。左也是肉，右也是肉，前也是肉，後也是肉。東西南北，到處是肉——到處是人！人！人！他只能隨這片人潮滾過去，滾到一個連上帝也不知道的地方。「『我』沒有了！……『我』沒有了！……」

是的，幾十年來第一次，他眞正感到「我沒有了」。此時此刻，談不上他的偉大或渺小，根本就沒有「他」了。

不知何時起，他猛然感到一陣輕鬆，四周肉牆似乎後退了一些，鑼鼓聲與人聲也低下去了。前面的大胖子，右面的學生，左面的工人，都沒有了。他甦醒了，從一次很久的夢遊狀態中醒過來。漸漸的，他微笑了。可是，陡然，他大吃一驚：

「啊，這不是朝天門麼？……我是從較場口到隻珠市的，怎麼到朝天門了？……方向完全反了！……是魔鬼把我送到這裡的麼麼？」

不是魔鬼，是他所藐視的那片糞蛆式的群衆大海，把他衝到一個正相反的地方——他站立的位置，不是面對他的祖國的方向，是和他祖國鴨綠完全相反的方向。

八

一千九百四十五年八月下旬，印蒂又一次從海拔三千七百公尺高峰下降。可能，這是他最後一次下降，也是極深刻的一次下降——降到地球平面，那深沉的人間。

人類假如要擺脫地平面的一切糟粕，就必須先上昇到絕對峰頂，沐浴於「呼吸通帝座」的純粹大氣層。可是，如果他要再進一步，豐富且圓全那份太帶高峰味的空靈境界，他就必須再度下降，降到大地最純粹的土壤上。

在最高峰頂，瀦滙絕對的永恆和透明的靜體，必須突入這片永恆靜體，以星星的眸子爲眼睛，以天風爲肺葉，人類才能滌蕩現實低地的污泥，給自己以永恆視覺和不朽的空靈。最低的人間低地上，有絕對的刹那，最大海味的變幻，與最粗獷的堅硬。永生的靈性，必須再沉入這片剎那電幻的堅硬中，才能達到宇宙性的和諧，又永恆，又剎那，又空靈，又有硬度。

目前，人類還太蕪雜、混沌、渾噩，地球還太血腥。絕大多數人，只翻滾於現實泥沼，追逐蜉蝣與塵沙，極少有人眞正關心永恆，沉入永恆，嘗試用永恆感覺代替蜉蝣感覺及塵沙感覺。人們只願想今天這一秒，這一剎，或者最多想明天、明月、明年，極少生命想下一世紀，下一千年。其實，今天許多血肉廝纏，除了那少數頗神性的以外，在下一世紀，下一千年，大多數可能只是一個泡沫，一個笑柄。

目前人間還太人間，缺少眞正的地球自然味。除了天文學家外，沒有多少人常想到地球在旋轉，玉天座星雲在輕旋，天蝎座星雲在轂轉，而我們所生存的這片空間，正按照行星軌道翔舞於永恆空間。人們以一村、一鎭、一鄉、一縣、最多一個城市或一個國家，爲自己全部生命背景。極少人想起那個永恆空間背景，他們忘記了：在銀河系太空間層，整個地球不過是一個小小石子，人類生命只不是一群螻蟻。

在人類中，只有少數人，眞正追求那永恆宇宙空間的人生幕景。天文學家只把地球外層空間當做職業對象，或學術研究對象，他們的現實感覺還是一城一市一國的感覺。只有少數知識分子，才試著把天文台上的大部分紀錄翻譯成現實感覺，渴望以整個地球感覺代替一城、一鎭，一個階級或一個民族的感覺，以一種星球觀念作爲人類觀念的單位，或那最小的觀念公約數，從而開拓未來星際世界的人生道路。在未來，人不只活在一城一鎮，將活在整個地球上，從南冰洋到北冰洋，從東半球到西半球。在未來的未來，人類不只活在地球上，更將活在整個宇宙空間，單一的地球舞台將退讓給複雜的星際舞台。

追求星球哲學者，目前只有極小一隊人，印蒂是其中之一。不管他收穫如何微少，他卻可能是其中限堅決的一個，他正嘗試著把東方味的觀念珍寶鑲嵌在未來地球皇冕上。最後一次，印蒂在南峰頂俯瞰山景後，他從「五千仞上」南天門走下來，一步一步的，莊嚴而和諧，像一個古代高僧。

昨天早晨，他把六件行李，（其中有四件是竹篾書箱）和一盆蘭花，一缸金魚，托莎蘿坪的三個年輕道士挑到華陰縣華宏飯店，他準備今天在那裡用晚飯，然後，搭夜車到西安。他的一些簡單家什、用具、木板床、桌椅、炊事器具，以及茶杯、碗、筷等等，全部送給莎蘿坪清虛觀，作爲一年多年叨擾他們的一點酬謝，另外還餽贈此次一筆錢。他退還房子，辦法一切手續，從窗口那棵蓖蔴子樹上，採擷三片綠葉，夾在一册佛經裡，作爲個人紀念。前幾天，料理好這一切瑣事後，昨天清晨起，他最後一次環遊華山，準備夜宿白帝廟。由北峰到中峰、東峰、西峰。最後，下午，他登南峰，躺在仰天池巨大白石上，讓自己最後一次沉沒於灰白色雲氣中，看那一片片雲霧繚繞他，從他臉上飛來飛去，如一朵朵巨大灰白蝴蝶。面對這些可愛的雲霧，他一年多來的好鄰居，眞不知說什麼才好。他是那樣感謝它們，因爲，後者給予他大地不能給予的一切。終於，他閉上眼，小睡一會。奇怪，他一點纏綿情感也沒有，他好像不是告別一群偉大生命，而是重逢另一群偉大生命。今天下午，不是他某一段生命的結束，卻是另一段生命的開始。對四周山、樹、草、石，他睜大一雙純潔的眼睛擁抱它們，他並不覺得就要離開它們。這裡，沒有一朵花或一塊石塊能離開他。他們早與他的血肉連成一片，不可分割。他不僅僅是帶走自己，同時也帶走一整座華山。

今天早晨，他還又一次在「五千仞上」附近散步。現在，他終於向山下走去。啊，永恆梵靜的「五千仞上」！華嚴的落雁峰！奇屼的玉山峰！獝艷的朝陽峰，秀麗的蓮華峰，俊美的五雲峰！再見了！你們活在我血液裡，我活在你們血液中。這不是再見，我這是把你們帶到人間，讓一個華山式的新靈魂駛入塵凡生命海洋。

他愉快的走著，步子像鳥翅一樣，無比敏捷。他的強烈大眼睛是嚴肅的，他的心情卻是詩意的。他下降著，說不出輕鬆，正對照著一年多前上昇時的無比沉重、艱辛。謝謝生命，他總算飛翔到峰頂。更謝謝生命，現在他又能重新下降。金鎖關過去了，蒼龍嶺過去了，上天梯和百尺峽也過去了。現在是千尺嶂！啊，這雄峻的關隘，又是那片深沉的鐵鈴聲。那陡峻的削壁。那壯偉的大石峽。啊，終於看見「迴心石」了。這是華山最後一片偉大姿影。再會了！華山！我最親的華山！

不知何時起，突然被一種閃電感覺所驚醒，印蒂停下步子，發現身前身後所有山峰完全沒有了，自己面前是一片廣大平原。他是站在玉泉院門下。他的腳步又開始落在許久未接觸的眞正大地上。

註①　二次大戰時，盟軍進攻北非，軍用暗語代號是「粗豪」，在義大利西西里登陸戰役，軍用代號是「崩雪」。

註②　盟軍在諾曼第登陸的軍用暗語代號是「統主」——overlord。

註③　此處「著」字當「睡」解，笑「著」了，即笑著睡著了。下面他笑「著」了，亦同此解釋。

註④　紀元第七十九年喀大尼亞城被火山毀滅。

二〇〇二年一月修訂

詩篇手稿

等待 —給菁
二十万时灵与灵的凝固（注）
新的铁锤猛击它的岩石面。
那万千朵吻砌成的永恒空间，
千百次试炼新的红魔袭击。
（空一行）
你孤独在深渊底爬行，
没有一丝光唤醒透明。
一个又一个大雪夜我等待：
她是又一次上升？是永恒沉沦。
（注）当时前妻受女造反派恶斗，我焦灼的等待她的音讯，二十万时指我们结婚已十几年，感情凝固如岩石，终于经不住造反派摧毁。

24×25=600 興陽紙品

等待

—給菁

二十萬時靈與靈的凝固(注)
新的鐵錘猛擊它的岩石面。
那萬千朵吻砌成的永恆空間，
千百次試鍊(煉)新的紅魔襲擊。

你孤獨在深淵底爬行，
沒有一絲光喚醒透明。
一個又一個大雪夜我等待：
她是又一次上昇？是永恆沉淪。

(註)當時前妻受女造反派惡鬥，我焦灼的等待她的音訊。「二十萬時」指我們結婚已十幾年，感情凝固如岩石，終於經不住造反派摧毀。

以下四首遺作，爲乃夫先生舊作，於二〇〇二年六月間手稿遺墨加以批注。

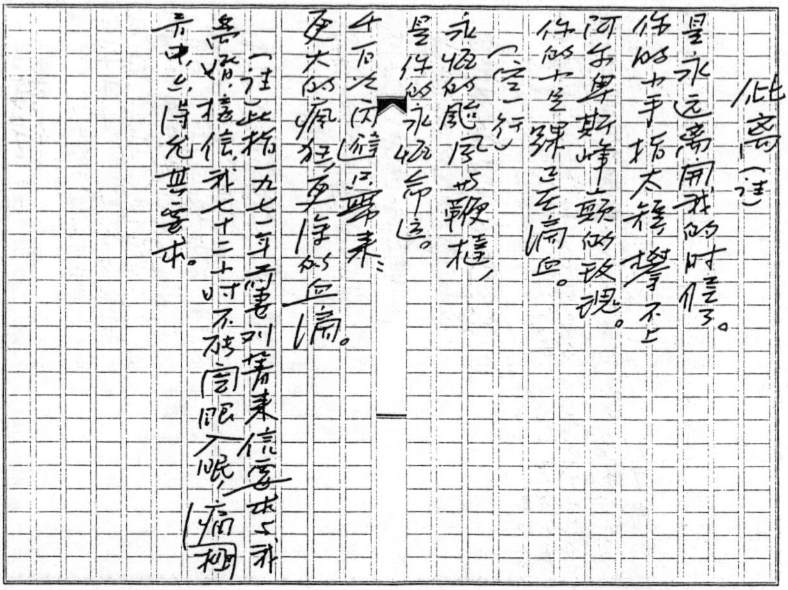
仳離（註）
是永遠離開我的時候了。
你的小手指太短攀不上
阿爾卑斯峰巔的玫瑰。
你的小足踝已在滴血。
（空一行）
永恆的颱風與鞭撻，
是你的永恆命運。
千百次閃避只帶來：
更大的瘋狂，更深的血滴。
（註）此指一九七一年前妻劉菁來信要求與我離婚，接信，我七十二小時不能闔眼入眠，極痛苦中，只得允其要求。

仳　離

是永遠離開我的時候了。
你的小手指太短攀不上
阿爾卑斯峰巔的玫瑰。
你的小足踝已在滴血。

永恆的颱風與鞭撻，
是你的永恆命運。
千百次閃避只帶來：
更大的瘋狂，更深的血滴。

（註）此指一九七一年前妻劉菁來信要求與我離婚，接信，我七十二小時不能闔眼入眠，極痛苦中，只得允其要求。

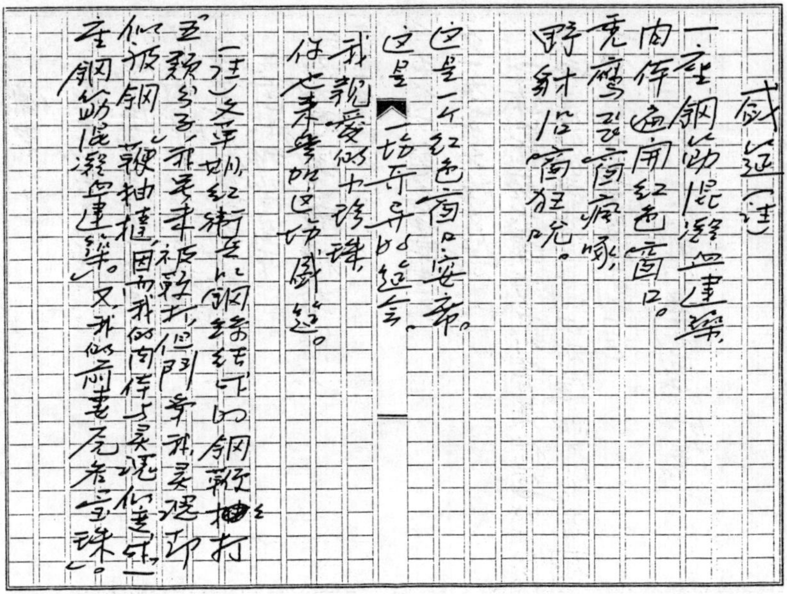

盛筵（注）
一座钢筋混凝血建築，
肉体遍开红色窗口。
秃鹰飞窗疯啄，
野豺沿窗狂吮。
这是一个红色窗口宴席。
这是一场奇异的筵会。
我亲爱的小珍珠，
你也来参加这场盛筵。
（注）文革期，红衛兵以钢丝结成的钢鞭抽打「五类分子」，我虽未被鞭打，但斗争我，灵魂却似被钢鞭抽撻，因而我的肉体与灵魂似变成「一座钢筋混凝血建築。」又，我的前妻原名宝珠。

24×25=600　興陽紙品

盛　筵（註）

一座鋼筋混凝血建築，
肉體遍開紅色窗口。
禿鷹飛窗瘋啄，
野豺沿窗狂吮。

這是一個紅色窗口宴席。
這是一場奇異的筵會。
我親愛的小珍珠，
你也來參加這場盛筵。

（註）文革期，紅衛兵以鋼絲結成的鋼鞭鞭打「五類分子」，我雖未被鞭打，但鬥爭我，靈魂卻似被鋼鞭抽韃，因而我的肉體與靈魂似變成，「一座鋼筋混凝血建築。」又，我的前妻原名「寶珠」。

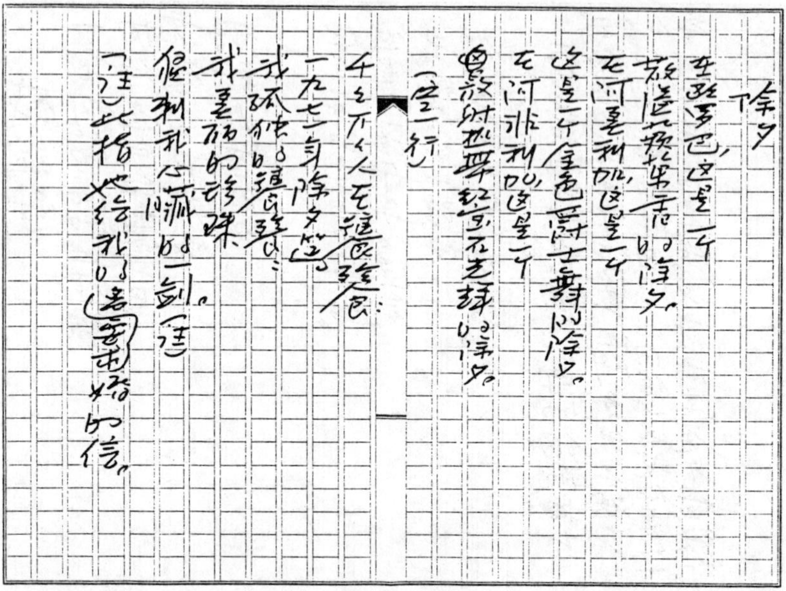
除夕
在欧罗巴，这是一个
散溢苹果香的除夕。
在阿美利加，这是一个
这是一个金色爵士舞的除夕。
在阿非利加，这是一个
放射热带红宝石光辉的除夕。
（空一行）
千千万万人在饕餮：
一九七一年除夕筵。
我孤独的饕餮：
我美丽的珍珠
猛刺我心脏的一剑。（注）
（注）此指她给我的要求离婚的信。

24125×600

除 夕

在歐羅巴，這是一個
散溢蘋果香的除夕。
在阿美利加，這是一個
這是一個金色爵士舞的除夕。
在阿非利加這是一個
放射熱帶紅寶石光輝的除夕。

千千萬萬人在饕餮：
一九七一年除夕筵。
我孤獨的饕餮：
我美麗的珍珠，
猛刺我心臟的一劍。(註)

(註)此指她給我的要求離婚的信。

以上四首遺作，爲乃夫先生舊作，於二〇〇二年六月間手稿遺墨加以批注。